Les Misérables

Tome I—FANTINE

(1862)

Victor Hugo

Avis de non-responsabilité

Les points de vue du lecteur ne reflètent pas nécessairement les opinions, croyances et points de vue exprimés par l'auteur. L'auteur et l'éditeur déclinent toute responsabilité en lien avec l'utilisation des informations contenues dans ce livre.

CONTENTS

Avis de non-responsabilité..2
Chapitre I   Monsieur Myriel 5
Chapitre II   Monsieur Myriel devient monseigneur Bienvenu......................7
Chapitre III   À bon évêque dur évêché 11
Chapitre IV   Les œuvres semblables aux paroles..13
Chapitre V   Que monseigneur Bienvenu faisait durer trop longtemps ses soutanes 19
Chapitre VI   Par qui il faisait garder sa maison..21
Chapitre VII   Cravatte..25
Chapitre VIII Philosophie après boire 28
Chapitre IX   Le frère raconté par la sœur...31
Chapitre X   L'évêque en présence d'une lumière inconnue........................34
Chapitre XI   Une restriction 44
Chapitre XII   Solitude de monseigneur Bienvenu..47
Chapitre XIII Ce qu'il croyait..49
Chapitre XIV   Ce qu'il pensait...52
Chapitre I   Le soir d'un jour de marche 54
Chapitre II   La prudence conseillée à la sagesse..64
Chapitre III   Héroïsme de l'obéissance passive 67
Chapitre IV   Détails sur les fromageries de Pontarlier..................................72
Chapitre V   Tranquillité 75
Chapitre VI   Jean Valjean 76
Chapitre VII   Le dedans du désespoir..80
Chapitre VIII L'onde et l'ombre 85
Chapitre IX   Nouveaux griefs 87
Chapitre X   L'homme réveillé 88
Chapitre XI   Ce qu'il fait...90
Chapitre XIII Petit-Gervais...93
Chapitre I   L'année 1817..100
Chapitre II   Double quatuor...104
Chapitre III   Quatre à quatre...107
Chapitre IV   Tholomyès est si joyeux qu'il chante une chanson espagnole 110
Chapitre V   Chez Bombarda 112
Chapitre VI   Chapitre où l'on s'adore 114
Chapitre VII   Sagesse de Tholomyès 115
Chapitre VIII Mort d'un cheval..119

Chapitre IX	Fin joyeuse de la joie	121
Chapitre I	Une mère qui en rencontre une autre	124
Chapitre II	Première esquisse de deux figures louches	131
Chapitre III	L'Alouette	133
Chapitre I	Histoire d'un progrès dans les verroteries noires	135
Chapitre II	M. Madeleine	137
Chapitre III	Sommes déposées chez Laffitte	140
Chapitre IV	M. Madeleine en deuil	142
Chapitre V	Vagues éclairs à l'horizon	144
Chapitre VI	Le père Fauchelevent	148
Chapitre VII	Fauchelevent devient jardinier à Paris	151
Chapitre VIII	Madame Victurnien dépense trente-cinq francs pour la morale	152
Chapitre IX	Succès de Madame Victurnien	154
Chapitre X	Suite du succès	156
Chapitre XI	Christus nos liberavit	160
Chapitre XII	Le désœuvrement de M. Bamatabois	161
Chapitre XIII	Solution de quelques questions de police municipale	163
Chapitre I	Commencement du repos	171
Chapitre II	Comment Jean peut devenir Champ	175
Chapitre I	La sœur Simplice	182
Chapitre II	Perspicacité de maître Scaufflaire	185
Chapitre III	Une tempête sous un crâne	189
Chapitre IV	Formes que prend la souffrance pendant le sommeil	203
Chapitre V	Bâtons dans les roues	206
Chapitre VI	La sœur Simplice mise à l'épreuve	216
Chapitre VII	Le voyageur arrivé prend ses précautions pour repartir.	222
Chapitre VIII	Entrée de faveur	226
Chapitre IX	Un lieu où des convictions sont en train de se former	229
Chapitre X	Le système de dénégations	234
Chapitre XI	Champmathieu de plus en plus étonné	239
Chapitre I	Dans quel miroir M. Madeleine regarde ses cheveux	243
Chapitre II	Fantine heureuse	246
Chapitre III	Javert content	249
Chapitre IV	L'autorité reprend ses droits	252
Chapitre V	Tombeau convenable	256

Livre premier—Un just

Chapitre I
Monsieur Myriel

En 1815, M. Charles-François-Bienvenu Myriel était évêque de Digne. C'était un vieillard d'environ soixante-quinze ans; il occupait le siège de Digne depuis 1806.

Quoique ce détail ne touche en aucune manière au fond même de ce que nous avons à raconter, il n'est peut-être pas inutile, ne fût-ce que pour être exact en tout, d'indiquer ici les bruits et les propos qui avaient couru sur son compte au moment où il était arrivé dans le diocèse. Vrai ou faux, ce qu'on dit des hommes tient souvent autant de place dans leur vie et surtout dans leur destinée que ce qu'ils font. M. Myriel était fils d'un conseiller au parlement d'Aix; noblesse de robe. On contait de lui que son père, le réservant pour hériter de sa charge, l'avait marié de fort bonne heure, à dix-huit ou vingt ans, suivant un usage assez répandu dans les familles parlementaires. Charles Myriel, nonobstant ce mariage, avait, disait-on, beaucoup fait parler de lui. Il était bien fait de sa personne, quoique d'assez petite taille, élégant, gracieux, spirituel; toute la première partie de sa vie avait été donnée au monde et aux galanteries. La révolution survint, les événements se précipitèrent, les familles parlementaires décimées, chassées, traquées, se dispersèrent. M. Charles Myriel, dès les premiers jours de la révolution, émigra en Italie. Sa femme y mourut d'une maladie de poitrine dont elle était atteinte depuis longtemps. Ils n'avaient point d'enfants. Que se passa-t-il ensuite dans la destinée de M. Myriel? L'écroulement de l'ancienne société française, la chute de sa propre famille, les tragiques spectacles de 93, plus effrayants encore peut-être pour les émigrés qui les voyaient de loin avec le grossissement de l'épouvante, firent-ils germer en lui des idées de renoncement et de solitude? Fut-il, au milieu d'une de ces distractions et de ces affections qui occupaient sa vie, subitement atteint d'un de ces coups mystérieux et terribles qui viennent quelquefois renverser, en le frappant au cœur, l'homme que les catastrophes publiques n'ébranleraient pas en le frappant dans son existence et dans sa fortune? Nul n'aurait pu le dire; tout ce qu'on savait, c'est que, lorsqu'il revint d'Italie, il était prêtre.

En 1804, M. Myriel était curé de Brignolles. Il était déjà vieux, et vivait dans une retraite profonde.

Vers l'époque du couronnement, une petite affaire de sa cure, on ne sait plus trop quoi, l'amena à Paris. Entre autres personnes puissantes, il alla solliciter pour ses paroissiens M. le cardinal Fesch. Un jour que l'empereur était venu faire visite à son oncle, le digne curé, qui attendait dans l'antichambre, se trouva sur le passage de sa majesté. Napoléon, se voyant regardé avec une certaine curiosité par ce vieillard, se retourna, et dit brusquement:

—Quel est ce bonhomme qui me regarde?

—Sire, dit M. Myriel, vous regardez un bonhomme, et moi je regarde un grand homme. Chacun de nous peut profiter.

L'empereur, le soir même, demanda au cardinal le nom de ce curé, et quelque temps après M. Myriel fut tout surpris d'apprendre qu'il était nommé évêque de Digne.

Qu'y avait-il de vrai, du reste, dans les récits qu'on faisait sur la première partie de la vie de M. Myriel? Personne ne le savait. Peu de familles avaient connu la famille Myriel avant la révolution.

M. Myriel devait subir le sort de tout nouveau venu dans une petite ville où il y a beaucoup de bouches qui parlent et fort peu de têtes qui pensent. Il devait le subir, quoiqu'il fût évêque et parce qu'il était évêque. Mais, après tout, les propos auxquels on mêlait son nom n'étaient peut-être que des propos; du bruit, des mots, des paroles; moins que des paroles, des *palabres*, comme dit l'énergique langue du midi.

Quoi qu'il en fût, après neuf ans d'épiscopat et de résidence à Digne, tous ces racontages, sujets de conversation qui occupent dans le premier moment les petites villes et les petites gens, étaient tombés dans un oubli profond. Personne n'eût osé en parler, personne n'eût même osé s'en souvenir.

M. Myriel était arrivé à Digne accompagné d'une vieille fille, mademoiselle Baptistine, qui était sa sœur et qui avait dix ans de moins que lui.

Ils avaient pour tout domestique une servante du même âge que mademoiselle Baptistine, et appelée madame Magloire, laquelle, après avoir été *la servante de M. le Curé*, prenait maintenant le double titre de femme de chambre de mademoiselle et femme de charge de monseigneur.

Mademoiselle Baptistine était une personne longue, pâle, mince, douce; elle réalisait l'idéal de ce qu'exprime le mot «respectable»; car il semble qu'il soit nécessaire qu'une femme soit mère pour être vénérable. Elle n'avait jamais été jolie; toute sa vie, qui n'avait été qu'une suite de saintes œuvres, avait fini par mettre sur elle une sorte de blancheur et de clarté; et, en vieillissant, elle avait gagné ce qu'on pourrait appeler la beauté de la bonté. Ce qui avait été de la maigreur dans sa jeunesse était devenu, dans sa maturité, de la transparence; et cette diaphanéité laissait voir l'ange. C'était une âme plus encore que ce n'était une vierge. Sa personne semblait faite d'ombre; à peine assez de corps pour qu'il y eût là un sexe; un peu de matière contenant une lueur; de grands yeux toujours baissés; un prétexte pour qu'une âme reste sur la terre.

Madame Magloire était une petite vieille, blanche, grasse, replète, affairée, toujours haletante, à cause de son activité d'abord, ensuite à cause d'un asthme.

À son arrivée, on installa M. Myriel en son palais épiscopal avec les honneurs voulus par les décrets impériaux qui classent l'évêque immédiatement après le maréchal de camp. Le maire et le président lui firent la première visite, et lui de son côté fit la première visite au général et au préfet.

L'installation terminée, la ville attendit son évêque à l'œuvre.

Chapitre II
Monsieur Myriel devient monseigneur Bienvenu

Le palais épiscopal de Digne était attenant à l'hôpital.
Le palais épiscopal était un vaste et bel hôtel bâti en pierre au commencement du siècle dernier par monseigneur Henri Puget, docteur en théologie de la faculté de Paris, abbé de Simore, lequel était évêque de Digne en 1712. Ce palais était un vrai logis seigneurial. Tout y avait grand air, les appartements de l'évêque, les salons, les chambres, la cour d'honneur, fort large, avec promenoirs à arcades, selon l'ancienne mode florentine, les jardins plantés de magnifiques arbres. Dans la salle à manger, longue et superbe galerie qui était au rez-de-chaussée et s'ouvrait sur les jardins, monseigneur Henri Puget avait donné à manger en cérémonie le 29 juillet 1714 à messeigneurs Charles Brûlart de Genlis, archevêque-prince d'Embrun, Antoine de Mesgrigny, capucin, évêque de Grasse, Philippe de Vendôme, grand prieur de France, abbé de Saint-Honoré de Lérins, François de Berton de Grillon, évêque-baron de Vence, César de Sabran de Forcalquier, évêque-seigneur de Glandève, et Jean Soanen, prêtre de l'oratoire, prédicateur ordinaire du roi, évêque-seigneur de Senez. Les portraits de ces sept révérends personnages décoraient cette salle, et cette date mémorable, 29 juillet 1714, y était gravée en lettres d'or sur une table de marbre blanc.
L'hôpital était une maison étroite et basse à un seul étage avec un petit jardin. Trois jours après son arrivée, l'évêque visita l'hôpital. La visite terminée, il fit prier le directeur de vouloir bien venir jusque chez lui.
—Monsieur le directeur de l'hôpital, lui dit-il, combien en ce moment avez-vous de malades?
—Vingt-six, monseigneur.
—C'est ce que j'avais compté, dit l'évêque.
—Les lits, reprit le directeur, sont bien serrés les uns contre les autres.
—C'est ce que j'avais remarqué.
—Les salles ne sont que des chambres, et l'air s'y renouvelle difficilement.
—C'est ce qui me semble.
—Et puis, quand il y a un rayon de soleil, le jardin est bien petit pour les convalescents.

—C'est ce que je me disais.
—Dans les épidémies, nous avons eu cette année le typhus, nous avons eu une suette militaire il y a deux ans, cent malades quelquefois; nous ne savons que faire.
—C'est la pensée qui m'était venue.
—Que voulez-vous, monseigneur? dit le directeur, il faut se résigner.
Cette conversation avait lieu dans la salle à manger-galerie du rez-de-chaussée. L'évêque garda un moment le silence, puis il se tourna brusquement vers le directeur de l'hôpital:
—Monsieur, dit-il, combien pensez-vous qu'il tiendrait de lits rien que dans cette salle?
—La salle à manger de monseigneur! s'écria le directeur stupéfait.
L'évêque parcourait la salle du regard et semblait y faire avec les yeux des mesures et des calculs.
—Il y tiendrait bien vingt lits! dit-il, comme se parlant à lui-même.
Puis élevant la voix:
—Tenez, monsieur le directeur de l'hôpital, je vais vous dire. Il y a évidemment une erreur. Vous êtes vingt-six personnes dans cinq ou six petites chambres. Nous sommes trois ici, et nous avons place pour soixante. Il y a erreur, je vous dis. Vous avez mon logis, et j'ai le vôtre. Rendez-moi ma maison. C'est ici chez vous.
Le lendemain, les vingt-six pauvres étaient installés dans le palais de l'évêque et l'évêque était à l'hôpital.
M. Myriel n'avait point de bien, sa famille ayant été ruinée par la révolution. Sa sœur touchait une rente viagère de cinq cents francs qui, au presbytère, suffisait à sa dépense personnelle. M. Myriel recevait de l'état comme évêque un traitement de quinze mille francs. Le jour même où il vint se loger dans la maison de l'hôpital, M. Myriel détermina l'emploi de cette somme une fois pour toutes de la manière suivante. Nous transcrivons ici une note écrite de sa main.
Note pour régler les dépenses de ma maison.

Pour le petit séminaire: quinze cents livres
Congrégation de la mission: cent livres
Pour les lazaristes de Montdidier: cent livres
Séminaire des missions étrangères à Paris: deux cents livres
Congrégation du Saint-Esprit: cent cinquante livres
Établissements religieux de la Terre-Sainte: cent livres
Sociétés de charité maternelle: trois cents livres
En sus, pour celle d'Arles: cinquante livres
OEuvre pour l'amélioration des prisons: quatre cents livres
OEuvre pour le soulagement et la délivrance des prisonniers: cinq cents livres
Pour libérer des pères de famille prisonniers pour dettes: mille livres
Supplément au traitement des pauvres maîtres d'école du diocèse: deux mille livres

Grenier d'abondance des Hautes-Alpes: cent livres
Congrégation des dames de Digne, de Manosque et de Sisteron,
pour l'enseignement gratuit des filles indigentes: quinze cents livres
Pour les pauvres: six mille livres
Ma dépense personnelle: mille livres

Total: *quinze mille livres*

Pendant tout le temps qu'il occupa le siège de Digne, M. Myriel ne changea presque rien à cet arrangement. Il appelait cela, comme on voit, *avoir réglé les dépenses de sa maison.*

Cet arrangement fut accepté avec une soumission absolue par mademoiselle Baptistine. Pour cette sainte fille, M. de Digne était tout à la fois son frère et son évêque, son ami selon la nature et son supérieur selon l'église. Elle l'aimait et elle le vénérait tout simplement. Quand il parlait, elle s'inclinait; quand il agissait, elle adhérait. La servante seule, madame Magloire, murmura un peu. M. l'évêque, on l'a pu remarquer, ne s'était réservé que mille livres, ce qui, joint à la pension de mademoiselle Baptistine, faisait quinze cents francs par an. Avec ces quinze cents francs, ces deux vieilles femmes et ce vieillard vivaient.

Et quand un curé de village venait à Digne, M. l'évêque trouvait encore moyen de le traiter, grâce à la sévère économie de madame Magloire et à l'intelligente administration de mademoiselle Baptistine.

Un jour—il était à Digne depuis environ trois mois—l'évêque dit:

—Avec tout cela je suis bien gêné!

—Je le crois bien! s'écria madame Magloire, Monseigneur n'a seulement pas réclamé la rente que le département lui doit pour ses frais de carrosse en ville et de tournées dans le diocèse. Pour les évêques d'autrefois c'était l'usage.

—Tiens! dit l'évêque, vous avez raison, madame Magloire.

Il fit sa réclamation.

Quelque temps après, le conseil général, prenant cette demande en considération, lui vota une somme annuelle de trois mille francs, sous cette rubrique: *Allocation à M. l'évêque pour frais de carrosse, frais de poste et frais de tournées pastorales.*

Cela fit beaucoup crier la bourgeoisie locale, et, à cette occasion, un sénateur de l'empire, ancien membre du conseil des cinq-cents favorable au dix-huit brumaire et pourvu près de la ville de Digne d'une sénatorerie magnifique, écrivit au ministre des cultes, M. Bigot de Préameneu, un petit billet irrité et confidentiel dont nous extrayons ces lignes authentiques:

«—Des frais de carrosse? pourquoi faire dans une ville de moins de quatre mille habitants? Des frais de poste et de tournées? à quoi bon ces tournées d'abord? ensuite comment courir la poste dans un pays de montagnes? Il n'y a pas de routes. On ne va qu'à cheval. Le pont même de la Durance à Château-Arnoux peut à peine porter des charrettes à bœufs. Ces prêtres sont tous ainsi. Avides et avares. Celui-ci a fait le bon apôtre en arrivant. Maintenant il fait comme les autres. Il lui faut carrosse et chaise de poste. Il lui faut du luxe comme aux anciens évêques. Oh! toute cette prêtraille! Monsieur le comte, les choses n'iront bien que lorsque l'empereur nous aura délivrés des calotins. À bas le pape! (les affaires se brouillaient avec Rome). Quant à moi, je suis pour César tout seul. Etc., etc.»

La chose, en revanche, réjouit fort madame Magloire.

—Bon, dit-elle à mademoiselle Baptistine, Monseigneur a commencé par les autres, mais il a bien fallu qu'il finît par lui-même. Il a réglé toutes ses charités. Voilà trois mille livres pour nous. Enfin!

Le soir même, l'évêque écrivit et remit à sa sœur une note ainsi conçue:

Frais de carrosse et de tournées.

Pour donner du bouillon de viande aux malades de l'hôpital: quinze cents livres
Pour la société de charité maternelle d'Aix: deux cent cinquante livres
Pour la société de charité maternelle de Draguignan: deux cent cinquante livres
Pour les enfants trouvés: cinq cents livres
Pour les orphelins: cinq cents livres

Total: *trois mille livres*

Tel était le budget de M. Myriel.

Quant au casuel épiscopal, rachats de bans, dispenses, ondoiements, prédications, bénédictions d'églises ou de chapelles, mariages, etc., l'évêque le percevait sur les riches avec d'autant plus d'âpreté qu'il le donnait aux pauvres.

Au bout de peu de temps, les offrandes d'argent affluèrent. Ceux qui ont et ceux qui manquent frappaient à la porte de M. Myriel, les uns venant chercher l'aumône que les autres venaient y déposer. L'évêque, en moins d'un an, devint le trésorier de tous les bienfaits et le caissier de toutes les détresses. Des sommes considérables passaient par ses mains; mais rien ne put faire qu'il changeât quelque chose à son genre de vie et qu'il ajoutât le moindre superflu à son nécessaire.

Loin de là. Comme il y a toujours encore plus de misère en bas que de fraternité en haut, tout était donné, pour ainsi dire, avant d'être reçu; c'était comme de l'eau sur une terre sèche; il avait beau recevoir de l'argent, il n'en avait jamais. Alors il se dépouillait.

L'usage étant que les évêques énoncent leurs noms de baptême en tête de leurs mandements et de leurs lettres pastorales, les pauvres gens du pays avaient choisi, avec une sorte d'instinct affectueux, dans les noms et prénoms de l'évêque, celui qui leur présentait un sens, et ils ne l'appelaient que monseigneur Bienvenu. Nous ferons comme eux, et nous le nommerons ainsi dans l'occasion. Du reste, cette appellation lui plaisait.

—J'aime ce nom-là, disait-il. Bienvenu corrige monseigneur.

Nous ne prétendons pas que le portrait que nous faisons ici soit vraisemblable; nous nous bornons à dire qu'il est ressemblant.

Chapitre III
À bon évêque dur évêché

M. l'évêque, pour avoir converti son carrosse en aumônes, n'en faisait pas moins ses tournées. C'est un diocèse fatigant que celui de Digne. Il a fort peu de plaines, beaucoup de montagnes, presque pas de routes, on l'a vu tout à l'heure; trente-deux cures, quarante et un vicariats et deux cent quatre-vingt-cinq succursales. Visiter tout cela, c'est une affaire. M. l'évêque en venait à bout. Il allait à pied quand c'était dans le voisinage, en carriole dans la plaine, en cacolet dans la montagne. Les deux vieilles femmes l'accompagnaient. Quand le trajet était trop pénible pour elles, il allait seul.

Un jour, il arriva à Senez, qui est une ancienne ville épiscopale, monté sur un âne. Sa bourse, fort à sec dans ce moment, ne lui avait pas permis d'autre équipage. Le maire de la ville vint le recevoir à la porte de l'évêché et le regardait descendre de son âne avec des yeux scandalisés. Quelques bourgeois riaient autour de lui.

—Monsieur le maire, dit l'évêque, et messieurs les bourgeois, je vois ce qui vous scandalise; vous trouvez que c'est bien de l'orgueil à un pauvre prêtre de monter une monture qui a été celle de Jésus-Christ. Je l'ai fait par nécessité, je vous assure, non par vanité.

Dans ses tournées, il était indulgent et doux, et prêchait moins qu'il ne causait. Il ne mettait aucune vertu sur un plateau inaccessible. Il n'allait jamais chercher bien loin ses raisonnements et ses modèles. Aux habitants d'un pays il citait l'exemple du pays voisin. Dans les cantons où l'on était dur pour les nécessiteux, il disait:

—Voyez les gens de Briançon. Ils ont donné aux indigents, aux veuves et aux orphelins le droit de faire faucher leurs prairies trois jours avant tous les autres.

Ils leur rebâtissent gratuitement leurs maisons quand elles sont en ruines. Aussi est-ce un pays béni de Dieu. Durant tout un siècle de cent ans, il n'y a pas eu un meurtrier.

Dans les villages âpres au gain et à la moisson, il disait:

—Voyez ceux d'Embrun. Si un père de famille, au temps de la récolte, a ses fils au service à l'armée et ses filles en service à la ville, et qu'il soit malade et empêché, le curé le recommande au prône; et le dimanche, après la messe, tous les gens du village, hommes, femmes, enfants, vont dans le champ du pauvre homme lui faire sa moisson, et lui rapportent paille et grain dans son grenier.

Aux familles divisées par des questions d'argent et d'héritage, il disait:

—Voyez les montagnards de Devoluy, pays si sauvage qu'on n'y entend pas le rossignol une fois en cinquante ans. Eh bien, quand le père meurt dans une famille, les garçons s'en vont chercher fortune, et laissent le bien aux filles, afin qu'elles puissent trouver des maris.

Aux cantons qui ont le goût des procès et où les fermiers se ruinent en papier timbré, il disait:

—Voyez ces bons paysans de la vallée de Queyras. Ils sont là trois mille âmes. Mon Dieu! c'est comme une petite république. On n'y connaît ni le juge, ni l'huissier. Le maire fait tout. Il répartit l'impôt, taxe chacun en conscience, juge les querelles gratis, partage les patrimoines sans honoraires, rend des sentences sans frais; et on lui obéit, parce que c'est un homme juste parmi des hommes simples.

Aux villages où il ne trouvait pas de maître d'école, il citait encore ceux de Queyras:

—Savez-vous comment ils font? disait-il. Comme un petit pays de douze ou quinze feux ne peut pas toujours nourrir un magister, ils ont des maîtres d'école payés par toute la vallée qui parcourent les villages, passant huit jours dans celui-ci, dix dans celui-là, et enseignant. Ces magisters vont aux foires, où je les ai vus. On les reconnaît à des plumes à écrire qu'ils portent dans la ganse de leur chapeau. Ceux qui n'enseignent qu'à lire ont une plume, ceux qui enseignent la lecture et le calcul ont deux plumes; ceux qui enseignent la lecture, le calcul et le latin ont trois plumes. Ceux-là sont de grands savants. Mais quelle honte d'être ignorants! Faites comme les gens de Queyras.

Il parlait ainsi, gravement et paternellement, à défaut d'exemples inventant des paraboles, allant droit au but, avec peu de phrases et beaucoup d'images, ce qui était l'éloquence même de Jésus-Christ, convaincu et persuadant.

Chapitre IV
Les œuvres semblables aux paroles

Sa conversation était affable et gaie. Il se mettait à la portée des deux vieilles femmes qui passaient leur vie près de lui; quand il riait, c'était le rire d'un écolier.

Madame Magloire l'appelait volontiers *Votre Grandeur*. Un jour, il se leva de son fauteuil et alla à sa bibliothèque chercher un livre. Ce livre était sur un des rayons d'en haut. Comme l'évêque était d'assez petite taille, il ne put y atteindre.

—Madame Magloire, dit-il, apportez-moi une chaise. Ma grandeur ne va pas jusqu'à cette planche.

Une de ses parentes éloignées, madame la comtesse de Lô, laissait rarement échapper une occasion d'énumérer en sa présence ce qu'elle appelait «les espérances» de ses trois fils. Elle avait plusieurs ascendants fort vieux et proches de la mort dont ses fils étaient naturellement les héritiers. Le plus jeune des trois avait à recueillir d'une grand'tante cent bonnes mille livres de rentes; le deuxième était substitué au titre de duc de son oncle; l'aîné devait succéder à la pairie de son aïeul. L'évêque écoutait habituellement en silence ces innocents et pardonnables étalages maternels. Une fois pourtant, il paraissait plus rêveur que de coutume, tandis que madame de Lô renouvelait le détail de toutes ces successions et de toutes ces «espérances». Elle s'interrompit avec quelque impatience:

—Mon Dieu, mon cousin! mais à quoi songez-vous donc?

—Je songe, dit l'évêque, à quelque chose de singulier qui est, je crois, dans saint Augustin: «Mettez votre espérance dans celui auquel on ne succède point.»

Une autre fois, recevant une lettre de faire-part du décès d'un gentilhomme du pays, où s'étalaient en une longue page, outre les dignités du défunt, toutes les qualifications féodales et nobiliaires de tous ses parents:

—Quel bon dos a la mort! s'écria-t-il. Quelle admirable charge de titres on lui fait allègrement porter, et comme il faut que les hommes aient de l'esprit pour employer ainsi la tombe à la vanité!

Il avait dans l'occasion une raillerie douce qui contenait presque toujours un sens sérieux. Pendant un carême, un jeune vicaire vint à Digne et prêcha dans la cathédrale. Il fut assez éloquent. Le sujet de son sermon était la charité. Il invita les riches à donner aux indigents, afin d'éviter l'enfer qu'il peignit le plus effroyable qu'il put et de gagner le paradis qu'il fit désirable et charmant. Il y avait

dans l'auditoire un riche marchand retiré, un peu usurier, nommé M. Géborand, lequel avait gagné un demi-million à fabriquer de gros draps, des serges, des cadis et des gasquets. De sa vie M. Géborand n'avait fait l'aumône à un malheureux. À partir de ce sermon, on remarqua qu'il donnait tous les dimanches un sou aux vieilles mendiantes du portail de la cathédrale. Elles étaient six à se partager cela. Un jour, l'évêque le vit faisant sa charité et dit à sa sœur avec un sourire:

—Voilà monsieur Géborand qui achète pour un sou de paradis.

Quand il s'agissait de charité, il ne se rebutait pas, même devant un refus, et il trouvait alors des mots qui faisaient réfléchir. Une fois, il quêtait pour les pauvres dans un salon de la ville. Il y avait là le marquis de Champtercier, vieux, riche, avare, lequel trouvait moyen d'être tout ensemble ultra-royaliste et ultra-voltairien. Cette variété a existé. L'évêque, arrivé à lui, lui toucha le bras.

—Monsieur le marquis, il faut que vous me donniez quelque chose.

Le marquis se retourna et répondit sèchement:

—Monseigneur, j'ai mes pauvres.

—Donnez-les-moi, dit l'évêque.

Un jour, dans la cathédrale, il fit ce sermon.

«Mes très chers frères, mes bons amis, il y a en France treize cent vingt mille maisons de paysans qui n'ont que trois ouvertures, dix-huit cent dix-sept mille qui ont deux ouvertures, la porte et une fenêtre, et enfin trois cent quarante-six mille cabanes qui n'ont qu'une ouverture, la porte. Et cela, à cause d'une chose qu'on appelle l'impôt des portes et fenêtres. Mettez-moi de pauvres familles, des vieilles femmes, des petits enfants, dans ces logis-là, et voyez les fièvres et les maladies. Hélas! Dieu donne l'air aux hommes, la loi le leur vend. Je n'accuse pas la loi, mais je bénis Dieu. Dans l'Isère, dans le Var, dans les deux Alpes, les hautes et les basses, les paysans n'ont pas même de brouettes, ils transportent les engrais à dos d'hommes; ils n'ont pas de chandelles, et ils brûlent des bâtons résineux et des bouts de corde trempés dans la poix résine. C'est comme cela dans tout le pays haut du Dauphiné. Ils font le pain pour six mois, ils le font cuire avec de la bouse de vache séchée. L'hiver, ils cassent ce pain à coups de hache et ils le font tremper dans l'eau vingt-quatre heures pour pouvoir le manger.—Mes frères, ayez pitié! voyez comme on souffre autour de vous.»

Né provençal, il s'était facilement familiarisé avec tous les patois du midi. Il disait: «*Eh bé! moussu, sès sagé?*» comme dans le bas Languedoc. «*Onté anaras passa?*» comme dans les basses Alpes. «*Puerte un bouen moutou embe un bouen froumage grase*», comme dans le haut Dauphiné. Ceci plaisait au peuple, et n'avait pas peu contribué à lui donner accès près de tous les esprits. Il était dans la chaumière et dans la montagne comme chez lui. Il savait dire les choses les plus grandes dans les idiomes les plus vulgaires. Parlant toutes les langues, il entrait dans toutes les âmes. Du reste, il était le même pour les gens du monde et pour les gens du peuple. Il ne condamnait rien hâtivement, et sans tenir compte des circonstances environnantes. Il disait:

—Voyons le chemin par où la faute a passé.

Étant, comme il se qualifiait lui-même en souriant, un *ex-pécheur*, il n'avait aucun des escarpements du rigorisme, et il professait assez haut, et sans le froncement de sourcil des vertueux féroces, une doctrine qu'on pourrait résumer à peu près ainsi:

«L'homme a sur lui la chair qui est tout à la fois son fardeau et sa tentation. Il la traîne et lui cède.

«Il doit la surveiller, la contenir, la réprimer, et ne lui obéir qu'à la dernière extrémité. Dans cette obéissance-là, il peut encore y avoir de la faute; mais la faute, ainsi faite, est vénielle. C'est une chute, mais une chute sur les genoux, qui peut s'achever en prière.

«Être un saint, c'est l'exception; être un juste, c'est la règle. Errez, défaillez, péchez, mais soyez des justes.

«Le moins de péché possible, c'est la loi de l'homme. Pas de péché du tout est le rêve de l'ange. Tout ce qui est terrestre est soumis au péché. Le péché est une gravitation.»

Quand il voyait tout le monde crier bien fort et s'indigner bien vite:

—Oh! oh! disait-il en souriant, il y a apparence que ceci est un gros crime que tout le monde commet. Voilà les hypocrisies effarées qui se dépêchent de protester et de se mettre à couvert.

Il était indulgent pour les femmes et les pauvres sur qui pèse le poids de la société humaine. Il disait:

—Les fautes des femmes, des enfants, des serviteurs, des faibles, des indigents et des ignorants sont la faute des maris, des pères, des maîtres, des forts, des riches et des savants.

charpente voit, que cette machine entend, que cette mécanique comprend, que ce bois, ce fer et ces cordes veulent. Dans la rêverie affreuse où sa présence jette l'âme, l'échafaud apparaît terrible et se mêlant de ce qu'il fait. L'échafaud est le complice du bourreau; il dévore; il mange de la chair, il boit du sang. L'échafaud est une sorte de monstre fabriqué par le juge et par le charpentier, un spectre qui semble vivre d'une espèce de vie épouvantable faite de toute la mort qu'il a donnée.

Aussi l'impression fut-elle horrible et profonde; le lendemain de l'exécution et beaucoup de jours encore après, l'évêque parut accablé. La sérénité presque violente du moment funèbre avait disparu: le fantôme de la justice sociale l'obsédait. Lui qui d'ordinaire revenait de toutes ses actions avec une satisfaction si rayonnante, il semblait qu'il se fît un reproche. Par moments, il se parlait à lui-même, et bégayait à demi-voix des monologues lugubres. En voici un que sa sœur entendit un soir et recueillit:

—Je ne croyais pas que cela fût si monstrueux. C'est un tort de s'absorber dans la loi divine au point de ne plus s'apercevoir de la loi humaine. La mort n'appartient qu'à Dieu. De quel droit les hommes touchent-ils à cette chose inconnue?

Avec le temps ces impressions s'atténuèrent, et probablement s'effacèrent. Cependant on remarqua que l'évêque évitait désormais de passer sur la place des exécutions. On pouvait appeler M. Myriel à toute heure au chevet des malades et des mourants. Il n'ignorait pas que là était son plus grand devoir et son plus grand travail. Les familles veuves ou orphelines n'avaient pas besoin de le demander, il arrivait de lui-même. Il savait s'asseoir et se taire de longues heures auprès de l'homme qui avait perdu la femme qu'il aimait, de la mère qui avait perdu son enfant. Comme il savait le moment de se taire, il savait aussi le moment de parler. Ô admirable consolateur! il ne cherchait pas à effacer la douleur par l'oubli, mais à l'agrandir et à la dignifier par l'espérance. Il disait:

—Prenez garde à la façon dont vous vous tournez vers les morts. Ne songez pas à ce qui pourrit. Regardez fixement. Vous apercevrez la lueur vivante de votre mort bien-aimé au fond du ciel.

Il savait que la croyance est saine. Il cherchait à conseiller et à calmer l'homme désespéré en lui indiquant du doigt l'homme résigné, et à transformer la douleur qui regarde une fosse en lui montrant la douleur qui regarde une étoile.

Chapitre V
Que monseigneur Bienvenu faisait durer trop longtemps ses soutanes

La vie intérieure de M. Myriel était pleine des mêmes pensées que sa vie publique. Pour qui eût pu la voir de près, c'eût été un spectacle grave et charmant que cette pauvreté volontaire dans laquelle vivait M. l'évêque de Digne.

Comme tous les vieillards et comme la plupart des penseurs, il dormait peu. Ce court sommeil était profond. Le matin il se recueillait pendant une heure, puis il disait sa messe, soit à la cathédrale, soit dans son oratoire. Sa messe dite, il déjeunait d'un pain de seigle trempé dans le lait de ses vaches. Puis il travaillait.

Un évêque est un homme fort occupé; il faut qu'il reçoive tous les jours le secrétaire de l'évêché, qui est d'ordinaire un chanoine, presque tous les jours ses grands vicaires. Il a des congrégations à contrôler, des privilèges à donner, toute une librairie ecclésiastique à examiner, paroissiens, catéchismes diocésains, livres d'heures, etc., des mandements à écrire, des prédications à autoriser, des curés et des maires à mettre d'accord, une correspondance cléricale, une correspondance administrative, d'un côté l'état, de l'autre le Saint-Siège, mille affaires.

Le temps que lui laissaient ces mille affaires, ses offices et son bréviaire, il le donnait d'abord aux nécessiteux, aux malades et aux affligés; le temps que les affligés, les malades et les nécessiteux lui laissaient, il le donnait au travail. Tantôt il bêchait la terre dans son jardin, tantôt il lisait et écrivait. Il n'avait qu'un mot pour ces deux sortes de travail; il appelait cela *jardiner*.

—L'esprit est un jardin, disait-il.

À midi, il dînait. Le dîner ressemblait au déjeuner.

Vers deux heures, quand le temps était beau, il sortait et se promenait à pied dans la campagne ou dans la ville, entrant souvent dans les masures. On le voyait cheminer seul, tout à ses pensées, l'œil baissé, appuyé sur sa longue canne, vêtu de sa douillette violette ouatée et bien chaude, chaussé de bas violets dans de gros souliers, et coiffé de son chapeau plat qui laissait passer par ses trois cornes trois glands d'or à graine d'épinards.

C'était une fête partout où il paraissait. On eût dit que son passage avait quelque chose de réchauffant et de lumineux. Les enfants et les vieillards venaient sur le seuil des portes pour l'évêque comme pour le soleil.

Il bénissait et on le bénissait. On montrait sa maison à quiconque avait besoin de quelque chose.

Çà et là, il s'arrêtait, parlait aux petits garçons et aux petites filles et souriait aux mères. Il visitait les pauvres tant qu'il avait de l'argent; quand il n'en avait plus, il visitait les riches.

fauteuil dans la chambre à coucher; de cette façon, on pouvait réunir jusqu'à onze sièges pour les visiteurs. À chaque nouvelle visite on démeublait une pièce.

Il arrivait parfois qu'on était douze; alors l'évêque dissimulait l'embarras de la situation en se tenant debout devant la cheminée si c'était l'hiver, ou en proposant un tour dans le jardin si c'était l'été.

Il y avait bien encore dans l'alcôve fermée une chaise, mais elle était à demi dépaillée et ne portait que sur trois pieds, ce qui faisait qu'elle ne pouvait servir qu'appuyée contre le mur. Mademoiselle Baptistine avait bien aussi dans sa chambre une très grande bergère en bois jadis doré et revêtue de pékin à fleurs, mais on avait été obligé de monter cette bergère au premier par la fenêtre, l'escalier étant trop étroit; elle ne pouvait donc pas compter parmi les en-cas du mobilier.

L'ambition de mademoiselle Baptistine eût été de pouvoir acheter un meuble de salon en velours d'Utrecht jaune à rosaces et en acajou à cou de cygne, avec canapé. Mais cela eût coûté au moins cinq cents francs, et, ayant vu qu'elle n'avait réussi à économiser pour cet objet que quarante-deux francs dix sous en cinq ans, elle avait fini par y renoncer. D'ailleurs qui est-ce qui atteint son idéal?

Rien de plus simple à se figurer que la chambre à coucher de l'évêque. Une porte-fenêtre donnant sur le jardin, vis-à-vis le lit; un lit d'hôpital, en fer avec baldaquin de serge verte; dans l'ombre du lit, derrière un rideau, les ustensiles de toilette trahissant encore les anciennes habitudes élégantes de l'homme du monde; deux portes, l'une près de la cheminée, donnant dans l'oratoire; l'autre, près de la bibliothèque, donnant dans la salle à manger; la bibliothèque, grande armoire vitrée pleine de livres; la cheminée, de bois peint en marbre, habituellement sans feu; dans la cheminée, une paire de chenets en fer ornés de deux vases à guirlandes et cannelures jadis argentés à l'argent haché, ce qui était un genre de luxe épiscopal; au-dessus, à l'endroit où d'ordinaire on met la glace, un crucifix de cuivre désargenté fixé sur un velours noir râpé dans un cadre de bois dédoré. Près de la porte-fenêtre, une grande table avec un encrier, chargée de papiers confus et de gros volumes. Devant la table, le fauteuil de paille. Devant le lit, un prie-Dieu, emprunté à l'oratoire.

Deux portraits dans des cadres ovales étaient accrochés au mur des deux côtés du lit. De petites inscriptions dorées sur le fond neutre de la toile à côté des figures indiquaient que les portraits représentaient, l'un, l'abbé de Chaliot, évêque de Saint-Claude, l'autre, l'abbé Tourteau, vicaire général d'Agde, abbé de Grand-Champ, ordre de Cîteaux, diocèse de Chartres. L'évêque, en succédant dans cette chambre aux malades de l'hôpital, y avait trouvé ces portraits et les y avait laissés. C'étaient des prêtres, probablement des donateurs: deux motifs pour qu'il les respectât. Tout ce qu'il savait de ces deux personnages, c'est qu'ils avaient été nommés par le roi, l'un à son évêché, l'autre à son bénéfice, le même jour, le 27 avril 1785. Madame Magloire ayant décroché les tableaux pour en secouer la poussière, l'évêque avait trouvé cette particularité écrite d'une encre blanchâtre sur un petit carré de papier jauni par le temps, collé avec quatre pains à cacheter derrière le portrait de l'abbé de Grand-Champ.

Il avait à sa fenêtre un antique rideau de grosse étoffe de laine qui finit par devenir tellement vieux que, pour éviter la dépense d'un neuf, madame Magloire fut obligée de faire une grande couture au beau milieu. Cette couture dessinait une croix. L'évêque le faisait souvent remarquer.

—Comme cela fait bien! disait-il.

Toutes les chambres de la maison, au rez-de-chaussée ainsi qu'au premier, sans exception, étaient blanchies au lait de chaux, ce qui est une mode de caserne et d'hôpital.

Cependant, dans les dernières années, madame Magloire retrouva, comme on le verra plus loin, sous le papier badigeonné, des peintures qui ornaient l'appartement de mademoiselle Baptistine. Avant d'être l'hôpital, cette maison avait été le parloir aux bourgeois. De là cette décoration. Les chambres étaient pavées de briques rouges qu'on lavait toutes les semaines, avec des nattes de paille tressée devant tous les lits. Du reste, ce logis, tenu par deux femmes, était du haut en bas d'une propreté exquise. C'était le seul luxe que l'évêque permit. Il disait:

—Cela ne prend rien aux pauvres.

Il faut convenir cependant qu'il lui restait de ce qu'il avait possédé jadis six couverts d'argent et une grande cuiller à soupe que madame Magloire regardait tous les jours avec bonheur reluire splendidement sur la grosse nappe de toile blanche. Et comme nous peignons ici l'évêque de Digne tel qu'il était, nous devons ajouter qu'il lui était arrivé plus d'une fois de dire:

—Je renoncerais difficilement à manger dans de l'argenterie.

Il faut ajouter à cette argenterie deux gros flambeaux d'argent massif qui lui venaient de l'héritage d'une grand'tante. Ces flambeaux portaient deux bougies de cire et figuraient habituellement sur la cheminée de l'évêque. Quand il avait quelqu'un à dîner, madame Magloire allumait les deux bougies et mettait les deux flambeaux sur la table.

Il y avait dans la chambre même de l'évêque, à la tête de son lit, un petit placard dans lequel madame Magloire serrait chaque soir les six couverts d'argent et la grande cuiller. Il faut dire qu'on n'en ôtait jamais la clef.

Le jardin, un peu gâté par les constructions assez laides dont nous avons parlé, se composait de quatre allées en croix rayonnant autour d'un puisard; une autre allée faisait tout le tour du jardin et cheminait le long du mur blanc dont il était enclos. Ces allées laissaient entre elles quatre carrés bordés de buis. Dans trois, madame Magloire cultivait des légumes; dans le quatrième, l'évêque avait mis des fleurs. Il y avait çà et là quelques arbres fruitiers.

Une fois madame Magloire lui avait dit avec une sorte de malice douce:

—Monseigneur, vous qui tirez parti de tout, voilà pourtant un carré inutile. Il vaudrait mieux avoir là des salades que des bouquets.

—Madame Magloire, répondit l'évêque, vous vous trompez. Le beau est aussi utile que l'utile.

Il ajouta après un silence:

—Plus peut-être.

Ce carré, composé de trois ou quatre plates-bandes, occupait M. l'évêque presque autant que ses livres. Il y passait volontiers une heure ou deux, coupant, sarclant, et piquant çà et là des trous en terre où il mettait des graines. Il n'était pas aussi hostile aux insectes qu'un jardinier l'eût voulu. Du reste, aucune prétention à la botanique; il ignorait les groupes et le solidisme; il ne cherchait pas le moins du monde à décider entre Tournefort et la méthode naturelle; il ne prenait parti ni pour les utricules contre les cotylédons, ni pour Jussieu contre Linné. Il n'étudiait pas les plantes; il aimait les fleurs. Il respectait beaucoup les savants, il respectait encore plus les ignorants, et, sans jamais manquer à ces deux respects, il arrosait ses plates-bandes chaque soir d'été avec un arrosoir de fer-blanc peint en vert.

La maison n'avait pas une porte qui fermât à clef. La porte de la salle à manger qui, nous l'avons dit, donnait de plain-pied sur la place de la cathédrale, était jadis armée de serrures et de verrous comme une porte de prison. L'évêque avait fait ôter toutes ces ferrures, et cette porte, la nuit comme le jour, n'était fermée qu'au loquet. Le premier passant venu, à quelque heure que ce fût, n'avait qu'à la pousser. Dans les commencements, les deux femmes avaient été fort tourmentées de cette porte jamais close; mais M. de Digne leur avait dit:

—Faites mettre des verrous à vos chambres, si cela vous plaît.

Elles avaient fini par partager sa confiance ou du moins par faire comme si elles la partageaient. Madame Magloire seule avait de temps en temps des frayeurs. Pour ce qui est de l'évêque, on peut trouver sa pensée expliquée ou du moins indiquée dans ces trois lignes écrites par lui sur la marge d'une bible: «Voici la nuance: la porte du médecin ne doit jamais être fermée; la porte du prêtre doit toujours être ouverte.» Sur un autre livre, intitulé *Philosophie de la science médicale*, il avait écrit cette autre note: «Est-ce que je ne suis pas médecin comme eux? Moi aussi j'ai mes malades; d'abord j'ai les leurs, qu'ils appellent les malades; et puis j'ai les miens, que j'appelle les malheureux.»

Ailleurs encore il avait écrit: «Ne demandez pas son nom à qui vous demande un gîte. C'est surtout celui-là que son nom embarrasse qui a besoin d'asile.»

Il advint qu'un digne curé, je ne sais plus si c'était le curé de Couloubroux ou le curé de Pompierry, s'avisa de lui demander un jour, probablement à l'instigation de madame Magloire, si Monseigneur était bien sûr de ne pas commettre jusqu'à un certain point une imprudence en laissant jour et nuit sa porte ouverte à la disposition de qui voulait entrer, et s'il ne craignait pas enfin qu'il n'arrivât quelque malheur dans une maison si peu gardée. L'évêque lui toucha l'épaule avec une gravité douce et lui dit:—*Nisi Dominus custodierit domum, in vanum vigilant qui custodiunt eam.*

Chapitre VII
Cravatte

Ici se place naturellement un fait que nous ne devons pas omettre, car il est de ceux qui font le mieux voir quel homme c'était que M. l'évêque de Digne.

Après la destruction de la bande de Gaspard Bès qui avait infesté les gorges d'Ollioules, un de ses lieutenants, Cravatte, se réfugia dans la montagne. Il se cacha quelque temps avec ses bandits, reste de la troupe de Gaspard Bès, dans le comté de Nice, puis gagna le Piémont, et tout à coup reparut en France, du côté de Barcelonnette. On le vit à Jauziers d'abord, puis aux Tuiles. Il se cacha dans les cavernes du Joug-de-l'Aigle, et de là il descendait vers les hameaux et les villages par les ravins de l'Ubaye et de l'Ubayette. Il osa même pousser jusqu'à Embrun, pénétra une nuit dans la cathédrale et dévalisa la sacristie. Ses brigandages désolaient le pays. On mit la gendarmerie à ses trousses, mais en vain. Il échappait toujours; quelquefois il résistait de vive force. C'était un hardi misérable. Au milieu de toute cette terreur, l'évêque arriva. Il faisait sa tournée. Au Chastelar, le maire vint le trouver et l'engagea à rebrousser chemin. Cravatte tenait la montagne jusqu'à l'Arche, et au-delà. Il y avait danger, même avec une escorte. C'était exposer inutilement trois ou quatre malheureux gendarmes.

—Aussi, dit l'évêque, je compte aller sans escorte.

—Y pensez-vous, monseigneur? s'écria le maire.

—J'y pense tellement, que je refuse absolument les gendarmes et que je vais partir dans une heure.

—Partir?

—Partir.

—Seul?

—Seul.

—Monseigneur! vous ne ferez pas cela.

—Il y a là, dans la montagne, reprit l'évêque, une humble petite commune grande comme ça, que je n'ai pas vue depuis trois ans. Ce sont mes bons amis. De doux et honnêtes bergers. Ils possèdent une chèvre sur trente qu'ils gardent. Ils font de fort jolis cordons de laine de diverses couleurs, et ils jouent des airs de montagne sur de petites flûtes à six trous. Ils ont besoin qu'on leur parle de temps en temps du bon Dieu. Que diraient-ils d'un évêque qui a peur? Que diraient-ils si je n'y allais pas?

—Mais, monseigneur, les brigands! Si vous rencontrez les brigands!

—Tiens, dit l'évêque, j'y songe. Vous avez raison. Je puis les rencontrer. Eux aussi doivent avoir besoin qu'on leur parle du bon Dieu.

—Monseigneur! mais c'est une bande! c'est un troupeau de loups!

—Monsieur le maire, c'est peut-être précisément de ce troupeau que Jésus me fait le pasteur. Qui sait les voies de la Providence?

—Monseigneur, ils vous dévaliseront.

—Je n'ai rien.

—Ils vous tueront.

—Un vieux bonhomme de prêtre qui passe en marmottant ses momeries? Bah! à quoi bon?

—Ah! mon Dieu! si vous alliez les rencontrer!

—Je leur demanderai l'aumône pour mes pauvres.

—Monseigneur, n'y allez pas, au nom du ciel! vous exposez votre vie.

—Monsieur le maire, dit l'évêque, n'est-ce décidément que cela? Je ne suis pas en ce monde pour garder ma vie, mais pour garder les âmes.

Il fallut le laisser faire. Il partit, accompagné seulement d'un enfant qui s'offrit à lui servir de guide. Son obstination fit bruit dans le pays, et effraya très fort.

Il ne voulut emmener ni sa sœur ni madame Magloire. Il traversa la montagne à mulet, ne rencontra personne, et arriva sain et sauf chez ses «bons amis» les bergers. Il y resta quinze jours, prêchant, administrant, enseignant, moralisant. Lorsqu'il fut proche de son départ, il résolut de chanter pontificalement un *Te Deum*. Il en parla au curé. Mais comment faire? pas d'ornements épiscopaux. On ne pouvait mettre à sa disposition qu'une chétive sacristie de village avec quelques vieilles chasubles de damas usé ornées de galons faux.

—Bah! dit l'évêque. Monsieur le curé, annonçons toujours au prône notre *Te Deum*. Cela s'arrangera.

On chercha dans les églises d'alentour. Toutes les magnificences de ces humbles paroisses réunies n'auraient pas suffi à vêtir convenablement un chantre de cathédrale. Comme on était dans cet embarras, une grande caisse fut apportée et déposée au presbytère pour M. l'évêque par deux cavaliers inconnus qui repartirent sur-le-champ. On ouvrit la caisse; elle contenait une chape de drap d'or, une mitre ornée de diamants, une croix archiépiscopale, une crosse magnifique, tous les vêtements pontificaux volés un mois auparavant au trésor de

Notre-Dame d'Embrun. Dans la caisse, il y avait un papier sur lequel étaient écrits ces mots: *Cravatte à monseigneur Bienvenu.*

—Quand je disais que cela s'arrangerait! dit l'évêque.

Puis il ajouta en souriant:

—À qui se contente d'un surplus de curé, Dieu envoie une chape d'archevêque.

—Monseigneur, murmura le curé en hochant la tête avec un sourire, Dieu, ou le diable.

L'évêque regarda fixement le curé et reprit avec autorité:

—Dieu!

Quand il revint au Chastelar, et tout le long de la route, on venait le regarder par curiosité. Il retrouva au presbytère du Chastelar mademoiselle Baptistine et madame Magloire qui l'attendaient, et il dit à sa sœur:

—Eh bien, avais-je raison? Le pauvre prêtre est allé chez ces pauvres montagnards les mains vides, il en revient les mains pleines. J'étais parti n'emportant que ma confiance en Dieu; je rapporte le trésor d'une cathédrale.

Le soir, avant de se coucher, il dit encore:

—Ne craignons jamais les voleurs ni les meurtriers. Ce sont là les dangers du dehors, les petits dangers. Craignons-nous nous-mêmes. Les préjugés, voilà les voleurs; les vices, voilà les meurtriers. Les grands dangers sont au dedans de nous. Qu'importe ce qui menace notre tête ou notre bourse! Ne songeons qu'à ce qui menace notre âme.

Puis se tournant vers sa sœur:

—Ma sœur, de la part du prêtre jamais de précaution contre le prochain. Ce que le prochain fait, Dieu le permet. Bornons-nous à prier Dieu quand nous croyons qu'un danger arrive sur nous. Prions-le, non pour nous, mais pour que notre frère ne tombe pas en faute à notre occasion.

Du reste, les événements étaient rares dans son existence. Nous racontons ceux que nous savons; mais d'ordinaire il passait sa vie à faire toujours les mêmes choses aux mêmes moments. Un mois de son année ressemblait à une heure de sa journée.

Quant à ce que devint «le trésor» de la cathédrale d'Embrun, on nous embarrasserait de nous interroger là-dessus. C'étaient là de bien belles choses, et bien tentantes, et bien bonnes à voler au profit des malheureux. Volées, elles l'étaient déjà d'ailleurs. La moitié de l'aventure était accomplie; il ne restait plus qu'à changer la direction du vol, et qu'à lui faire faire un petit bout de chemin du côté des pauvres. Nous n'affirmons rien du reste à ce sujet. Seulement on a trouvé dans les papiers de l'évêque une note assez obscure qui se rapporte peut-être à cette affaire, et qui est ainsi conçue: *La question est de savoir si cela doit faire retour à la cathédrale ou à l'hôpital.*

Chapitre VIII
Philosophie après boire

Le sénateur dont il a été parlé plus haut était un homme entendu qui avait fait son chemin avec une rectitude inattentive à toutes ces rencontres qui font obstacle et qu'on nomme conscience, foi jurée, justice, devoir; il avait marché droit à son but et sans broncher une seule fois dans la ligne de son avancement et de son intérêt. C'était un ancien procureur, attendri par le succès, pas méchant homme du tout, rendant tous les petits services qu'il pouvait à ses fils, à ses gendres, à ses parents, même à des amis; ayant sagement pris de la vie les bons côtés, les bonnes occasions, les bonnes aubaines. Le reste lui semblait assez bête. Il était spirituel, et juste assez lettré pour se croire un disciple d'Épicure en n'étant peut-être qu'un produit de Pigault-Lebrun. Il riait volontiers, et agréablement, des choses infinies et éternelles, et des «billevesées du bonhomme évêque». Il en riait quelquefois, avec une aimable autorité, devant M. Myriel lui-même, qui écoutait.

À je ne sais plus quelle cérémonie demi-officielle, le comte*** (ce sénateur) et M. Myriel durent dîner chez le préfet. Au dessert, le sénateur, un peu égayé, quoique toujours digne, s'écria:

—Parbleu, monsieur l'évêque, causons. Un sénateur et un évêque se regardent difficilement sans cligner de l'œil. Nous sommes deux augures. Je vais vous faire un aveu. J'ai ma philosophie.

—Et vous avez raison, répondit l'évêque. Comme on fait sa philosophie on se couche. Vous êtes sur le lit de pourpre, monsieur le sénateur.

Le sénateur, encouragé, reprit:

—Soyons bons enfants.

—Bons diables même, dit l'évêque.

—Je vous déclare, reprit le sénateur, que le marquis d'Argens, Pyrrhon, Hobbes et M. Naigeon ne sont pas des maroufles. J'ai dans ma bibliothèque tous mes philosophes dorés sur tranche.

—Comme vous-même, monsieur le comte, interrompit l'évêque.

Le sénateur poursuivit:

—Je hais Diderot; c'est un idéologue, un déclamateur et un révolutionnaire, au fond croyant en Dieu, et plus bigot que Voltaire. Voltaire s'est moqué de Needham, et il a eu tort; car les anguilles de Needham prouvent que Dieu est inutile. Une goutte de vinaigre dans une cuillerée de pâte de farine supplée le *fiat lux*. Supposez la goutte plus grosse et la cuillerée plus grande, vous avez le monde. L'homme, c'est l'anguille. Alors à quoi bon le Père éternel? Monsieur l'évêque, l'hypothèse Jéhovah me fatigue. Elle n'est bonne qu'à produire des gens maigres qui songent creux. À bas ce grand Tout qui me tracasse! Vive Zéro qui me laisse tranquille! De vous à moi, et pour vider mon sac, et pour me confesser à mon pasteur comme il convient, je vous avoue que j'ai du bon sens. Je ne suis pas fou de votre Jésus qui prêche à tout bout de champ le renoncement et le sacrifice. Conseil d'avare à des gueux. Renoncement! pourquoi? Sacrifice! à quoi? Je ne vois pas qu'un loup s'immole au bonheur d'un autre loup. Restons donc dans la nature. Nous sommes au sommet; ayons la philosophie supérieure. Que sert d'être en haut, si l'on ne voit pas plus loin que le bout du nez des autres? Vivons gaîment. La vie, c'est tout. Que l'homme ait un autre avenir, ailleurs, là-haut, là-bas, quelque part, je n'en crois pas un traître mot. Ah! l'on me recommande le sacrifice et le renoncement, je dois prendre garde à tout ce que je fais, il faut que je me casse la tête sur le bien et le mal, sur le juste et l'injuste, sur le *fas* et le *nefas*. Pourquoi? parce que j'aurai à rendre compte de mes actions. Quand? après ma mort. Quel bon rêve! Après ma mort, bien fin qui me pincera. Faites donc saisir une poignée de cendre par une main d'ombre. Disons le vrai, nous qui sommes des initiés et qui avons levé la jupe d'Isis: il n'y a ni bien, ni mal; il y a de la végétation. Cherchons le réel. Creusons tout à fait. Allons au fond, que diable! Il faut flairer la vérité, fouiller sous terre, et la saisir. Alors elle vous donne des joies exquises. Alors vous devenez fort, et vous riez. Je suis carré par la base, moi. Monsieur l'évêque, l'immortalité de l'homme est un écoute-s'il-pleut. Oh! la charmante promesse! Fiez-vous-y. Le bon billet qu'a Adam! On est âme, on sera ange, on aura des ailes bleues aux omoplates. Aidez-moi donc, n'est-ce pas Tertullien qui dit que les bienheureux iront d'un astre à l'autre? Soit. On sera les sauterelles des étoiles. Et puis, on verra Dieu. Ta ta ta. Fadaises que tous ces paradis. Dieu est une sonnette monstre. Je ne dirais point cela dans le *Moniteur*, parbleu! mais je le chuchote entre amis. *Inter pocula*. Sacrifier la terre au paradis, c'est lâcher la proie pour l'ombre. Être dupe de l'infini! pas si bête. Je suis néant. Je m'appelle monsieur le comte Néant, sénateur. Étais-je avant ma naissance? Non. Serai-je après ma mort? Non. Que suis-je? un peu de poussière agrégée par un organisme. Qu'ai-je à faire sur cette terre? J'ai le choix. Souffrir ou jouir. Où me mènera la souffrance? Au néant. Mais j'aurai souffert. Où me mènera la jouissance? Au néant. Mais j'aurai joui. Mon choix est fait. Il faut être mangeant ou mangé. Je mange. Mieux vaut être la dent que l'herbe. Telle est ma sagesse. Après quoi, va comme je te pousse, le fossoyeur est là, le Panthéon pour nous autres, tout tombe dans le grand trou. Fin. *Finis*. Liquidation totale. Ceci est l'endroit de l'évanouissement. La mort est morte, croyez-moi. Qu'il y ait là quelqu'un qui ait quelque chose à me dire, je ris d'y songer. Invention de nourrices. Croquemitaine pour les enfants, Jéhovah pour les hommes. Non, notre lendemain est de la nuit. Derrière la tombe, il n'y a plus que des néants égaux. Vous avez été Sardanapale, vous avez été Vincent de Paul, cela fait le même rien. Voilà le vrai. Donc vivez, par-dessus tout. Usez de votre moi pendant que vous le tenez. En vérité, je vous le dis, monsieur l'évêque, j'ai ma philosophie, et j'ai mes philosophes. Je ne me laisse pas enguirlander par des balivernes. Après ça, il faut bien quelque chose à ceux qui sont en bas, aux va-nu-pieds, aux gagne-petit, aux misérables. On leur donne à gober les légendes, les chimères, l'âme, l'immortalité, le paradis, les étoiles. Ils mâchent cela. Ils le mettent sur leur pain sec. Qui n'a rien a le bon Dieu. C'est bien le moins. Je n'y fais point obstacle, mais je garde pour moi monsieur Naigeon. Le bon Dieu est bon pour le peuple.

L'évêque battit des mains.

—Voilà parler! s'écria-t-il. L'excellente chose, et vraiment merveilleuse, que ce matérialisme-là! Ne l'a pas qui veut. Ah! quand on l'a, on n'est plus dupe; on ne se laisse pas bêtement exiler comme Caton, ni lapider comme Étienne, ni brûler vif comme Jeanne d'Arc. Ceux qui ont réussi à se procurer ce matérialisme admirable ont la joie de se sentir irresponsables, et de penser qu'ils peuvent dévorer tout, sans inquiétude, les places, les sinécures, les dignités, le pouvoir bien ou mal acquis, les palinodies lucratives, les trahisons utiles, les savoureuses capitulations de conscience, et qu'ils entreront dans la tombe, leur digestion faite. Comme c'est agréable! Je ne dis pas cela pour vous, monsieur le sénateur. Cependant il m'est impossible de ne point vous féliciter. Vous autres grands seigneurs, vous avez, vous le dites, une philosophie à vous et pour vous, exquise, raffinée, accessible aux riches seuls, bonne à toutes les sauces, assaisonnant admirablement les voluptés de la vie. Cette philosophie est prise dans les profondeurs et déterrée par des chercheurs spéciaux. Mais vous êtes bons princes, et vous ne trouvez pas mauvais que la croyance au bon Dieu soit la philosophie du peuple, à peu près comme l'oie aux marrons est la dinde aux truffes du pauvre.

Chapitre IX
Le frère raconté par la sœur

Pour donner une idée du ménage intérieur de M. l'évêque de Digne et de la façon dont ces deux saintes filles subordonnaient leurs actions, leurs pensées, même leurs instincts de femmes aisément effrayées, aux habitudes et aux intentions de l'évêque, sans qu'il eût même à prendre la peine de parler pour les exprimer, nous ne pouvons mieux faire que de transcrire ici une lettre de mademoiselle Baptistine à madame la vicomtesse de Boischevron, son amie d'enfance. Cette lettre est entre nos mains.

«Digne, 16 décembre 18....

«Ma bonne madame, pas un jour ne se passe sans que nous parlions de vous. C'est assez notre habitude, mais il y a une raison de plus. Figurez-vous qu'en lavant et époussetant les plafonds et les murs, madame Magloire a fait des découvertes; maintenant nos deux chambres tapissées de vieux papier blanchi à la chaux ne dépareraient pas un château dans le genre du vôtre. Madame Magloire a déchiré tout le papier. Il y avait des choses dessous. Mon salon, où il n'y a pas de meubles, et dont nous nous servons pour étendre le linge après les lessives, a quinze pieds de haut, dix-huit de large carrés, un plafond peint anciennement avec dorure, des solives comme chez vous. C'était recouvert d'une toile, du temps que c'était l'hôpital. Enfin des boiseries du temps de nos grand'mères. Mais c'est ma chambre qu'il faut voir. Madame Magloire a découvert, sous au moins dix papiers collés dessus, des peintures, sans être bonnes, qui peuvent se supporter. C'est Télémaque reçu chevalier par Minerve, c'est lui encore dans les jardins. Le nom m'échappe. Enfin où les dames romaines se rendaient une seule nuit. Que vous dirai-je? j'ai des romains, des romaines (*ici un mot illisible*), et toute la suite. Madame Magloire a débarbouillé tout cela, et cet été elle va réparer quelques petites avaries, revenir le tout, et ma chambre sera un vrai musée. Elle a trouvé aussi dans un coin du grenier deux consoles en bois, genre ancien. On demandait deux écus de six livres pour les redorer, mais il vaut bien mieux donner cela aux pauvres; d'ailleurs c'est fort laid, et j'aimerais mieux une table ronde en acajou.

«Je suis toujours bien heureuse. Mon frère est si bon. Il donne tout ce qu'il a aux indigents et aux malades. Nous sommes très gênés. Le pays est dur l'hiver, et il faut bien faire quelque chose pour ceux qui manquent. Nous sommes à peu près chauffés et éclairés. Vous voyez que ce sont de grandes douceurs.

«Mon frère a ses habitudes à lui. Quand il cause, il dit qu'un évêque doit être ainsi. Figurez-vous que la porte de la maison n'est jamais fermée. Entre qui veut, et l'on est tout de suite chez mon frère. Il ne craint rien, même la nuit. C'est là sa bravoure à lui, comme il dit.

«Il ne veut pas que je craigne pour lui, ni que madame Magloire craigne. Il s'expose à tous les dangers, et il ne veut même pas que nous ayons l'air de nous en apercevoir. Il faut savoir le comprendre.

«Il sort par la pluie, il marche dans l'eau, il voyage en hiver. Il n'a pas peur de la nuit, des routes suspectes ni des rencontres.

«L'an dernier, il est allé tout seul dans un pays de voleurs. Il n'a pas voulu nous emmener. Il est resté quinze jours absent. À son retour, il n'avait rien eu, on le croyait mort, et il se portait bien, et il a dit: "Voilà comme on m'a volé!" Et il a ouvert une malle pleine de tous les bijoux de la cathédrale d'Embrun, que les voleurs lui avaient donnés.

«Cette fois-là, en revenant, comme j'étais allée à sa rencontre à deux lieues avec d'autres de ses amis, je n'ai pu m'empêcher de le gronder un peu, en ayant soin de ne parler que pendant que la voiture faisait du bruit, afin que personne autre ne pût entendre.

«Dans les premiers temps, je me disais: il n'y a pas de dangers qui l'arrêtent, il est terrible. À présent j'ai fini par m'y accoutumer. Je fais signe à madame Magloire pour qu'elle ne le contrarie pas. Il se risque comme il veut. Moi j'emmène madame Magloire, je rentre dans ma chambre, je prie pour lui, et je m'endors. Je suis tranquille, parce que je sais bien que s'il lui arrivait malheur, ce serait ma fin. Je m'en irais au bon Dieu avec mon frère et mon évêque. Madame Magloire a eu plus de peine que moi à s'habituer à ce qu'elle appelait ses imprudences. Mais à présent le pli est pris. Nous prions toutes les deux, nous avons peur ensemble, et nous nous endormons. Le diable entrerait dans la maison qu'on le laisserait faire. Après tout, que craignons-nous dans cette maison? Il y a toujours quelqu'un avec nous, qui est le plus fort. Le diable peut y passer, mais le bon Dieu l'habite.

«Voilà qui me suffit. Mon frère n'a plus même besoin de me dire un mot maintenant. Je le comprends sans qu'il parle, et nous nous abandonnons à la Providence.

«Voilà comme il faut être avec un homme qui a du grand dans l'esprit.

«J'ai questionné mon frère pour le renseignement que vous me demandez sur la famille de Faux. Vous savez comme il sait tout et comme il a des souvenirs, car il est toujours très bon royaliste. C'est de vrai une très ancienne famille normande de la généralité de Caen. Il y a cinq cents ans d'un Raoul de Faux, d'un Jean de Faux et d'un Thomas de Faux, qui étaient des gentilshommes, dont un seigneur de Rochefort. Le dernier était Guy-Étienne-Alexandre, et était maître de camp, et quelque chose dans les chevaux-légers de Bretagne. Sa fille Marie-Louise a épousé Adrien-Charles de Gramont, fils du duc Louis de Gramont, pair de France, colonel des gardes françaises et lieutenant général des armées. On écrit Faux, Fauq et Faoucq.

«Bonne madame, recommandez-nous aux prières de votre saint parent, M. le cardinal. Quant à votre chère Sylvanie, elle a bien fait de ne pas prendre les courts instants qu'elle passe près de vous pour m'écrire. Elle se porte bien, travaille selon vos désirs, m'aime toujours. C'est tout ce que je veux. Son souvenir par vous m'est arrivé. Je m'en trouve heureuse. Ma santé n'est pas trop mauvaise, et cependant je maigris tous les jours davantage. Adieu, le papier me manque et me force de vous quitter. Mille bonnes choses.

«Baptistine.

«P. S. Madame votre belle-sœur est toujours ici avec sa jeune famille. Votre petit-neveu est charmant. Savez-vous qu'il a cinq ans bientôt! Hier il a vu passer un cheval auquel on avait mis des genouillères, et il disait: "Qu'est-ce qu'il a donc aux genoux?" Il est si gentil, cet enfant! Son petit frère traîne un vieux balai dans l'appartement comme une voiture, et dit: "Hu!"

»Comme on le voit par cette lettre, ces deux femmes savaient se plier aux façons d'être de l'évêque avec ce génie particulier de la femme qui comprend l'homme mieux que l'homme ne se comprend. L'évêque de Digne, sous cet air doux et candide qui ne se démentait jamais, faisait parfois des choses grandes, hardies et magnifiques, sans paraître même s'en douter. Elles en tremblaient, mais elles le laissaient faire. Quelquefois madame Magloire essayait une remontrance avant; jamais pendant ni après. Jamais on ne le troublait, ne fût-ce que par un signe, dans une action commencée. À de certains moments, sans qu'il eût besoin de le dire, lorsqu'il n'en avait peut-être pas lui-même conscience, tant sa simplicité était parfaite, elles sentaient vaguement qu'il agissait comme évêque; alors elles n'étaient plus que deux ombres dans la maison. Elles le servaient passivement, et, si c'était obéir que de disparaître, elles disparaissaient. Elles savaient, avec une admirable délicatesse d'instinct, que certaines sollicitudes peuvent gêner. Aussi, même le croyant en péril, elles comprenaient, je ne dis pas sa pensée, mais sa nature, jusqu'au point de ne plus veiller sur lui. Elles le confiaient à Dieu.

D'ailleurs Baptistine disait, comme on vient de le lire, que la fin de son frère serait la sienne. Madame Magloire ne le disait pas, mais elle le savait.

Chapitre X
L'évêque en présence d'une lumière inconnue

À une époque un peu postérieure à la date de la lettre citée dans les pages précédentes, il fit une chose, à en croire toute la ville, plus risquée encore que sa promenade à travers les montagnes des bandits. Il y avait près de Digne, dans la campagne, un homme qui vivait solitaire. Cet homme, disons tout de suite le gros mot, était un ancien conventionnel. Il se nommait G.

On parlait du conventionnel G. dans le petit monde de Digne avec une sorte d'horreur. Un conventionnel, vous figurez-vous cela? Cela existait du temps qu'on se tutoyait et qu'on disait: citoyen. Cet homme était à peu près un monstre. Il n'avait pas voté la mort du roi, mais presque. C'était un quasi-régicide. Il avait été terrible. Comment, au retour des princes légitimes, n'avait-on pas traduit cet homme-là devant une cour prévôtale? On ne lui eût pas coupé la tête, si vous voulez, il faut de la clémence, soit; mais un bon bannissement à vie. Un exemple enfin! etc., etc. C'était un athée d'ailleurs, comme tous ces gens-là.— Commérages des oies sur le vautour.

Était-ce du reste un vautour que G.? Oui, si l'on en jugeait par ce qu'il y avait de farouche dans sa solitude. N'ayant pas voté la mort du roi, il n'avait pas été compris dans les décrets d'exil et avait pu rester en France.

Il habitait, à trois quarts d'heure de la ville, loin de tout hameau, loin de tout chemin, on ne sait quel repli perdu d'un vallon très sauvage. Il avait là, disait-on, une espèce de champ, un trou, un repaire. Pas de voisins; pas même de passants. Depuis qu'il demeurait dans ce vallon, le sentier qui y conduisait avait disparu sous l'herbe. On parlait de cet endroit-là comme de la maison du bourreau. Pourtant l'évêque songeait, et de temps en temps regardait l'horizon à l'endroit où un bouquet d'arbres marquait le vallon du vieux conventionnel, et il disait:

—Il y a là une âme qui est seule.

Et au fond de sa pensée il ajoutait: «Je lui dois ma visite.»

Mais, avouons-le, cette idée, au premier abord naturelle, lui apparaissait, après un moment de réflexion, comme étrange et impossible, et presque repoussante. Car, au fond, il partageait l'impression générale, et le conventionnel lui inspirait, sans qu'il s'en rendît clairement compte, ce sentiment qui est comme la frontière de la haine et qu'exprime si bien le mot éloignement.

Toutefois, la gale de la brebis doit-elle faire reculer le pasteur? Non. Mais quelle brebis!

Le bon évêque était perplexe. Quelquefois il allait de ce côté-là, puis il revenait. Un jour enfin le bruit se répandit dans la ville qu'une façon de jeune pâtre qui servait le conventionnel G. dans sa bauge était venu chercher un médecin; que le vieux scélérat se mourait, que la paralysie le gagnait, et qu'il ne passerait pas la nuit.

—Dieu merci! ajoutaient quelques-uns.

L'évêque prit son bâton, mit son pardessus à cause de sa soutane un peu trop usée, comme nous l'avons dit, et aussi à cause du vent du soir qui ne devait pas tarder à souffler, et partit.

Le soleil déclinait et touchait presque à l'horizon, quand l'évêque arriva à l'endroit excommunié. Il reconnut avec un certain battement de cœur qu'il était près de la tanière. Il enjamba un fossé, franchit une haie, leva un échalier, entra dans un courtil délabré, fit quelques pas assez hardiment, et tout à coup, au fond de la friche, derrière une haute broussaille, il aperçut la caverne.

C'était une cabane toute basse, indigente, petite et propre, avec une treille clouée à la façade.

Devant la porte, dans une vieille chaise à roulettes, fauteuil du paysan, il y avait un homme en cheveux blancs qui souriait au soleil.

Près du vieillard assis se tenait debout un jeune garçon, le petit pâtre. Il tendait au vieillard une jatte de lait.

Pendant que l'évêque regardait, le vieillard éleva la voix:

—Merci, dit-il, je n'ai plus besoin de rien.

Et son sourire quitta le soleil pour s'arrêter sur l'enfant.

L'évêque s'avança. Au bruit qu'il fit en marchant, le vieux homme assis tourna la tête, et son visage exprima toute la quantité de surprise qu'on peut avoir après une longue vie.

—Depuis que je suis ici, dit-il, voilà la première fois qu'on entre chez moi. Qui êtes-vous, monsieur?

L'évêque répondit:

—Je me nomme Bienvenu Myriel.

—Bienvenu Myriel! j'ai entendu prononcer ce nom. Est-ce que c'est vous que le peuple appelle monseigneur Bienvenu?

—C'est moi.

Le vieillard reprit avec un demi-sourire:

—En ce cas, vous êtes mon évêque?

—Un peu.

—Entrez, monsieur.

Le conventionnel tendit la main à l'évêque, mais l'évêque ne la prit pas. L'évêque se borna à dire:

—Je suis satisfait de voir qu'on m'avait trompé. Vous ne me semblez, certes, pas malade.

—Monsieur, répondit le vieillard, je vais guérir.

Il fit une pause et dit:

—Je mourrai dans trois heures.

Puis il reprit:

—Je suis un peu médecin; je sais de quelle façon la dernière heure vient. Hier, je n'avais que les pieds froids; aujourd'hui, le froid a gagné les genoux; maintenant je le sens qui monte jusqu'à la ceinture; quand il sera au cœur, je m'arrêterai. Le soleil est beau, n'est-ce pas? je me suis fait rouler dehors pour jeter un dernier coup d'œil sur les choses, vous pouvez me parler, cela ne me fatigue point. Vous faites bien de venir regarder un homme qui va mourir. Il est bon que ce moment-là ait des témoins. On a des manies; j'aurais voulu aller jusqu'à l'aube. Mais je sais que j'en ai à peine pour trois heures. Il fera nuit. Au fait, qu'importe! Finir est une affaire simple. On n'a pas besoin du matin pour cela. Soit. Je mourrai à la belle étoile.

Le vieillard se tourna vers le pâtre.

—Toi, va te coucher. Tu as veillé l'autre nuit. Tu es fatigué.

L'enfant rentra dans la cabane.

Le vieillard le suivit des yeux et ajouta comme se parlant à lui-même:

—Pendant qu'il dormira, je mourrai. Les deux sommeils peuvent faire bon voisinage.

L'évêque n'était pas ému comme il semble qu'il aurait pu l'être. Il ne croyait pas sentir Dieu dans cette façon de mourir. Disons tout, car les petites contradictions des grands cœurs veulent être indiquées comme le reste, lui qui, dans l'occasion, riait si volontiers de Sa Grandeur, il était quelque peu choqué de ne pas être appelé monseigneur, et il était presque tenté de répliquer: citoyen. Il lui vint une velléité de familiarité bourrue, assez ordinaire aux médecins et aux prêtres, mais qui ne lui était pas habituelle, à lui. Cet homme, après tout, ce conventionnel, ce représentant du peuple, avait été un puissant de la terre; pour la première fois de sa vie peut-être, l'évêque se sentit en humeur de sévérité.

Le conventionnel cependant le considérait avec une cordialité modeste, où l'on eût pu démêler l'humilité qui sied quand on est si près de sa mise en poussière.

L'évêque, de son côté, quoiqu'il se gardât ordinairement de la curiosité, laquelle, selon lui, était contiguë à l'offense, ne pouvait s'empêcher d'examiner le conventionnel avec une attention qui, n'ayant pas sa source dans la sympathie, lui eût été probablement reprochée par sa conscience vis-à-vis de tout autre homme. Un conventionnel lui faisait un peu l'effet d'être hors la loi, même hors la loi de charité.

G., calme, le buste presque droit, la voix vibrante, était un de ces grands octogénaires qui font l'étonnement du physiologiste. La révolution a eu beaucoup de ces hommes proportionnés à l'époque. On sentait dans ce vieillard l'homme à l'épreuve. Si près de sa fin, il avait conservé tous les gestes de la santé. Il y avait dans son coup d'œil clair, dans son accent ferme, dans son robuste mouvement d'épaules, de quoi déconcerter la mort. Azraël, l'ange mahométan du sépulcre, eût rebroussé chemin et eût cru se tromper de porte. G. semblait mourir parce qu'il le voulait bien. Il y avait de la liberté dans son agonie. Les jambes seulement étaient immobiles. Les ténèbres le tenaient par là. Les pieds étaient morts et froids, et la tête vivait de toute la puissance de la vie et paraissait en pleine lumière. G., en ce grave moment, ressemblait à ce roi du conte oriental, chair par en haut, marbre par en bas.

Une pierre était là. L'évêque s'y assit. L'exorde fut *ex abrupto*.

—Je vous félicite, dit-il du ton dont on réprimande. Vous n'avez toujours pas voté la mort du roi.

Le conventionnel ne parut pas remarquer le sous-entendu amer caché dans ce mot: toujours. Il répondit. Tout sourire avait disparu de sa face.

—Ne me félicitez pas trop, monsieur; j'ai voté la fin du tyran.

C'était l'accent austère en présence de l'accent sévère.

—Que voulez-vous dire? reprit l'évêque.

—Je veux dire que l'homme a un tyran, l'ignorance. J'ai voté la fin de ce tyran-là. Ce tyran-là a engendré la royauté qui est l'autorité prise dans le faux, tandis que la science est l'autorité prise dans le vrai. L'homme ne doit être gouverné que par la science.

—Et la conscience, ajouta l'évêque.

—C'est la même chose. La conscience, c'est la quantité de science innée que nous avons en nous.

Monseigneur Bienvenu écoutait, un peu étonné, ce langage très nouveau pour lui. Le conventionnel poursuivit:

—Quant à Louis XVI, j'ai dit non. Je ne me crois pas le droit de tuer un homme; mais je me sens le devoir d'exterminer le mal. J'ai voté la fin du tyran. C'est-à-dire la fin de la prostitution pour la femme, la fin de l'esclavage pour l'homme, la fin de la nuit pour l'enfant. En votant la république, j'ai voté cela. J'ai voté la fraternité, la concorde, l'aurore! J'ai aidé à la chute des préjugés et des erreurs. Les écroulements des erreurs et des préjugés font de la lumière. Nous avons fait tomber le vieux monde, nous autres, et le vieux monde, vase des misères, en se renversant sur le genre humain, est devenu une urne de joie.

—Joie mêlée, dit l'évêque.

—Vous pourriez dire joie troublée, et aujourd'hui, après ce fatal retour du passé qu'on nomme 1814, joie disparue. Hélas, l'œuvre a été incomplète, j'en conviens; nous avons démoli l'ancien régime dans les faits, nous n'avons pu entièrement le supprimer dans les idées. Détruire les abus, cela ne suffit pas; il faut modifier les mœurs. Le moulin n'y est plus, le vent y est encore.

—Vous avez démoli. Démolir peut être utile; mais je me défie d'une démolition compliquée de colère.

—Le droit a sa colère, monsieur l'évêque, et la colère du droit est un élément du progrès. N'importe, et quoi qu'on en dise, la révolution française est le plus puissant pas du genre humain depuis l'avènement du Christ. Incomplète, soit; mais sublime. Elle a dégagé toutes les inconnues sociales. Elle a adouci les esprits; elle a calmé, apaisé, éclairé; elle a fait couler sur la terre des flots de civilisation. Elle a été bonne. La révolution française, c'est le sacre de l'humanité.

L'évêque ne put s'empêcher de murmurer:

—Oui? 93!

Le conventionnel se dressa sur sa chaise avec une solennité presque lugubre, et, autant qu'un mourant peut s'écrier, il s'écria:

—Ah! vous y voilà! 93! J'attendais ce mot-là. Un nuage s'est formé pendant quinze cents ans. Au bout de quinze siècles, il a crevé. Vous faites le procès au coup de tonnerre.

L'évêque sentit, sans se l'avouer peut-être, que quelque chose en lui était atteint. Pourtant il fit bonne contenance. Il répondit:

—Le juge parle au nom de la justice; le prêtre parle au nom de la pitié, qui n'est autre chose qu'une justice plus élevée. Un coup de tonnerre ne doit pas se tromper.

Et il ajouta en regardant fixement le conventionnel.

—Louis XVII?

Le conventionnel étendit la main et saisit le bras de l'évêque:

—Louis XVII! Voyons, sur qui pleurez-vous? Est-ce sur l'enfant innocent? alors, soit. Je pleure avec vous. Est-ce sur l'enfant royal? je demande à réfléchir. Pour moi, le frère de Cartouche, enfant innocent, pendu sous les aisselles en place de Grève jusqu'à ce que mort s'ensuive, pour le seul crime d'avoir été le frère de Cartouche, n'est pas moins douloureux que le petit-fils de Louis XV, enfant innocent, martyrisé dans la tour du Temple pour le seul crime d'avoir été le petit-fils de Louis XV.

—Monsieur, dit l'évêque, je n'aime pas ces rapprochements de noms.

—Cartouche? Louis XV? pour lequel des deux réclamez-vous?

Il y eut un moment de silence. L'évêque regrettait presque d'être venu, et pourtant il se sentait vaguement et étrangement ébranlé.

Le conventionnel reprit:

—Ah! monsieur le prêtre, vous n'aimez pas les crudités du vrai. Christ les aimait, lui. Il prenait une verge et il époussetait le temple. Son fouet plein d'éclairs était un rude diseur de vérités. Quand il s'écriait: *Sinite parvulos...*, il ne distinguait pas entre les petits enfants. Il ne se fût pas gêné de rapprocher le dauphin de Barabbas du dauphin d'Hérode. Monsieur, l'innocence est sa couronne à elle-même. L'innocence n'a que faire d'être altesse. Elle est aussi auguste déguenillée que fleurdelysée.

—C'est vrai, dit l'évêque à voix basse.

—J'insiste, continua le conventionnel G. Vous m'avez nommé Louis XVII. Entendons-nous. Pleurons-nous sur tous les innocents, sur tous les martyrs, sur tous les enfants, sur ceux d'en bas comme sur ceux d'en haut? J'en suis. Mais alors, je vous l'ai dit, il faut remonter plus haut que 93, et c'est avant Louis XVII qu'il faut commencer nos larmes. Je pleurerai sur les enfants des rois avec vous, pourvu que vous pleuriez avec moi sur les petits du peuple.

—Je pleure sur tous, dit l'évêque.

—Également! s'écria G., et si la balance doit pencher, que ce soit du côté du peuple. Il y a plus longtemps qu'il souffre.

Il y eut encore un silence. Ce fut le conventionnel qui le rompit. Il se souleva sur un coude, prit entre son pouce et son index replié un peu de sa joue, comme on fait machinalement lorsqu'on interroge et qu'on juge, et interpella l'évêque avec un regard plein de toutes les énergies de l'agonie. Ce fut presque une explosion.

—Oui, monsieur, il y a longtemps que le peuple souffre. Et puis, tenez, ce n'est pas tout cela, que venez-vous me questionner et me parler de Louis XVII? Je ne vous connais pas, moi. Depuis que je suis dans ce pays, j'ai vécu dans cet enclos, seul, ne mettant pas les pieds dehors, ne vient personne que cet enfant qui m'aide.

Votre nom est, il est vrai, arrivé confusément jusqu'à moi, et, je dois le dire, pas très mal prononcé; mais cela ne signifie rien; les gens habiles ont tant de manières d'en faire accroire à ce brave bonhomme de peuple. À propos, je n'ai pas entendu le bruit de votre voiture, vous l'aurez sans doute laissée derrière le taillis, là-bas, à l'embranchement de la route. Je ne vous connais pas, vous dis-je. Vous m'avez dit que vous étiez l'évêque, mais cela ne me renseigne point sur votre personne morale. En somme, je vous répète ma question. Qui êtes-vous? Vous êtes un évêque, c'est-à-dire un prince de l'église, un de ces hommes dorés, armoriés, rentés, qui ont de grosses prébendes—l'évêché de Digne, quinze mille francs de fixe, dix mille francs de casuel, total, vingt-cinq mille francs—, qui ont des cuisines, qui ont des livrées, qui font bonne chère, qui mangent des poules d'eau le vendredi, qui se pavanent, laquais devant, laquais derrière, en berline de gala, et qui ont des palais, et qui roulent carrosse au nom de Jésus-Christ qui allait pieds nus! Vous êtes un prélat; rentes, palais, chevaux, valets, bonne table, toutes les sensualités de la vie, vous avez cela comme les autres, et comme les autres vous en jouissez, c'est bien, mais cela en dit trop ou pas assez; cela ne m'éclaire pas sur votre valeur intrinsèque et essentielle, à vous qui venez avec la prétention probable de m'apporter de la sagesse. À qui est-ce que je parle? Qui êtes-vous?

L'évêque baissa la tête et répondit:

—*Vermis sum*.

—Un ver de terre en carrosse! grommela le conventionnel.

C'était le tour du conventionnel d'être hautain, et de l'évêque d'être humble.

L'évêque reprit avec douceur.

—Monsieur, soit. Mais expliquez-moi en quoi mon carrosse, qui est là à deux pas derrière les arbres, en quoi ma bonne table et les poules d'eau que je mange le vendredi, en quoi mes vingt-cinq mille livres de rentes, en quoi mon palais et mes laquais prouvent que la pitié n'est pas une vertu, que la clémence n'est pas un devoir, et que 93 n'a pas été inexorable.

Le conventionnel passa la main sur son front comme pour en écarter un nuage.

—Avant de vous répondre, dit-il, je vous prie de me pardonner. Je viens d'avoir un tort, monsieur. Vous êtes chez moi, vous êtes mon hôte. Je vous dois courtoisie. Vous discutez mes idées, il sied que je me borne à combattre vos raisonnements. Vos richesses et vos jouissances sont des avantages que j'ai contre vous dans le débat, mais il est de bon goût de ne pas m'en servir. Je vous promets de ne plus en user.

—Je vous remercie, dit l'évêque.

G. reprit:

—Revenons à l'explication que vous me demandiez. Où en étions-nous? Que me disiez-vous? que 93 a été inexorable?

—Inexorable, oui, dit l'évêque. Que pensez-vous de Marat battant des mains à la guillotine?

—Que pensez-vous de Bossuet chantant le *Te Deum* sur les dragonnades?

La réponse était dure, mais elle allait au but avec la rigidité d'une pointe d'acier. L'évêque en tressaillit; il ne lui vint aucune riposte, mais il était froissé de cette façon de nommer Bossuet. Les meilleurs esprits ont leurs fétiches, et parfois se sentent vaguement meurtris des manques de respect de la logique.

Le conventionnel commençait à haleter; l'asthme de l'agonie, qui se mêle aux derniers souffles, lui entrecoupait la voix; cependant il avait encore une parfaite lucidité d'âme dans les yeux. Il continua:

—Disons encore quelques mots çà et là, je veux bien. En dehors de la révolution qui, prise dans son ensemble, est une immense affirmation humaine, 93, hélas! est une réplique. Vous le trouvez inexorable, mais toute la monarchie, monsieur? Carrier est un bandit; mais quel nom donnez-vous à Montrevel? Fouquier-Tinville est un gueux, mais quel est votre avis sur Lamoignon-Bâville? Maillard est affreux, mais Saulx-Tavannes, s'il vous plaît? Le père Duchêne est féroce, mais quelle épithète m'accorderez-vous pour le père Letellier? Jourdan-Coupe-Tête est un monstre, mais moindre que M. le marquis de Louvois. Monsieur, monsieur, je plains Marie-Antoinette, archiduchesse et reine, mais je plains aussi cette pauvre femme huguenote qui, en 1685, sous Louis le Grand, monsieur, allaitant son enfant, fut liée, nue jusqu'à la ceinture, à un poteau, l'enfant tenu à distance; le sein se gonflait de lait et le cœur d'angoisse. Le petit, affamé et pâle, voyait ce sein, agonisait et criait, et le bourreau disait à la femme, mère et nourrice: «Abjure!» lui donnant à choisir entre la mort de son enfant et la mort de sa conscience. Que dites-vous de ce supplice de Tantale accommodé à une mère? Monsieur, retenez bien ceci: la révolution française a eu ses raisons. Sa colère sera absoute par l'avenir. Son résultat, c'est le monde meilleur. De ses coups les plus terribles, il sort une caresse pour le genre humain. J'abrège. Je m'arrête, j'ai trop beau jeu. D'ailleurs je me meurs.

Et, cessant de regarder l'évêque, le conventionnel acheva sa pensée en ces quelques mots tranquilles:

—Oui, les brutalités du progrès s'appellent révolutions. Quand elles sont finies, on reconnaît ceci: que le genre humain a été rudoyé, mais qu'il a marché.

Le conventionnel ne se doutait pas qu'il venait d'emporter successivement l'un après l'autre tous les retranchements intérieurs de l'évêque. Il en restait un pourtant, et de ce retranchement, suprême ressource de la résistance de monseigneur Bienvenu, sortit cette parole où reparut presque toute la rudesse du commencement:

—Le progrès doit croire en Dieu. Le bien ne peut pas avoir de serviteur impie. C'est un mauvais conducteur du genre humain que celui qui est athée.

Le vieux représentant du peuple ne répondit pas. Il eut un tremblement. Il regarda le ciel, et une larme germa lentement dans ce regard. Quand la paupière fut pleine, la larme coula le long de sa joue livide, et il dit presque en bégayant, bas et se parlant à lui-même, l'œil perdu dans les profondeurs:

—O toi! ô idéal! toi seul existes!

L'évêque eut une sorte d'inexprimable commotion. Après un silence, le vieillard leva un doigt vers le ciel, et dit:

—L'infini est. Il est là. Si l'infini n'avait pas de moi, le moi serait sa borne; il ne serait pas infini; en d'autres termes, il ne serait pas. Or il est. Donc il a un moi. Ce moi de l'infini, c'est Dieu.

Le mourant avait prononcé ces dernières paroles d'une voix haute et avec le frémissement de l'extase, comme s'il voyait quelqu'un. Quand il eut parlé, ses yeux se fermèrent. L'effort l'avait épuisé. Il était évident qu'il venait de vivre en une minute les quelques heures qui lui restaient. Ce qu'il venait de dire l'avait approché de celui qui est dans la mort. L'instant suprême arrivait.

L'évêque le comprit, le moment pressait, c'était comme prêtre qu'il était venu; de l'extrême froideur, il était passé par degrés à l'émotion extrême; il regarda ces yeux fermés, il prit cette vieille main ridée et glacée, et se pencha vers le moribond:

—Cette heure est celle de Dieu. Ne trouvez-vous pas qu'il serait regrettable que nous nous fussions rencontrés en vain?

Le conventionnel rouvrit les yeux. Une gravité où il y avait de l'ombre s'empreignit sur son visage.

—Monsieur l'évêque, dit-il, avec une lenteur qui venait peut-être plus encore de la dignité de l'âme que de la défaillance des forces, j'ai passé ma vie dans la méditation, l'étude et la contemplation. J'avais soixante ans quand mon pays m'a appelé, et m'a ordonné de me mêler de ses affaires. J'ai obéi. Il y avait des abus, je les ai combattus; il y avait des tyrannies, je les ai détruites; il y avait des droits et des principes, je les ai proclamés et confessés. Le territoire était envahi, je l'ai défendu; la France était menacée, j'ai offert ma poitrine. Je n'étais pas riche; je suis pauvre. J'ai été l'un des maîtres de l'État, les caves du Trésor étaient encombrées d'espèces au point qu'on était forcé d'étançonner les murs, prêts à se fendre sous le poids de l'or et de l'argent, je dînais rue de l'Arbre-Sec à vingt-deux sous par tête. J'ai secouru les opprimés, j'ai soulagé les souffrants. J'ai déchiré la nappe de l'autel, c'est vrai; mais c'était pour panser les blessures de la patrie. J'ai toujours soutenu la marche en avant du genre humain vers la lumière, et j'ai résisté quelquefois au progrès sans pitié. J'ai, dans l'occasion, protégé mes propres adversaires, vous autres. Et il y a à Peteghem en Flandre, à l'endroit même où les rois mérovingiens avaient leur palais d'été, un couvent d'urbanistes, l'abbaye de Sainte-Claire en Beaulieu, que j'ai sauvé en 1793. J'ai fait mon devoir selon mes forces, et le bien que j'ai pu. Après quoi j'ai été chassé, traqué, poursuivi, persécuté, noirci, raillé, conspué, maudit, proscrit. Depuis bien des années déjà, avec mes cheveux blancs, je sens que beaucoup de gens se croient sur moi le droit de mépris, j'ai pour la pauvre foule ignorante visage de damné, et j'accepte, ne haïssant personne, l'isolement de la haine. Maintenant, j'ai quatre-vingt-six ans; je vais mourir. Qu'est-ce que vous venez me demander?

—Votre bénédiction, dit l'évêque.

Et il s'agenouilla.

Quand l'évêque releva la tête, la face du conventionnel était devenue auguste. Il venait d'expirer.

L'évêque rentra chez lui profondément absorbé dans on ne sait quelles pensées. Il passa toute la nuit en prière. Le lendemain, quelques braves curieux essayèrent de lui parler du conventionnel G.; il se borna à montrer le ciel. À partir de ce moment, il redoubla de tendresse et de fraternité pour les petits et les souffrants.

Toute allusion à ce «vieux scélérat de G.» le faisait tomber dans une préoccupation singulière. Personne ne pourrait dire que le passage de cet esprit devant le sien et le reflet de cette grande conscience sur la sienne ne fût pas pour quelque chose dans son approche de la perfection.

Cette «visite pastorale» fut naturellement une occasion de bourdonnement pour les petites coteries locales:

—Était-ce la place d'un évêque que le chevet d'un tel mourant? Il n'y avait évidemment pas de conversion à attendre. Tous ces révolutionnaires sont relaps. Alors pourquoi y aller? Qu'a-t-il été regarder là? Il fallait donc qu'il fût bien curieux d'un emportement d'âme par le diable.

Un jour, une douairière, de la variété impertinente qui se croit spirituelle, lui adressa cette saillie:

—Monseigneur, on demande quand Votre Grandeur aura le bonnet rouge.

—Oh! oh! voilà une grosse couleur, répondit l'évêque. Heureusement que ceux qui la méprisent dans un bonnet la vénèrent dans un chapeau.

Chapitre XI
Une restriction

On risquerait fort de se tromper si l'on concluait de là que monseigneur Bienvenu fût «un évêque philosophe» ou «un curé patriote». Sa rencontre, ce qu'on pourrait presque appeler sa conjonction avec le conventionnel G., lui laissa une sorte d'étonnement qui le rendit plus doux encore. Voilà tout.

Quoique monseigneur Bienvenu n'ait été rien moins qu'un homme politique, c'est peut-être ici le lieu d'indiquer, très brièvement, quelle fut son attitude dans les événements d'alors, en supposant que monseigneur Bienvenu ait jamais songé à avoir une attitude. Remontons donc en arrière de quelques années.

Quelque temps après l'élévation de M. Myriel à l'épiscopat, l'empereur l'avait fait baron de l'empire, en même temps que plusieurs autres évêques. L'arrestation du pape eut lieu, comme on sait, dans la nuit du 5 au 6 juillet 1809; à cette occasion, M. Myriel fut appelé par Napoléon au synode des évêques de France et d'Italie convoqué à Paris. Ce synode se tint à Notre-Dame et s'assembla pour la première fois le 15 juin 1811 sous la présidence de M. le cardinal Fesch. M. Myriel fut du nombre des quatre-vingt-quinze évêques qui s'y rendirent. Mais il n'assista qu'à une séance et à trois ou quatre conférences particulières. Évêque d'un diocèse montagnard, vivant si près de la nature, dans la rusticité et le dénuement, il paraît qu'il apportait parmi ces personnages éminents des idées qui changeaient la température de l'assemblée. Il revint bien vite à Digne. On le questionna sur ce prompt retour, il répondit:

—Je les gênais. L'air du dehors leur venait par moi. Je leur faisais l'effet d'une porte ouverte.

Une autre fois il dit:

—Que voulez-vous? ces messeigneurs-là sont des princes. Moi, je ne suis qu'un pauvre évêque paysan.

Le fait est qu'il avait déplu. Entre autres choses étranges, il lui serait échappé de dire, un soir qu'il se trouvait chez un de ses collègues les plus qualifiés:

—Les belles pendules! les beaux tapis! les belles livrées! Ce doit être bien importun! Oh! que je ne voudrais pas avoir tout ce superflu-là à me crier sans cesse aux oreilles: Il y a des gens qui ont faim! il y a des gens qui ont froid! il y a des pauvres! il y a des pauvres!

Disons-le en passant, ce ne serait pas une haine intelligente que la haine du luxe. Cette haine impliquerait la haine des arts. Cependant, chez les gens d'église, en dehors de la représentation et des cérémonies, le luxe est un tort. Il semble révéler des habitudes peu réellement charitables. Un prêtre opulent est un contresens. Le prêtre doit se tenir près des pauvres. Or peut-on toucher sans cesse, et nuit et jour, à toutes les détresses, à toutes les infortunes, à toutes les indigences, sans avoir soi-même sur soi un peu de cette sainte misère, comme la poussière du travail? Se figure-t-on un homme qui est près d'un brasier, et qui n'a pas chaud? Se figure-t-on un ouvrier qui travaille sans cesse à une fournaise, et qui n'a ni un cheveu brûlé, ni un ongle noirci, ni une goutte de sueur, ni un grain de cendre au visage? La première preuve de la charité chez le prêtre, chez l'évêque surtout, c'est la pauvreté. C'était là sans doute ce que pensait M. l'évêque de Digne.

Il ne faudrait pas croire d'ailleurs qu'il partageait sur certains points délicats ce que nous appellerions «les idées du siècle». Il se mêlait peu aux querelles théologiques du moment et se taisait sur les questions où sont compromis l'Église et l'État; mais si on l'eût beaucoup pressé, il paraît qu'on l'eût trouvé plutôt ultramontain que gallican. Comme nous faisons un portrait et que nous ne voulons rien cacher, nous sommes forcé d'ajouter qu'il fut glacial pour Napoléon déclinant. À partir de 1813, il adhéra ou il applaudit à toutes les manifestations hostiles. Il refusa de le voir à son passage au retour de l'île d'Elbe, et s'abstint d'ordonner dans son diocèse les prières publiques pour l'empereur pendant les Cent-Jours.

Outre sa sœur, mademoiselle Baptistine, il avait deux frères: l'un général, l'autre préfet. Il écrivait assez souvent à tous les deux. Il tint quelque temps rigueur au premier, parce qu'ayant un commandement en Provence, à l'époque du débarquement de Cannes, le général s'était mis à la tête de douze cents hommes et avait poursuivi l'empereur comme quelqu'un qui veut le laisser échapper. Sa correspondance resta plus affectueuse pour l'autre frère, l'ancien préfet, brave et digne homme qui vivait retiré à Paris, rue Cassette.

Monseigneur Bienvenu eut donc, aussi lui, son heure d'esprit de parti, son heure d'amertume, son nuage. L'ombre des passions du moment traversa ce doux et grand esprit occupé des choses éternelles. Certes, un pareil homme eût mérité de n'avoir pas d'opinions politiques. Qu'on ne se méprenne pas sur notre pensée, nous ne confondons point ce qu'on appelle «opinions politiques» avec la grande aspiration au progrès, avec la sublime foi patriotique, démocratique et humaine, qui, de nos jours, doit être le fond même de toute intelligence généreuse. Sans approfondir des questions qui ne touchent qu'indirectement au sujet de ce livre, nous disons simplement ceci: Il eût été beau que monseigneur Bienvenu n'eût pas été royaliste et que son regard ne se fût pas détourné un seul instant de cette contemplation sereine où l'on voit rayonner distinctement, au-dessus du va-et-vient orageux des choses humaines, ces trois pures lumières, la Vérité, la Justice, la Charité.

Tout en convenant que ce n'était point pour une fonction politique que Dieu avait créé monseigneur Bienvenu, nous eussions compris et admiré la protestation au nom du droit et de la liberté, l'opposition fière, la résistance périlleuse et juste à Napoléon tout-puissant. Mais ce qui nous plaît vis-à-vis de ceux qui montent nous plaît moins vis-à-vis de ceux qui tombent. Nous n'aimons le combat que tant qu'il y a danger; et, dans tous les cas, les combattants de la première heure ont seuls le droit d'être les exterminateurs de la dernière. Qui n'a pas été accusateur opiniâtre pendant la prospérité doit se taire devant l'écroulement. Le dénonciateur du succès est le seul légitime justicier de la chute. Quant à nous, lorsque la Providence s'en mêle et frappe, nous la laissons faire. 1812 commence à nous désarmer. En 1813, la lâche rupture de silence de ce corps législatif taciturne enhardi par les catastrophes n'avait que de quoi indigner, et c'était un tort d'applaudir; en 1814, devant ces maréchaux trahissant, devant ce sénat passant d'une fange à l'autre, insultant après avoir

divinisé, devant cette idolâtrie lâchant pied et crachant sur l'idole, c'était un devoir de détourner la tête; en 1815, comme les suprêmes désastres étaient dans l'air, comme la France avait le frisson de leur approche sinistre, comme on pouvait vaguement distinguer Waterloo ouvert devant Napoléon, la douloureuse acclamation de l'armée et du peuple au condamné du destin n'avait rien de risible, et, toute réserve faite sur le despote, un cœur comme l'évêque de Digne n'eût peut-être pas dû méconnaître ce qu'avait d'auguste et de touchant, au bord de l'abîme, l'étroit embrassement d'une grande nation et d'un grand homme.

À cela près, il était et il fut, en toute chose, juste, vrai, équitable, intelligent, humble et digne; bienfaisant, et bienveillant, ce qui est une autre bienfaisance. C'était un prêtre, un sage, et un homme. Même, il faut le dire, dans cette opinion politique que nous venons de lui reprocher et que nous sommes disposé à juger presque sévèrement, il était tolérant et facile, peut-être plus que nous qui parlons ici.—Le portier de la maison de ville avait été placé là par l'empereur. C'était un vieux sous-officier de la vieille garde, légionnaire d'Austerlitz, bonapartiste comme l'aigle. Il échappait dans l'occasion à ce pauvre diable de ces paroles peu réfléchies que la loi d'alors qualifiait *propos séditieux*. Depuis que le profil impérial avait disparu de la légion d'honneur, il ne s'habillait jamais *dans l'ordonnance*, comme il disait, afin de ne pas être forcé de porter sa croix. Il avait ôté lui-même dévotement l'effigie impériale de la croix que Napoléon lui avait donnée, cela faisait un trou, et il n'avait rien voulu mettre à la place. «Plutôt mourir, disait-il, que de porter sur mon cœur les trois crapauds!» Il raillait volontiers tout haut Louis XVIII. «Vieux goutteux à guêtres d'anglais!» disait-il, «qu'il s'en aille en Prusse avec son salsifis!» Heureux de réunir dans la même imprécation les deux choses qu'il détestait le plus, la Prusse et l'Angleterre. Il en fit tant qu'il perdit sa place. Le voilà sans pain sur le pavé avec femme et enfants. L'évêque le fit venir, le gronda doucement, et le nomma suisse de la cathédrale.

M. Myriel était dans le diocèse le vrai pasteur, l'ami de tous. En neuf ans, à force de saintes actions et de douces manières, monseigneur Bienvenu avait rempli la ville de Digne d'une sorte de vénération tendre et filiale. Sa conduite même envers Napoléon avait été acceptée et comme tacitement pardonnée par le peuple, bon troupeau faible, qui adorait son empereur, mais qui aimait son évêque.

Chapitre XII
Solitude de monseigneur Bienvenu

Il y a presque toujours autour d'un évêque une escouade de petits abbés comme autour d'un général une volée de jeunes officiers. C'est là ce que ce charmant saint François de Sales appelle quelque part «les prêtres blancs-becs». Toute carrière a ses aspirants qui font cortège aux arrivés. Pas une puissance qui n'ait son entourage; pas une fortune qui n'ait sa cour. Les chercheurs d'avenir tourbillonnent autour du présent splendide. Toute métropole a son état-major. Tout évêque un peu influent a près de lui sa patrouille de chérubins séminaristes, qui fait la ronde et maintient le bon ordre dans le palais épiscopal, et qui monte la garde autour du sourire de monseigneur. Agréer à un évêque, c'est le pied à l'étrier pour un sous-diacre. Il faut bien faire son chemin; l'apostolat ne dédaigne pas le canonicat.

De même qu'il y a ailleurs les gros bonnets, il y a dans l'église les grosses mitres. Ce sont les évêques bien en cour, riches, rentés, habiles, acceptés du monde, sachant prier, sans doute, mais sachant aussi solliciter, peu scrupuleux de faire faire antichambre en leur personne à tout un diocèse, traits d'union entre la sacristie et la diplomatie, plutôt abbés que prêtres, plutôt prélats qu'évêques. Heureux qui les approche! Gens en crédit qu'ils sont, ils font pleuvoir autour d'eux, sur les empressés et les favorisés, et sur toute cette jeunesse qui sait plaire, les grasses paroisses, les prébendes, les archidiaconats, les aumôneries et les fonctions cathédrales, en attendant les dignités épiscopales. En avançant eux-mêmes, ils font progresser leurs satellites; c'est tout un système solaire en marche. Leur rayonnement empourpre leur suite. Leur prospérité s'émiette sur la cantonade en bonnes petites promotions. Plus grand diocèse au patron, plus grosse cure au favori. Et puis Rome est là. Un évêque qui sait devenir archevêque, un archevêque qui sait devenir cardinal, vous emmène comme conclaviste, vous entrez dans la rote, vous avez le pallium, vous voilà auditeur, vous voilà camérier, vous voilà monsignor, et de la Grandeur à Iminence il n'y a qu'un pas, et entre Iminence et la Sainteté il n'y a que la fumée d'un scrutin. Toute calotte peut rêver la tiare. Le prêtre est de nos jours le seul homme qui puisse régulièrement devenir roi; et quel roi! le roi suprême. Aussi quelle pépinière d'aspirations qu'un séminaire! Que d'enfants de chœur rougissants, que de jeunes abbés ont sur la tête le pot au lait de Perrette! Comme l'ambition s'intitule aisément vocation, qui sait? de bonne foi peut-être et se trompant elle-même, béate qu'elle est!

Monseigneur Bienvenu, humble, pauvre, particulier, n'était pas compté parmi les grosses mitres. Cela était visible à l'absence complète de jeunes prêtres autour de lui. On a vu qu'à Paris «il n'avait pas pris». Pas un avenir ne songeait à se greffer sur ce vieillard solitaire. Pas une ambition en herbe

ne faisait la folie de verdir à son ombre. Ses chanoines et ses grands vicaires étaient de bons vieux hommes, un peu peuple comme lui, murés comme lui dans ce diocèse sans issue sur le cardinalat, et qui ressemblaient à leur évêque, avec cette différence qu'eux étaient finis, et que lui était achevé.

On sentait si bien l'impossibilité de croître près de monseigneur Bienvenu qu'à peine sortis du séminaire, les jeunes gens ordonnés par lui se faisaient recommander aux archevêques d'Aix ou d'Auch, et s'en allaient bien vite. Car enfin, nous le répétons, on veut être poussé. Un saint qui vit dans un excès d'abnégation est un voisinage dangereux; il pourrait bien vous communiquer par contagion une pauvreté incurable, l'ankylose des articulations utiles à l'avancement, et, en somme, plus de renoncement que vous n'en voulez; et l'on fuit cette vertu galeuse. De là l'isolement de monseigneur Bienvenu. Nous vivons dans une société sombre. Réussir, voilà l'enseignement qui tombe goutte à goutte de la corruption en surplomb.

Soit dit en passant, c'est une chose assez hideuse que le succès. Sa fausse ressemblance avec le mérite trompe les hommes. Pour la foule, la réussite a presque le même profil que la suprématie. Le succès, ce ménechme du talent, a une dupe: l'histoire. Juvénal et Tacite seuls en bougonnent. De nos jours, une philosophie à peu près officielle est entrée en domesticité chez lui, porte la livrée du succès, et fait le service de son antichambre. Réussissez: théorie. Prospérité suppose Capacité. Gagnez à la loterie, vous voilà un habile homme. Qui triomphe est vénéré. Naissez coiffé, tout est là. Ayez de la chance, vous aurez le reste; soyez heureux, on vous croira grand. En dehors des cinq ou six exceptions immenses qui font l'éclat d'un siècle, l'admiration contemporaine n'est guère que myopie. Dorure est or. Être le premier venu, cela ne gâte rien, pourvu qu'on soit le parvenu. Le vulgaire est un vieux Narcisse qui s'adore lui-même et qui applaudit le vulgaire. Cette faculté énorme par laquelle on est Moïse, Eschyle, Dante, Michel-Ange ou Napoléon, la multitude la décerne d'emblée et par acclamation à quiconque atteint son but dans quoi que ce soit. Qu'un notaire se transfigure en député, qu'un faux Corneille fasse *Tiridate*, qu'un eunuque parvienne à posséder un harem, qu'un Prud'homme militaire gagne par accident la bataille décisive d'une époque, qu'un apothicaire invente les semelles de carton pour l'armée de Sambre-et-Meuse et se construise, avec ce carton vendu pour du cuir, quatre cent mille livres de rente, qu'un porte-balle épouse l'usure et la fasse accoucher de sept ou huit millions dont il est le père et dont elle est la mère, qu'un prédicateur devienne évêque par le nasillement, qu'un intendant de bonne maison soit si riche en sortant de service qu'on le fasse ministre des finances, les hommes appellent cela Génie, de même qu'ils appellent Beauté la figure de Mousqueton et Majesté l'encolure de Claude. Ils confondent avec les constellations de l'abîme les étoiles que font dans la vase molle du bourbier les pattes des canards.

Chapitre XIII
Ce qu'il croyait

Au point de vue de l'orthodoxie, nous n'avons point à sonder M. l'évêque de Digne. Devant une telle âme, nous ne nous sentons en humeur que de respect. La conscience du juste doit être crue sur parole. D'ailleurs, de certaines natures étant données, nous admettons le développement possible de toutes les beautés de la vertu humaine dans une croyance différente de la nôtre.

Que pensait-il de ce dogme-ci ou de ce mystère-là? Ces secrets du for intérieur ne sont connus que de la tombe où les âmes entrent nues. Ce dont nous sommes certain, c'est que jamais les difficultés de foi ne se résolvaient pour lui en hypocrisie. Aucune pourriture n'est possible au diamant. Il croyait le plus qu'il pouvait. *Credo in Patrem*, s'écriait-il souvent. Puisant d'ailleurs dans les bonnes œuvres cette quantité de satisfaction qui suffit à la conscience, et qui vous dit tout bas: «Tu es avec Dieu.»

Ce que nous croyons devoir noter, c'est que, en dehors, pour ainsi dire, et au-delà de sa foi, l'évêque avait un excès d'amour. C'est par là, *quia multum amavit*, qu'il était jugé vulnérable par les «hommes sérieux», les «personnes graves» et les «gens raisonnables»; locutions favorites de notre triste monde où l'égoïsme reçoit le mot d'ordre du pédantisme. Qu'était-ce que cet excès d'amour? C'était une bienveillance sereine, débordant les hommes, comme nous l'avons indiqué déjà, et, dans l'occasion, s'étendant jusqu'aux choses. Il vivait sans dédain. Il était indulgent pour la création de Dieu. Tout homme, même le meilleur, a en lui une dureté irréfléchie qu'il tient en réserve pour l'animal. L'évêque de Digne n'avait point cette dureté-là, particulière à beaucoup de prêtres pourtant. Il n'allait pas jusqu'au bramine, mais il semblait avoir médité cette parole de l'Ecclésiaste: «Sait-on où va l'âme des animaux?» Les laideurs de l'aspect, les difformités de l'instinct, ne le troublaient pas et ne l'indignaient pas. Il en était ému, presque attendri. Il semblait que, pensif, il en allât chercher, au-delà de la vie apparente, la cause, l'explication ou l'excuse. Il semblait par moments demander à Dieu des commutations. Il examinait sans colère, et avec l'œil du linguiste qui déchiffre un palimpseste, la quantité de chaos qui est encore dans la nature. Cette rêverie faisait parfois sortir de lui des mots étranges. Un matin, il était dans son jardin; il se croyait seul, mais sa sœur marchait derrière lui sans qu'il la vît; tout à coup, il s'arrêta, et il regarda quelque chose à terre; c'était une grosse araignée, noire, velue, horrible. Sa sœur l'entendit qui disait:

—Pauvre bête! ce n'est pas sa faute.

Pourquoi ne pas dire ces enfantillages presque divins de la bonté? Puérilités, soit; mais ces puérilités sublimes ont été celles de saint François d'Assise et de Marc-Aurèle. Un jour il se donna une entorse pour n'avoir pas voulu écraser une fourmi.

Ainsi vivait cet homme juste. Quelquefois, il s'endormait dans son jardin, et alors il n'était rien de plus vénérable.

Monseigneur Bienvenu avait été jadis, à en croire les récits sur sa jeunesse et même sur sa virilité, un homme passionné, peut-être violent. Sa mansuétude universelle était moins un instinct de nature que le résultat d'une grande conviction filtrée dans son cœur à travers la vie et lentement tombée en lui, pensée à pensée; car, dans un caractère comme dans un rocher, il peut y avoir des trous de gouttes d'eau. Ces creusements-là sont ineffaçables; ces formations-là sont indestructibles.

En 1815, nous croyons l'avoir dit, il atteignit soixante-quinze ans, mais il n'en paraissait pas avoir plus de soixante. Il n'était pas grand; il avait quelque embonpoint, et, pour le combattre, il faisait volontiers de longues marches à pied, il avait le pas ferme et n'était que fort peu courbé, détail d'où nous ne prétendons rien conclure; Grégoire XVI, à quatre-vingts ans, se tenait droit et souriant, ce qui ne l'empêchait pas d'être un mauvais évêque. Monseigneur Bienvenu avait ce que le peuple appelle «une belle tête», mais si aimable qu'on oubliait qu'elle était belle.

Quand il causait avec cette santé enfantine qui était une de ses grâces, et dont nous avons déjà parlé, on se sentait à l'aise près de lui, il semblait que de toute sa personne il sortît de la joie. Son teint coloré et frais, toutes ses dents bien blanches qu'il avait conservées et que son rire faisait voir, lui donnaient cet air ouvert et facile qui fait dire d'un homme: «C'est un bon enfant», et d'un vieillard: «C'est un bonhomme». C'était, on s'en souvient, l'effet qu'il avait fait à Napoléon. Au premier abord, et pour qui le voyait pour la première fois, ce n'était guère qu'un bonhomme en effet. Mais si l'on restait quelques heures près de lui, et pour peu qu'on le vît pensif, le bonhomme se transfigurait peu à peu et prenait je ne sais quoi d'imposant; son front large et sérieux, auguste par les cheveux blancs, devenait auguste aussi par la méditation; la majesté se dégageait de cette bonté, sans que la bonté cessât de rayonner; on éprouvait quelque chose de l'émotion qu'on aurait si l'on voyait un ange souriant ouvrir lentement ses ailes sans cesser de sourire. Le respect, un respect inexprimable, vous pénétrait par degrés et vous montait au cœur, et l'on sentait qu'on avait devant soi une de ces âmes fortes, éprouvées et indulgentes, où la pensée est si grande qu'elle ne peut plus être que douce.

Comme on l'a vu, la prière, la célébration des offices religieux, l'aumône, la consolation aux affligés, la culture d'un coin de terre, la fraternité, la frugalité, l'hospitalité, le renoncement, la confiance, l'étude, le travail remplissaient chacune des journées de sa vie. *Remplissaient* est bien le mot, et certes cette journée de l'évêque était bien pleine jusqu'aux bords de bonnes pensées, de bonnes paroles et de bonnes actions. Cependant elle n'était pas complète si le temps froid ou pluvieux l'empêchait d'aller passer, le soir, quand les deux femmes s'étaient retirées, une heure ou deux dans son jardin avant de s'endormir. Il semblait que ce fût une sorte de rite pour lui de se préparer au sommeil par la méditation en présence des grands spectacles du ciel nocturne. Quelquefois, à une heure même assez avancée de la nuit, si les deux vieilles filles ne dormaient pas, elles l'entendaient marcher lentement dans les allées. Il était là, seul avec lui-même, recueilli, paisible, adorant, comparant la sérénité de son cœur à la sérénité de l'éther, ému dans les ténèbres par les splendeurs visibles des constellations et les splendeurs invisibles de Dieu, ouvrant son âme aux pensées qui tombent de l'inconnu. Dans ces moments-là, offrant son cœur à l'heure où les fleurs nocturnes offrent leur parfum, allumé comme une lampe au centre de la nuit étoilée, se répandant en extase au milieu du rayonnement universel de la création, il n'eût pu peut-être dire lui-même ce qui se passait dans son esprit, il sentait quelque chose s'envoler hors de lui et quelque chose descendre en lui. Mystérieux échanges des gouffres de l'âme avec les gouffres de l'univers!

Il songeait à la grandeur et à la présence de Dieu; à l'éternité future, étrange mystère; à l'éternité passée, mystère plus étrange encore; à tous les infinis qui s'enfonçaient sous ses yeux dans tous les sens; et, sans chercher à comprendre l'incompréhensible, il le regardait. Il n'étudiait pas Dieu, il s'en éblouissait. Il considérait ces magnifiques rencontres des atomes qui donnent des aspects à la matière, révèlent les forces en les constatant, créent les individualités dans l'unité, les proportions dans l'étendue, l'innombrable dans l'infini, et par la lumière produisent la beauté. Ces rencontres se nouent et se dénouent sans cesse; de là la vie et la mort. Il s'asseyait sur un banc de bois adossé à une treille décrépite, et il regardait les astres à travers les silhouettes chétives et rachitiques de ses arbres fruitiers. Ce quart d'arpent, si pauvrement planté, si encombré de masures et de hangars, lui était cher et lui suffisait.

Que fallait-il de plus à ce vieillard, qui partageait le loisir de sa vie, où il y avait si peu de loisir, entre le jardinage le jour et la contemplation la nuit? Cet étroit enclos, ayant les cieux pour plafond, n'était-ce pas assez pour pouvoir adorer Dieu tour à tour dans ses œuvres les plus charmantes et dans ses œuvres les plus sublimes? N'est-ce pas là tout, en effet, et que désirer au-delà? Un petit jardin pour se promener, et l'immensité pour rêver. À ses pieds ce qu'on peut cultiver et cueillir; sur sa tête ce qu'on peut étudier et méditer; quelques fleurs sur la terre et toutes les étoiles dans le ciel.

Chapitre XIV
Ce qu'il pensait

Un dernier mot.

Comme cette nature de détails pourrait, particulièrement au moment où nous sommes, et pour nous servir d'une expression actuellement à la mode, donner à l'évêque de Digne une certaine physionomie «panthéiste», et faire croire, soit à son blâme, soit à sa louange, qu'il y avait en lui une de ces philosophies personnelles, propres à notre siècle, qui germent quelquefois dans les esprits solitaires et s'y construisent et y grandissent jusqu'à y remplacer les religions, nous insistons sur ceci que pas un de ceux qui ont connu monseigneur Bienvenu ne se fût cru autorisé à penser rien de pareil. Ce qui éclairait cet homme, c'était le cœur. Sa sagesse était faite de la lumière qui vient de là.

Point de systèmes, beaucoup d'œuvres. Les spéculations abstruses contiennent du vertige; rien n'indique qu'il hasardât son esprit dans les apocalypses. L'apôtre peut être hardi, mais l'évêque doit être timide. Il se fût probablement fait scrupule de sonder trop avant de certains problèmes réservés en quelque sorte aux grands esprits terribles. Il y a de l'horreur sacrée sous les porches de l'énigme; ces ouvertures sombres sont là béantes, mais quelque chose vous dit, à vous passant de la vie, qu'on n'entre pas. Malheur à qui y pénètre! Les génies, dans les profondeurs inouïes de l'abstraction et de la spéculation pure, situés pour ainsi dire au-dessus des dogmes, proposent leurs idées à Dieu. Leur prière offre audacieusement la discussion. Leur adoration interroge. Ceci est la religion directe, pleine d'anxiété et de responsabilité pour qui en tente les escarpements.

La méditation humaine n'a point de limite. À ses risques et périls, elle analyse et creuse son propre éblouissement. On pourrait presque dire que, par une sorte de réaction splendide, elle en éblouit la nature; le mystérieux monde qui nous entoure rend ce qu'il reçoit, il est probable que les contemplateurs sont contemplés. Quoi qu'il en soit, il y a sur la terre des hommes—sont-ce des hommes?—qui aperçoivent distinctement au fond des horizons du rêve les hauteurs de l'absolu, et qui ont la vision terrible de la montagne infinie. Monseigneur Bienvenu n'était point de ces hommes-là, monseigneur Bienvenu n'était pas un génie. Il eût redouté ces sublimités d'où quelques-uns, très grands même, comme Swedenborg et Pascal, ont glissé dans la démence. Certes, ces puissantes rêveries ont leur utilité morale, et par ces routes ardues on s'approche de la perfection idéale. Lui, il prenait le sentier qui abrège: l'évangile. Il n'essayait point de faire faire à sa chasuble les plis du manteau d'Élie, il ne projetait aucun rayon d'avenir sur le roulis ténébreux des événements, il ne cherchait pas à condenser en flamme la lueur des choses, il n'avait rien du prophète et rien du mage. Cette âme simple aimait, voilà tout.

Qu'il dilatât la prière jusqu'à une aspiration surhumaine, cela est probable; mais on ne peut pas plus prier trop qu'aimer trop; et, si c'était une hérésie de prier au-delà des textes, sainte Thérèse et saint Jérôme seraient des hérétiques.

Il se penchait sur ce qui gémit et sur ce qui expie. L'univers lui apparaissait comme une immense maladie; il sentait partout de la fièvre, il auscultait partout de la souffrance, et, sans chercher à deviner l'énigme, il tâchait de panser la plaie. Le redoutable spectacle des choses créées développait en lui l'attendrissement; il n'était occupé qu'à trouver pour lui-même et à inspirer aux autres la meilleure manière de plaindre et de soulager. Ce qui existe était pour ce bon et rare prêtre un sujet permanent de tristesse cherchant à consoler.

Il y a des hommes qui travaillent à l'extraction de l'or; lui, il travaillait à l'extraction de la pitié. L'universelle misère était sa mine. La douleur partout n'était qu'une occasion de bonté toujours. *Aimez-vous les uns les autres;* il déclarait cela complet, ne souhaitait rien de plus, et c'était là toute sa doctrine. Un jour, cet homme qui se croyait «philosophe», ce sénateur, déjà nommé, dit à l'évêque:

—Mais voyez donc le spectacle du monde; guerre de tous contre tous; le plus fort a le plus d'esprit. Votre *aimez-vous les uns les autres* est une bêtise.

—Eh bien, répondit monseigneur Bienvenu sans disputer, si c'est une bêtise, l'âme doit s'y enfermer comme la perle dans l'huître.

Il s'y enfermait donc, il y vivait, il s'en satisfaisait absolument, laissant de côté les questions prodigieuses qui attirent et qui épouvantent, les perspectives insondables de l'abstraction, les précipices de la métaphysique, toutes ces profondeurs convergentes, pour l'apôtre à Dieu, pour l'athée au néant: la destinée, le bien et le mal, la guerre de l'être contre l'être, la conscience de l'homme, le somnambulisme pensif de l'animal, la transformation par la mort, la récapitulation d'existences que contient le tombeau, la greffe incompréhensible des amours successifs sur le moi persistant, l'essence, la substance, le Nil et l'Ens, l'âme, la nature, la liberté, la nécessité; problèmes à pic, épaisseurs sinistres, où se penchent les gigantesques archanges de l'esprit humain; formidables abîmes que Lucrèce, Manou, saint Paul et Dante contemplent avec cet œil fulgurant qui semble, en regardant fixement l'infini, y faire éclore des étoiles.

Monseigneur Bienvenu était simplement un homme qui constatait du dehors les questions mystérieuses sans les scruter, sans les agiter, et sans en troubler son propre esprit, et qui avait dans l'âme le grave respect de l'ombre.

Livre deuxième—La chute

Chapitre I
Le soir d'un jour de marche

Dans les premiers jours du mois d'octobre 1815, une heure environ avant le coucher du soleil, un homme qui voyageait à pied entrait dans la petite ville de Digne. Les rares habitants qui se trouvaient en ce moment à leurs fenêtres ou sur le seuil de leurs maisons regardaient ce voyageur avec une sorte d'inquiétude. Il était difficile de rencontrer un passant d'un aspect plus misérable. C'était un homme de moyenne taille, trapu et robuste, dans la force de l'âge. Il pouvait avoir quarante-six ou quarante-huit ans. Une casquette à visière de cuir rabattue cachait en partie son visage, brûlé par le soleil et le hâle, et ruisselant de sueur. Sa chemise de grosse toile jaune, rattachée au col par une petite ancre d'argent, laissait voir sa poitrine velue; il avait une cravate tordue en corde, un pantalon de coutil bleu, usé et râpé, blanc à un genou, troué à l'autre, une vieille blouse grise en haillons, rapiécée à l'un des coudes d'un morceau de drap vert cousu avec de la ficelle, sur le dos un sac de soldat fort plein, bien bouclé et tout neuf, à la main un énorme bâton noueux, les pieds sans bas dans des souliers ferrés, la tête tondue et la barbe longue.

La sueur, la chaleur, le voyage à pied, la poussière, ajoutaient je ne sais quoi de sordide à cet ensemble délabré.

Les cheveux étaient ras, et pourtant hérissés; car ils commençaient à pousser un peu, et semblaient n'avoir pas été coupés depuis quelque temps.

Personne ne le connaissait. Ce n'était évidemment qu'un passant. D'où venait-il? Du midi. Des bords de la mer peut-être. Car il faisait son entrée dans Digne par la même rue qui, sept mois auparavant, avait vu passer l'empereur Napoléon allant de Cannes à Paris. Cet homme avait dû marcher tout le jour. Il paraissait très fatigué. Des femmes de l'ancien bourg qui est au bas de la ville l'avaient vu s'arrêter sous les arbres du boulevard Gassendi et boire à la fontaine qui est à l'extrémité de la promenade. Il fallait qu'il eût bien soif, car des enfants qui le suivaient le virent encore s'arrêter, et boire, deux cents pas plus loin, à la fontaine de la place du marché.

Arrivé au coin de la rue Poichevert, il tourna à gauche et se dirigea vers la mairie. Il y entra, puis sortit un quart d'heure après. Un gendarme était assis près de la porte sur le banc de pierre où le général Drouot monta le 4 mars pour lire à la foule effarée des habitants de Digne la proclamation du golfe Juan. L'homme ôta sa casquette et salua humblement le gendarme.

Le gendarme, sans répondre à son salut, le regarda avec attention, le suivit quelque temps des yeux, puis entra dans la maison de ville.

Il y avait alors à Digne une belle auberge à l'enseigne de *la Croix-de-Colbas*. Cette auberge avait pour hôtelier un nommé Jacquin Labarre, homme considéré dans la ville pour sa parenté avec un autre Labarre, qui tenait à Grenoble l'auberge des *Trois-Dauphins* et qui avait servi dans les guides. Lors du débarquement de l'empereur, beaucoup de bruits avaient couru dans le pays sur cette auberge des *Trois-Dauphins*. On contait que le général Bertrand, déguisé en charretier, y avait fait de fréquents voyages au mois de janvier, et qu'il y avait distribué des croix d'honneur à des soldats et des poignées de napoléons à des bourgeois. La réalité est que l'empereur, entré dans Grenoble, avait refusé de s'installer à l'hôtel de la préfecture; il avait remercié le maire en disant: *Je vais chez un brave homme que je connais*, et il était allé aux *Trois-Dauphins*. Cette gloire du Labarre des *Trois-Dauphins* se reflétait à vingt-cinq lieues de distance jusque sur le Labarre de la *Croix-de-Colbas*. On disait de lui dans la ville: *C'est le cousin de celui de Grenoble*.

L'homme se dirigea vers cette auberge, qui était la meilleure du pays. Il entra dans la cuisine, laquelle s'ouvrait de plain-pied sur la rue. Tous les fourneaux étaient allumés; un grand feu flambait gaîment dans la cheminée. L'hôte, qui était en même temps le chef, allait de l'âtre aux casseroles, fort occupé et surveillant un excellent dîner destiné à des rouliers qu'on entendait rire et parler à grand bruit dans une salle voisine. Quiconque a voyagé sait que personne ne fait meilleure chère que les rouliers. Une marmotte grasse, flanquée de perdrix blanches et de coqs de bruyère, tournait sur une longue broche devant le feu; sur les fourneaux cuisaient deux grosses carpes du lac de Lauzet et une truite du lac d'Alloz.

L'hôte, entendant la porte s'ouvrir et entrer un nouveau venu, dit sans lever les yeux de ses fourneaux:

—Que veut monsieur?

—Manger et coucher, dit l'homme.

—Rien de plus facile, reprit l'hôte.

En ce moment il tourna la tête, embrassa d'un coup d'œil tout l'ensemble du voyageur, et ajouta:

—... en payant.

L'homme tira une grosse bourse de cuir de la poche de sa blouse et répondit:

—J'ai de l'argent.

—En ce cas on est à vous, dit l'hôte.

L'homme remit sa bourse en poche, se déchargea de son sac, le posa à terre près de la porte, garda son bâton à la main, et alla s'asseoir sur une escabelle basse près du feu. Digne est dans la montagne. Les soirées d'octobre y sont froides.

Cependant, tout en allant et venant, l'homme considérait le voyageur.

—Dîne-t-on bientôt? dit l'homme.

—Tout à l'heure, dit l'hôte.

Pendant que le nouveau venu se chauffait, le dos tourné, le digne aubergiste Jacquin Labarre tira un crayon de sa poche, puis il déchira le coin d'un vieux journal qui traînait sur une petite table près de la fenêtre. Sur la marge blanche il écrivit une ligne ou deux, plia sans cacheter et remit ce chiffon de papier à un enfant qui paraissait lui servir tout à la fois de marmiton et de laquais. L'aubergiste dit un mot à l'oreille du marmiton, et l'enfant partit en courant dans la direction de la mairie.

Le voyageur n'avait rien vu de tout cela.

Il demanda encore une fois:

—Dîne-t-on bientôt?

—Tout à l'heure, dit l'hôte.

L'enfant revint. Il rapportait le papier. L'hôte le déplia avec empressement, comme quelqu'un qui attend une réponse. Il parut lire attentivement, puis hocha la tête, et resta un moment pensif. Enfin il fit un pas vers le voyageur qui semblait plongé dans des réflexions peu sereines.

—Monsieur, dit-il, je ne puis vous recevoir.

L'homme se dressa à demi sur son séant.

—Comment! Avez-vous peur que je ne paye pas? Voulez-vous que je paye d'avance? J'ai de l'argent, vous dis-je.

—Ce n'est pas cela.

—Quoi donc?

—Vous avez de l'argent....

—Oui, dit l'homme.

—Et moi, dit l'hôte, je n'ai pas de chambre.

L'homme reprit tranquillement:

—Mettez-moi à l'écurie.

—Je ne puis.

—Pourquoi?

—Les chevaux prennent toute la place.

—Eh bien, repartit l'homme, un coin dans le grenier. Une botte de paille. Nous verrons cela après dîner.

—Je ne puis vous donner à dîner.

Cette déclaration, faite d'un ton mesuré, mais ferme, parut grave à l'étranger. Il se leva.

—Ah bah! mais je meurs de faim, moi. J'ai marché dès le soleil levé. J'ai fait douze lieues. Je paye. Je veux manger.

—Je n'ai rien, dit l'hôte.

L'homme éclata de rire et se tourna vers la cheminée et les fourneaux.

—Rien! et tout cela?

—Tout cela m'est retenu.

—Par qui?

—Par ces messieurs les rouliers.

—Combien sont-ils?

—Douze.

—Il y a là à manger pour vingt.

—Ils ont tout retenu et tout payé d'avance.

L'homme se rassit et dit sans hausser la voix:

—Je suis à l'auberge, j'ai faim, et je reste.

L'hôte alors se pencha à son oreille, et lui dit d'un accent qui le fit tressaillir:

—Allez-vous en.

Le voyageur était courbé en cet instant et poussait quelques braises dans le feu avec le bout ferré de son bâton, il se retourna vivement, et, comme il ouvrait la bouche pour répliquer, l'hôte le regarda fixement et ajouta toujours à voix basse:

—Tenez, assez de paroles comme cela. Voulez-vous que je vous dise votre nom? Vous vous appelez Jean Valjean. Maintenant voulez-vous que je vous dise qui vous êtes? En vous voyant entrer, je me suis douté de quelque chose, j'ai envoyé à la mairie, et voici ce qu'on m'a répondu. Savez-vous lire?

En parlant ainsi il tendait à l'étranger, tout déplié, le papier qui venait de voyager de l'auberge à la mairie, et de la mairie à l'auberge. L'homme y jeta un regard. L'aubergiste reprit après un silence:

—J'ai l'habitude d'être poli avec tout le monde. Allez-vous-en.

L'homme baissa la tête, ramassa le sac qu'il avait déposé à terre, et s'en alla. Il prit la grande rue. Il marchait devant lui au hasard, rasant de près les maisons, comme un homme humilié et triste. Il ne se retourna pas une seule fois. S'il s'était retourné, il aurait vu l'aubergiste de la *Croix-de-Colbas* sur le seuil de sa porte, entouré de tous les voyageurs de son auberge et de tous les passants de la rue, parlant vivement et le désignant du doigt, et, aux regards de défiance et d'effroi du groupe, il aurait deviné qu'avant peu son arrivée serait l'événement de toute la ville.

Il ne vit rien de tout cela. Les gens accablés ne regardent pas derrière eux. Ils ne savent que trop que le mauvais sort les suit.

Il chemina ainsi quelque temps, marchant toujours, allant à l'aventure par des rues qu'il ne connaissait pas, oubliant la fatigue, comme cela arrive dans la tristesse. Tout à coup il sentit vivement la faim. La nuit approchait. Il regarda autour de lui pour voir s'il ne découvrirait pas quelque gîte.

La belle hôtellerie s'était fermée pour lui; il cherchait quelque cabaret bien humble, quelque bouge bien pauvre.

Précisément une lumière s'allumait au bout de la rue; une branche de pin, pendue à une potence en fer, se dessinait sur le ciel blanc du crépuscule. Il y alla.

C'était en effet un cabaret. Le cabaret qui est dans la rue de Chaffaut.

Le voyageur s'arrêta un moment, et regarda par la vitre l'intérieur de la salle basse du cabaret, éclairée par une petite lampe sur une table et par un grand feu dans la cheminée. Quelques hommes y buvaient. L'hôte se chauffait. La flamme faisait bruire une marmite de fer accrochée à la crémaillère.

On entre dans ce cabaret, qui est aussi une espèce d'auberge, par deux portes. L'une donne sur la rue, l'autre s'ouvre sur une petite cour pleine de fumier.

Le voyageur n'osa pas entrer par la porte de la rue. Il se glissa dans la cour, s'arrêta encore, puis leva timidement le loquet et poussa la porte.

—Qui va là? dit le maître.

—Quelqu'un qui voudrait souper et coucher.

—C'est bon. Ici on soupe et on couche.

Il entra. Tous les gens qui buvaient se retournèrent. La lampe l'éclairait d'un côté, le feu de l'autre. On l'examina quelque temps pendant qu'il défaisait son sac.

L'hôte lui dit:

—Voilà du feu. Le souper cuit dans la marmite. Venez vous chauffer, camarade.

Il alla s'asseoir près de l'âtre. Il allongea devant le feu ses pieds meurtris par la fatigue; une bonne odeur sortait de la marmite. Tout ce qu'on pouvait distinguer de son visage sous sa casquette baissée prit une vague apparence de bien-être mêlée à cet autre aspect si poignant que donne l'habitude de la souffrance.

C'était d'ailleurs un profil ferme, énergique et triste. Cette physionomie était étrangement composée; elle commençait par paraître humble et finissait par sembler sévère. L'œil luisait sous les sourcils comme un feu sous une broussaille.

Cependant un des hommes attablés était un poissonnier qui, avant d'entrer au cabaret de la rue de Chaffaut, était allé mettre son cheval à l'écurie chez Labarre. Le hasard faisait que le matin même il avait rencontré cet étranger de mauvaise mine, cheminant entre Bras dasse et... j'ai oublié le nom. (Je crois que c'est Escoublon). Or, en le rencontrant, l'homme, qui paraissait déjà très fatigué, lui avait demandé de le prendre en croupe; à quoi le poissonnier n'avait répondu qu'en doublant le pas. Ce poissonnier faisait partie, une demi-heure auparavant, du groupe qui entourait Jacquin Labarre, et lui-même avait raconté sa désagréable rencontre du matin aux gens de *la Croix-de-Colbas*. Il fit de sa place au cabaretier un signe imperceptible. Le cabaretier vint à lui. Ils échangèrent quelques paroles à voix basse. L'homme était retombé dans ses réflexions.

Le cabaretier revint à la cheminée, posa brusquement sa main sur l'épaule de l'homme, et lui dit:

—Tu vas t'en aller d'ici.

L'étranger se retourna et répondit avec douceur.

—Ah! vous savez?

—Oui.

—On m'a renvoyé de l'autre auberge.

—Et l'on te chasse de celle-ci.

—Où voulez-vous que j'aille?

—Ailleurs.

L'homme prit son bâton et son sac, et s'en alla.

Comme il sortait, quelques enfants, qui l'avaient suivi depuis *la Croix-de-Colbas* et qui semblaient l'attendre, lui jetèrent des pierres. Il revint sur ses pas avec colère et les menaça de son bâton; les enfants se dispersèrent comme une volée d'oiseaux.

Il passa devant la prison. À la porte pendait une chaîne de fer attachée à une cloche. Il sonna.

Un guichet s'ouvrit.

—Monsieur le guichetier, dit-il en ôtant respectueusement sa casquette, voudriez-vous bien m'ouvrir et me loger pour cette nuit?

Une voix répondit:

—Une prison n'est pas une auberge. Faites-vous arrêter. On vous ouvrira.

Le guichet se referma.

Il entra dans une petite rue où il y a beaucoup de jardins. Quelques-uns ne sont enclos que de haies, ce qui égaye la rue. Parmi ces jardins et ces haies, il vit une petite maison d'un seul étage dont la fenêtre était éclairée. Il regarda par cette vitre comme il avait fait pour le cabaret. C'était une grande chambre blanchie à la chaux, avec un lit drapé d'indienne imprimée, et un berceau dans un coin, quelques chaises de bois et un fusil à deux coups accroché au mur. Une table était servie au milieu de la chambre. Une lampe de cuivre éclairait la nappe de grosse toile blanche, le broc d'étain luisant comme l'argent et plein de vin et la soupière brune qui fumait. À cette table était assis un homme d'une quarantaine d'années, à la figure joyeuse et ouverte, qui faisait sauter un petit enfant sur ses genoux. Près de lui, une femme toute jeune allaitait un autre enfant. Le père riait, l'enfant riait, la mère souriait.

L'étranger resta un moment rêveur devant ce spectacle doux et calmant. Que se passait-il en lui? Lui seul eût pu le dire. Il est probable qu'il pensa que cette maison joyeuse serait hospitalière, et que là où il voyait tant de bonheur il trouverait peut-être un peu de pitié.

Il frappa au carreau un petit coup très faible.

On n'entendit pas.

Il frappa un second coup.

Il entendit la femme qui disait:

—Mon homme, il me semble qu'on frappe.

—Non, répondit le mari.

Il frappa un troisième coup.

Le mari se leva, prit la lampe, et alla à la porte qu'il ouvrit.

C'était un homme de haute taille, demi-paysan, demi-artisan. Il portait un vaste tablier de cuir qui montait jusqu'à son épaule gauche, et dans lequel faisaient ventre un marteau, un mouchoir rouge, une poire à poudre, toutes sortes d'objets que la ceinture retenait comme dans une poche. Il renversait la tête en arrière; sa chemise largement ouverte et rabattue montrait son cou de taureau, blanc et nu. Il avait d'épais sourcils, d'énormes favoris noirs, les yeux à fleur de tête, le bas du visage en museau, et sur tout cela cet air d'être chez soi qui est une chose inexprimable.

—Monsieur, dit le voyageur, pardon. En payant, pourriez-vous me donner une assiettée de soupe et un coin pour dormir dans ce hangar qui est là dans ce jardin? Dites, pourriez-vous? En payant?

—Qui êtes-vous? demanda le maître du logis.

L'homme répondit:

—J'arrive de Puy-Moisson. J'ai marché toute la journée. J'ai fait douze lieues. Pourriez-vous? En payant?

—Je ne refuserais pas, dit le paysan, de loger quelqu'un de bien qui payerait. Mais pourquoi n'allez-vous pas à l'auberge.

—Il n'y a pas de place.

—Bah! pas possible. Ce n'est pas jour de foire ni de marché. Êtes-vous allé chez Labarre?

—Oui.

—Eh bien?

Le voyageur répondit avec embarras:

—Je ne sais pas, il ne m'a pas reçu.

—Êtes-vous allé chez chose, de la rue de Chaffaut?

L'embarras de l'étranger croissait. Il balbutia:

—Il ne m'a pas reçu non plus.

Le visage du paysan prit une expression de défiance, il regarda le nouveau venu de la tête aux pieds, et tout à coup il s'écria avec une sorte de frémissement:

—Est-ce que vous seriez l'homme?...

Il jeta un nouveau coup d'œil sur l'étranger, fit trois pas en arrière, posa la lampe sur la table et décrocha son fusil du mur.

Cependant aux paroles du paysan: *Est-ce que vous seriez l'homme?...* la femme s'était levée, avait pris ses deux enfants dans ses bras et s'était réfugiée précipitamment derrière son mari, regardant l'étranger avec épouvante, la gorge nue, les yeux effarés, en murmurant tout bas: *Tso-maraude*.

Tout cela se fit en moins de temps qu'il ne faut pour se le figurer. Après avoir examiné quelques instants l'homme comme on examine une vipère, le maître du logis revint à la porte et dit:

—Va-t'en.

—Par grâce, reprit l'homme, un verre d'eau.

—Un coup de fusil! dit le paysan.

Puis il referma la porte violemment, et l'homme l'entendit tirer deux gros verrous. Un moment après, la fenêtre se ferma au volet, et un bruit de barre de fer qu'on posait parvint au dehors.

La nuit continuait de tomber. Le vent froid des Alpes soufflait. À la lueur du jour expirant, l'étranger aperçut dans un des jardins qui bordent la rue une sorte de hutte qui lui parut maçonnée en mottes de gazon. Il franchit résolument une barrière de bois et se trouva dans le jardin. Il s'approcha de la hutte; elle avait pour porte une étroite ouverture très basse et elle ressemblait à ces constructions que les cantonniers se bâtissent au bord des routes. Il pensa sans doute que c'était en effet le logis d'un cantonnier; il souffrait du froid et de la faim; il s'était résigné à la faim, mais c'était du moins là un abri contre le froid. Ces sortes de logis ne sont habituellement pas occupés la nuit. Il se coucha à plat ventre et se glissa dans la hutte. Il y faisait chaud, et il y trouva un assez bon lit de paille. Il resta un moment étendu sur ce lit, sans pouvoir faire un mouvement tant il était fatigué. Puis, comme son sac sur son dos le gênait et que c'était d'ailleurs un oreiller tout trouvé, il se mit à déboucler une des courroies. En ce moment un grondement farouche se fit entendre. Il leva les yeux. La tête d'un dogue énorme se dessinait dans l'ombre à l'ouverture de la hutte.

C'était la niche d'un chien.

Il était lui-même vigoureux et redoutable; il s'arma de son bâton, il se fit de son sac un bouclier, et sortit de la niche comme il put, non sans élargir les déchirures de ses haillons.

Il sortit également du jardin, mais à reculons, obligé, pour tenir le dogue en respect, d'avoir recours à cette manœuvre du bâton que les maîtres en ce genre d'escrime appellent *la rose couverte*.

Quand il eut, non sans peine, repassé la barrière et qu'il se retrouva dans la rue, seul, sans gîte, sans toit, sans abri, chassé même de ce lit de paille et de cette niche misérable, il se laissa tomber plutôt qu'il ne s'assit sur une pierre, et il paraît qu'un passant qui traversait l'entendit s'écrier:

—Je ne suis pas même un chien!

Bientôt il se releva et se remit à marcher. Il sortit de la ville, espérant trouver quelque arbre ou quelque meule dans les champs, et s'y abriter.

Il chemina ainsi quelque temps, la tête toujours baissée. Quand il se sentit loin de toute habitation humaine, il leva les yeux et chercha autour de lui. Il était dans un champ; il avait devant lui une de ces collines basses couvertes de chaume coupé ras, qui après la moisson ressemblent à des têtes tondues.

L'horizon était tout noir; ce n'était pas seulement le sombre de la nuit; c'étaient des nuages très bas qui semblaient s'appuyer sur la colline même et qui montaient, emplissant tout le ciel. Cependant, comme la lune allait se lever et qu'il flottait encore au zénith un reste de clarté crépusculaire, ces nuages formaient au haut du ciel une sorte de voûte blanchâtre d'où tombait sur la terre une lueur.

La terre était donc plus éclairée que le ciel, ce qui est un effet particulièrement sinistre, et la colline,

d'un pauvre et chétif contour, se dessinait vague et blafarde sur l'horizon ténébreux. Tout cet ensemble était hideux, petit, lugubre et borné. Rien dans le champ ni sur la colline qu'un arbre difforme qui se tordait en frissonnant à quelques pas du voyageur.

Cet homme était évidemment très loin d'avoir de ces délicates habitudes d'intelligence et d'esprit qui font qu'on est sensible aux aspects mystérieux des choses; cependant il y avait dans ce ciel, dans cette colline, dans cette plaine et dans cet arbre, quelque chose de si profondément désolé qu'après un moment d'immobilité et de rêverie, il rebroussa chemin brusquement. Il y a des instants où la nature semble hostile.

Il revint sur ses pas. Les portes de Digne étaient fermées. Digne, qui a soutenu des sièges dans les guerres de religion, était encore entourée en 1815 de vieilles murailles flanquées de tours carrées qu'on a démolies depuis. Il passa par une brèche et rentra dans la ville.

Il pouvait être huit heures du soir. Comme il ne connaissait pas les rues, il recommença sa promenade à l'aventure.

Il parvint ainsi à la préfecture, puis au séminaire. En passant sur la place de la cathédrale, il montra le poing à l'église.

Il y a au coin de cette place une imprimerie. C'est là que furent imprimées pour la première fois les proclamations de l'empereur et de la garde impériale à l'armée, apportées de l'île d'Elbe et dictées par Napoléon lui-même.

Épuisé de fatigue et n'espérant plus rien, il se coucha sur le banc de pierre qui est à la porte de cette imprimerie.

Une vieille femme sortait de l'église en ce moment. Elle vit cet homme étendu dans l'ombre.

—Que faites-vous là, mon ami? dit-elle.

Il répondit durement et avec colère:

—Vous le voyez, bonne femme, je me couche.

La bonne femme, bien digne de ce nom en effet, était madame la marquise de R.

—Sur ce banc? reprit-elle.

—J'ai eu pendant dix-neuf ans un matelas de bois, dit l'homme, j'ai aujourd'hui un matelas de pierre.

—Vous avez été soldat?

—Oui, bonne femme. Soldat.

—Pourquoi n'allez-vous pas à l'auberge?

—Parce que je n'ai pas d'argent.

—Hélas, dit madame de R., je n'ai dans ma bourse que quatre sous.

—Donnez toujours.

L'homme prit les quatre sous. Madame de R. continua:

—Vous ne pouvez vous loger avec si peu dans une auberge. Avez-vous essayé pourtant? Il est impossible que vous passiez ainsi la nuit. Vous avez sans doute froid et faim. On aurait pu vous loger par charité.

—J'ai frappé à toutes les portes.

—Eh bien?

—Partout on m'a chassé.

La «bonne femme» toucha le bras de l'homme et lui montra de l'autre côté de la place une petite maison basse à côté de l'évêché.

—Vous avez, reprit-elle, frappé à toutes les portes?

—Oui.

—Avez-vous frappé à celle-là?

—Non.

—Frappez-y.

Chapitre II
La prudence conseillée à la sagesse

Ce soir-là, M. l'évêque de Digne, après sa promenade en ville, était resté assez tard enfermé dans sa chambre. Il s'occupait d'un grand travail sur les *Devoirs*, lequel est malheureusement demeuré inachevé. Il dépouillait soigneusement tout ce que les Pères et les Docteurs ont dit sur cette grave matière. Son livre était divisé en deux parties; premièrement les devoirs de tous, deuxièmement les devoirs de chacun, selon la classe à laquelle il appartient. Les devoirs de tous sont les grands devoirs. Il y en a quatre. Saint Matthieu les indique: devoirs envers Dieu (Matth., VI), devoirs envers soi-même (Matth., V, 29, 30), devoirs envers le prochain (Matth., VII, 12), devoirs envers les créatures (Matth., VI, 20, 25). Pour les autres devoirs, l'évêque les avait trouvés indiqués et prescrits ailleurs; aux souverains et aux sujets, dans l'Épître aux Romains; aux magistrats, aux épouses, aux mères et aux jeunes hommes, par saint Pierre; aux maris, aux pères, aux enfants et aux serviteurs, dans l'Épître aux Éphésiens; aux fidèles, dans l'Épître aux Hébreux; aux vierges, dans l'Épître aux Corinthiens. Il faisait laborieusement de toutes ces prescriptions un ensemble harmonieux qu'il voulait présenter aux âmes.

Il travaillait encore à huit heures, écrivant assez incommodément sur de petits carrés de papier avec un gros livre ouvert sur ses genoux, quand madame Magloire entra, selon son habitude, pour prendre l'argenterie dans le placard près du lit. Un moment après, l'évêque, sentant que le couvert était mis et que sa sœur l'attendait peut-être, ferma son livre, se leva de sa table et entra dans la salle à manger.

La salle à manger était une pièce oblongue à cheminée, avec porte sur la rue (nous l'avons dit), et fenêtre sur le jardin.

Madame Magloire achevait en effet de mettre le couvert.

Tout en vaquant au service, elle causait avec mademoiselle Baptistine.

Une lampe était sur la table; la table était près de la cheminée. Un assez bon feu était allumé.

On peut se figurer facilement ces deux femmes qui avaient toutes deux passé soixante ans: madame Magloire petite, grasse, vive; mademoiselle Baptistine, douce, mince, frêle, un peu plus grande que son frère, vêtue d'une robe de soie puce, couleur à la mode en 1806, qu'elle avait achetée alors à Paris et qui lui durait encore. Pour emprunter des locutions vulgaires qui ont le mérite de dire avec un seul mot une idée qu'une page suffirait à peine à exprimer, madame Magloire avait l'air d'une *paysanne* et mademoiselle Baptistine d'une *dame*. Madame Magloire avait un bonnet blanc à tuyaux, au cou une jeannette d'or, le seul bijou de femme qu'il y eût dans la maison, un fichu très blanc sortant de la robe de bure noire à manches larges et courtes, un tablier de toile de coton à carreaux rouges et verts, noué à la ceinture d'un ruban vert, avec pièce d'estomac pareille rattachée par deux épingles aux deux coins d'en haut, aux pieds de gros souliers et des bas jaunes comme les femmes de Marseille. La robe de mademoiselle Baptistine était coupée sur les patrons de 1806, taille courte, fourreau étroit, manches à épaulettes, avec pattes et boutons. Elle cachait ses cheveux gris sous une perruque frisée dite à *l'enfant*. Madame Magloire avait l'air intelligent, vif et bon; les deux angles de sa bouche inégalement relevés et la lèvre supérieure plus grosse que la lèvre inférieure lui donnaient quelque chose de bourru et d'impérieux. Tant que monseigneur se taisait, elle lui parlait résolument avec un mélange de respect et de liberté; mais dès que monseigneur parlait, on a vu cela, elle obéissait passivement comme mademoiselle. Mademoiselle Baptistine ne parlait même pas. Elle se bornait à obéir et à complaire. Même quand elle était jeune, elle n'était pas jolie, elle avait de gros yeux bleus à fleur de tête et le nez long et busqué; mais tout son visage, toute sa personne, nous l'avons dit en commençant, respiraient une ineffable bonté. Elle avait toujours été prédestinée à la mansuétude; mais la foi, la charité, l'espérance, ces trois vertus qui chauffent doucement l'âme, avaient élevé peu à peu cette mansuétude jusqu'à la sainteté. La nature n'en avait fait qu'une brebis, la religion en avait fait un ange. Pauvre sainte fille! doux souvenir disparu! Mademoiselle Baptistine a depuis raconté tant de fois ce qui s'était passé à l'évêché cette soirée-là, que plusieurs personnes qui vivent encore s'en rappellent les moindres détails.

Au moment où M. l'évêque entra, madame Magloire parlait avec quelque vivacité. Elle entretenait *mademoiselle* d'un sujet qui lui était familier et auquel l'évêque était accoutumé. Il s'agissait du loquet de la porte d'entrée.

Il paraît que, tout en allant faire quelques provisions pour le souper, madame Magloire avait entendu dire des choses en divers lieux. On parlait d'un rôdeur de mauvaise mine; qu'un vagabond suspect serait arrivé, qu'il devait être quelque part dans la ville, et qu'il se pourrait qu'il y eût de méchantes rencontres pour ceux qui s'aviseraient de rentrer tard chez eux cette nuit-là. Que la police était bien mal faite du reste, attendu que M. le préfet et M. le maire ne s'aimaient pas, et cherchaient à se nuire en faisant arriver des événements. Que c'était donc aux gens sages à faire la police eux-mêmes et à se bien garder, et qu'il faudrait avoir soin de dûment clore, verrouiller et barricader sa maison, *et de bien fermer ses portes*.

Madame Magloire appuya sur ce dernier mot; mais l'évêque venait de sa chambre où il avait eu assez froid, il s'était assis devant la cheminée et se chauffait, et puis il pensait à autre chose. Il ne releva pas le mot à effet que madame Magloire venait de laisser tomber. Elle le répéta. Alors, mademoiselle Baptistine, voulant satisfaire madame Magloire sans déplaire à son frère, se hasarda à dire timidement:

—Mon frère, entendez-vous ce que dit madame Magloire?

—J'en ai entendu vaguement quelque chose, répondit l'évêque.

Puis tournant à demi sa chaise, mettant ses deux mains sur ses genoux, et levant vers la vieille servante son visage cordial et facilement joyeux, que le feu éclairait d'en bas:

—Voyons. Qu'y a-t-il? qu'y a-t-il? Nous sommes donc dans quelque gros danger?

Alors madame Magloire recommença toute l'histoire, en l'exagérant quelque peu, sans s'en douter. Il paraîtrait qu'un bohémien, un va-nu-pieds, une espèce de mendiant dangereux serait en ce moment dans la ville. Il s'était présenté pour loger chez Jacquin Labarre qui n'avait pas voulu le recevoir. On l'avait vu arriver par le boulevard Gassendi et rôder dans les rues à la brume. Un homme de sac et de corde avec une figure terrible.

—Vraiment? dit l'évêque.

Ce consentement à l'interroger encouragea madame Magloire; cela lui semblait indiquer que l'évêque n'était pas loin de s'alarmer; elle poursuivit triomphante:

—Oui, monseigneur. C'est comme cela. Il y aura quelque malheur cette nuit dans la ville. Tout le monde le dit. Avec cela que la police est si mal faite (répétition inutile). Vivre dans un pays de montagnes, et n'avoir pas même de lanternes la nuit dans les rues! On sort. Des fours, quoi! Et je dis, monseigneur, et mademoiselle que voilà dit comme moi....

—Moi, interrompit la sœur, je ne dis rien. Ce que mon frère fait est bien fait.

Madame Magloire continua comme s'il n'y avait pas eu de protestation:

—Nous disons que cette maison-ci n'est pas sûre du tout; que, si monseigneur le permet, je vais aller dire à Paulin Musebois, le serrurier, qu'il vienne remettre les anciens verrous de la porte; on les a là, c'est une minute; et je dis qu'il faut des verrous, monseigneur, ne serait-ce que pour cette nuit; car je dis qu'une porte qui s'ouvre du dehors avec un loquet, par le premier passant venu, rien n'est plus terrible; avec cela que monseigneur a l'habitude de toujours dire d'entrer, et que d'ailleurs, même au milieu de la nuit, ô mon Dieu! on n'a pas besoin d'en demander la permission....

En ce moment, on frappa à la porte un coup assez violent.

—Entrez, dit l'évêque.

Chapitre III
Héroïsme de l'obéissance passive

La porte s'ouvrit.

Elle s'ouvrit vivement, toute grande, comme si quelqu'un la poussait avec énergie et résolution.

Un homme entra.

Cet homme, nous le connaissons déjà. C'est le voyageur que nous avons vu tout à l'heure errer cherchant un gîte.

Il entra, fit un pas, et s'arrêta, laissant la porte ouverte derrière lui. Il avait son sac sur l'épaule, son bâton à la main, une expression rude, hardie, fatiguée et violente dans les yeux. Le feu de la cheminée l'éclairait. Il était hideux. C'était une sinistre apparition.

Madame Magloire n'eut pas même la force de jeter un cri. Elle tressaillit, et resta béante.

Mademoiselle Baptistine se retourna, aperçut l'homme qui entrait et se dressa à demi d'effarement, puis, ramenant peu à peu sa tête vers la cheminée, elle se mit à regarder son frère et son visage redevint profondément calme et serein.

L'évêque fixait sur l'homme un œil tranquille.

Comme il ouvrait la bouche, sans doute pour demander au nouveau venu ce qu'il désirait, l'homme appuya ses deux mains à la fois sur son bâton, promena ses yeux tour à tour sur le vieillard et les femmes, et, sans attendre que l'évêque parlât, dit d'une voix haute:

—Voici. Je m'appelle Jean Valjean. Je suis un galérien. J'ai passé dix-neuf ans au bagne. Je suis libéré depuis quatre jours et en route pour Pontarlier qui est ma destination. Quatre jours et que je marche depuis Toulon. Aujourd'hui, j'ai fait douze lieues à pied. Ce soir, en arrivant dans ce pays, j'ai été dans une auberge, on m'a renvoyé à cause de mon passeport jaune que j'avais montré à la mairie. Il avait fallu. J'ai été à une autre auberge. On m'a dit: Va-t-en! Chez l'un, chez l'autre. Personne n'a voulu de moi. J'ai été à la prison, le guichetier n'a pas ouvert. J'ai été dans la niche d'un chien. Ce chien m'a mordu et m'a chassé, comme s'il avait été un homme. On aurait dit qu'il savait qui j'étais. Je m'en suis allé dans les champs pour coucher à la belle étoile. Il n'y avait pas d'étoile. J'ai pensé qu'il pleuvrait, et qu'il n'y avait pas de bon Dieu pour empêcher de pleuvoir, et je suis rentré dans la ville pour y trouver le renfoncement d'une porte. Là, dans la place, j'allais me coucher sur une pierre. Une bonne femme m'a montré votre maison et m'a dit: «Frappe là». J'ai frappé. Qu'est-ce que c'est ici? Êtes-vous une auberge? J'ai de l'argent. Ma masse. Cent neuf francs quinze sous que j'ai gagnés au bagne par mon travail en dix-neuf ans. Je payerai. Qu'est-ce que cela me fait? J'ai de l'argent. Je suis très fatigué, douze lieues à pied, j'ai bien faim. Voulez-vous que je reste?

—Madame Magloire, dit l'évêque, vous mettrez un couvert de plus.

L'homme fit trois pas et s'approcha de la lampe qui était sur la table.

—Tenez, reprit-il, comme s'il n'avait pas bien compris, ce n'est pas ça. Avez-vous entendu? Je suis un galérien. Un forçat. Je viens des galères.

Il tira de sa poche une grande feuille de papier jaune qu'il déplia.

—Voilà mon passeport. Jaune, comme vous voyez. Cela sert à me faire chasser de partout où je suis. Voulez-vous lire? Je sais lire, moi. J'ai appris au bagne. Il y a une école pour ceux qui veulent. Tenez, voilà ce qu'on a mis sur le passeport: «Jean Valjean, forçat libéré, natif de...—cela vous est égal...—Est resté dix-neuf ans au bagne. Cinq ans pour vol avec effraction. Quatorze ans pour avoir tenté de s'évader quatre fois. Cet homme est très dangereux.»—Voilà! Tout le monde m'a jeté dehors. Voulez-vous me recevoir, vous? Est-ce une auberge? Voulez-vous me donner à manger et à coucher? Avez-vous une écurie?

—Madame Magloire, dit l'évêque, vous mettrez des draps blancs au lit de l'alcôve.

Nous avons déjà expliqué de quelle nature était l'obéissance des deux femmes.

Madame Magloire sortit pour exécuter ces ordres. L'évêque se tourna vers l'homme.

—Monsieur, asseyez-vous et chauffez-vous. Nous allons souper dans un instant, et l'on fera votre lit pendant que vous souperez.

Ici l'homme comprit tout à fait. L'expression de son visage, jusqu'alors sombre et dure, s'empreignit de stupéfaction, de doute, de joie, et devint extraordinaire. Il se mit à balbutier comme un homme fou:

—Vrai? quoi? vous me gardez? vous ne me chassez pas! un forçat! Vous m'appelez monsieur! vous ne me tutoyez pas! Va-t-en, chien! qu'on me dit toujours. Je croyais bien que vous me chasseriez. Aussi j'avais dit tout de suite qui je suis. Oh! la brave femme qui m'a enseigné ici! Je vais souper! un lit! Un lit avec des matelas et des draps! comme tout le monde! il y a dix-neuf ans que je n'ai couché dans un lit! Vous voulez bien que je ne m'en aille pas! Vous êtes de dignes gens! D'ailleurs j'ai de l'argent. Je payerai bien. Pardon, monsieur l'aubergiste, comment vous appelez-vous? Je payerai tout ce qu'on voudra. Vous êtes un brave homme. Vous êtes aubergiste, n'est-ce pas?

—Je suis, dit l'évêque, un prêtre qui demeure ici.

—Un prêtre! reprit l'homme. Oh! un brave homme de prêtre! Alors vous ne me demandez pas d'argent? Le curé, n'est-ce pas? le curé de cette grande église? Tiens! c'est vrai, que je suis bête! je n'avais pas vu votre calotte!

Tout en parlant, il avait déposé son sac et son bâton dans un coin, puis remis son passeport dans sa poche, et il s'était assis. Mademoiselle Baptistine le considérait avec douceur. Il continua:

—Vous êtes humain, monsieur le curé. Vous n'avez pas de mépris. C'est bien bon un bon prêtre. Alors vous n'avez pas besoin que je paye?

—Non, dit l'évêque, gardez votre argent. Combien avez-vous? ne m'avez-vous pas dit cent neuf francs?

—Quinze sous, ajouta l'homme.

—Cent neuf francs quinze sous. Et combien de temps avez-vous mis à gagner cela?

—Dix-neuf ans.

—Dix-neuf ans!

L'évêque soupira profondément.

L'homme poursuivit:

—J'ai encore tout mon argent. Depuis quatre jours je n'ai dépensé que vingt-cinq sous que j'ai gagnés en aidant à décharger des voitures à Grasse. Puisque vous êtes abbé, je vais vous dire, nous avions un aumônier au bagne. Et puis un jour j'ai vu un évêque. Monseigneur, qu'on appelle. C'était l'évêque de la Majore, à Marseille. C'est le curé qui est sur les curés. Vous savez, pardon, je dis mal cela, mais pour moi, c'est si loin!—Vous comprenez, nous autres! Il a dit la messe au milieu du bagne, sur un autel, il avait une chose pointue, en or, sur la tête. Au grand jour de midi, cela brillait. Nous étions en rang. Des trois côtés. Avec les canons, mèche allumée, en face de nous. Nous ne voyions pas bien. Il a parlé, mais il était trop au fond, nous n'entendions pas. Voilà ce que c'est qu'un évêque.

Pendant qu'il parlait, l'évêque était allé pousser la porte qui était restée toute grande ouverte.

Madame Magloire rentra. Elle apportait un couvert qu'elle mit sur la table.

—Madame Magloire, dit l'évêque, mettez ce couvert le plus près possible du feu.

Et se tournant vers son hôte:

—Le vent de nuit est dur dans les Alpes. Vous devez avoir froid, monsieur?

Chaque fois qu'il disait ce mot monsieur, avec sa voix doucement grave et de si bonne compagnie, le visage de l'homme s'illuminait. Monsieur à un forçat, c'est un verre d'eau à un naufragé de la Méduse. L'ignominie a soif de considération.

—Voici, reprit l'évêque, une lampe qui éclaire bien mal.

Madame Magloire comprit, et elle alla chercher sur la cheminée de la chambre à coucher de monseigneur les deux chandeliers d'argent qu'elle posa sur la table tout allumés.

—Monsieur le curé, dit l'homme, vous êtes bon. Vous ne me méprisez pas. Vous me recevez chez vous. Vous allumez vos cierges pour moi. Je ne vous ai pourtant pas caché d'où je viens et que je suis un homme malheureux.

L'évêque, assis près de lui, lui toucha doucement la main.

—Vous pouviez ne pas me dire qui vous étiez.

Ce n'est pas ici ma maison, c'est la maison de Jésus-Christ. Cette porte ne demande pas à celui qui entre s'il a un nom, mais s'il a une douleur. Vous souffrez; vous avez faim et soif; soyez le bienvenu. Et ne me remerciez pas, ne me dites pas que je vous reçois chez moi. Personne n'est ici chez soi, excepté celui qui a besoin d'un asile. Je vous le dis à vous qui passez, vous êtes ici chez vous plus que moi-même. Tout ce qui est ici est à vous. Qu'ai-je besoin de savoir votre nom? D'ailleurs, avant que vous me le disiez, vous en avez un que je savais.

L'homme ouvrit des yeux étonnés.

—Vrai? vous saviez comment je m'appelle?

—Oui, répondit l'évêque, vous vous appelez mon frère.

—Tenez, monsieur le curé! s'écria l'homme, j'avais bien faim en entrant ici; mais vous êtes si bon qu'à présent je ne sais plus ce que j'ai; cela m'a passé.

L'évêque le regarda et lui dit:

—Vous avez bien souffert?

—Oh! la casaque rouge, le boulet au pied, une planche pour dormir, le chaud, le froid, le travail, la chiourme, les coups de bâton! La double chaîne pour rien. Le cachot pour un mot. Même malade au lit, la chaîne. Les chiens, les chiens sont plus heureux! Dix-neuf ans! J'en ai quarante-six. À présent, le passeport jaune! Voilà.

—Oui, reprit l'évêque, vous sortez d'un lieu de tristesse. Écoutez. Il y aura plus de joie au ciel pour le visage en larmes d'un pécheur repentant que pour la robe blanche de cent justes. Si vous sortez de ce lieu douloureux avec des pensées de haine et de colère contre les hommes, vous êtes digne de pitié; si vous en sortez avec des pensées de bienveillance, de douceur et de paix, vous valez mieux qu'aucun de nous.

Cependant madame Magloire avait servi le souper. Une soupe faite avec de l'eau, de l'huile, du pain et du sel, un peu de lard, un morceau de viande de mouton, des figues, un fromage frais, et un gros pain de seigle. Elle avait d'elle-même ajouté à l'ordinaire de M. l'évêque une bouteille de vieux vin de Mauves.

Le visage de l'évêque prit tout à coup cette expression de gaîté propre aux natures hospitalières:

—À table! dit-il vivement.

Comme il en avait coutume lorsque quelque étranger soupait avec lui, il fit asseoir l'homme à sa droite. Mademoiselle Baptistine, parfaitement paisible et naturelle, prit place à sa gauche.

L'évêque dit le bénédicité, puis servit lui-même la soupe, selon son habitude. L'homme se mit à manger avidement.

Tout à coup l'évêque dit:

—Mais il me semble qu'il manque quelque chose sur cette table.

Madame Magloire en effet n'avait mis que les trois couverts absolument nécessaires. Or c'était l'usage de la maison, quand l'évêque avait quelqu'un à souper, de disposer sur la nappe les six couverts d'argent, étalage innocent. Ce gracieux semblant de luxe était une sorte d'enfantillage plein de charme dans cette maison douce et sévère qui élevait la pauvreté jusqu'à la dignité.

Madame Magloire comprit l'observation, sortit sans dire un mot, et un moment après les trois couverts réclamés par l'évêque brillaient sur la nappe, symétriquement arrangés devant chacun des trois convives.

Chapitre IV
Détails sur les fromageries de Pontarlier

Maintenant, pour donner une idée de ce qui se passa à cette table, nous ne saurions mieux faire que de transcrire ici un passage d'une lettre de mademoiselle Baptistine à madame de Boischevron, où la conversation du forçat et de l'évêque est racontée avec une minutie naïve:

«...Cet homme ne faisait aucune attention à personne. Il mangeait avec une voracité d'affamé. Cependant, après la soupe, il a dit:

«—Monsieur le curé du bon Dieu, tout ceci est encore bien trop bon pour moi, mais je dois dire que les rouliers qui n'ont pas voulu me laisser manger avec eux font meilleure chère que vous.

«Entre nous, l'observation m'a un peu choquée. Mon frère a répondu:

«—Ils ont plus de fatigue que moi.

«—Non, a repris cet homme, ils ont plus d'argent. Vous êtes pauvre. Je vois bien. Vous n'êtes peut-être pas même curé. Êtes-vous curé seulement? Ah! par exemple, si le bon Dieu était juste, vous devriez bien être curé.

«—Le bon Dieu est plus que juste, a dit mon frère.

«Un moment après il a ajouté:

«—Monsieur Jean Valjean, c'est à Pontarlier que vous allez?

«—Avec itinéraire obligé.

«Je crois bien que c'est comme cela que l'homme a dit. Puis il a continué:

«—Il faut que je sois en route demain à la pointe du jour. Il fait dur voyager. Si les nuits sont froides, les journées sont chaudes.

«—Vous allez là, a repris mon frère, dans un bon pays. À la révolution, ma famille a été ruinée, je me suis réfugié en Franche-Comté d'abord, et j'y ai vécu quelque temps du travail de mes bras. J'avais de la bonne volonté. J'ai trouvé à m'y occuper. On n'a qu'à choisir. Il y a des papeteries, des tanneries, des distilleries, des huileries, des fabriques d'horlogerie en grand, des fabriques d'acier, des fabriques de cuivre, au moins vingt usines de fer, dont quatre à Lods, à Châtillon, à Audincourt et à Beure qui sont très considérables....

«Je crois ne pas me tromper et que ce sont bien là les noms que mon frère a cités, puis il s'est interrompu et m'a adressé la parole:

«—Chère sœur, n'avons-nous pas des parents dans ce pays-là?

«J'ai répondu:

«—Nous en avions, entre autres M. de Lucenet qui était capitaine des portes à Pontarlier dans l'ancien régime.

«—Oui, a repris mon frère, mais en 93 on n'avait plus de parents, on n'avait que ses bras. J'ai travaillé. Ils ont dans le pays de Pontarlier, où vous allez, monsieur Valjean, une industrie toute patriarcale et toute charmante, ma sœur. Ce sont leurs fromageries qu'ils appellent fruitières.

«Alors mon frère, tout en faisant manger cet homme, lui a expliqué très en détail ce que c'étaient que les fruitières de Pontarlier;—qu'on en distinguait deux sortes:—les *grosses granges*, qui sont aux riches, et où il y a quarante ou cinquante vaches, lesquelles produisent sept à huit milliers de fromages par été; les *fruitières d'association*, qui sont aux pauvres; ce sont les paysans de la moyenne montagne qui mettent leurs vaches en commun et partagent les produits.—Ils prennent à leurs gages un fromager qu'ils appellent le grurin;—le grurin reçoit le lait des associés trois fois par jour et marque les quantités sur une taille double;—c'est vers la fin d'avril que le travail des fromageries commence; c'est vers la mi-juin que les fromagers conduisent leurs vaches dans la montagne.

«L'homme se ranimait tout en mangeant. Mon frère lui faisait boire de ce bon vin de Mauves dont il ne boit pas lui-même parce qu'il dit que c'est du vin cher. Mon frère lui disait tous ces détails avec cette gaîté aisée que vous lui connaissez, entremêlant ses paroles de façons gracieuses pour moi. Il est beaucoup revenu sur ce bon état de grurin, comme s'il eût souhaité que cet homme comprît, sans le lui conseiller directement et durement, que ce serait un asile pour lui. Une chose m'a frappée. Cet homme était ce que je vous ai dit. Eh bien! mon frère, pendant tout le souper, ni de toute la soirée, à l'exception de quelques paroles sur Jésus quand il est entré, n'a pas dit un mot qui pût rappeler à cet homme qui il était ni apprendre à cet homme qui était mon frère. C'était bien une occasion en apparence de faire un peu de sermon et d'appuyer l'évêque sur le galérien pour laisser la marque du passage. Il eût paru peut-être à un autre que c'était le cas, ayant ce malheureux sous la main, de lui nourrir l'âme en même temps que le corps et de lui faire quelque reproche assaisonné de morale et de conseil, ou bien un peu de commisération avec exhortation de se mieux conduire à l'avenir. Mon frère ne lui a même pas demandé de quel pays il était, ni son histoire. Car dans son histoire il y a sa faute, et mon frère semblait éviter tout ce qui pouvait l'en faire souvenir. C'est au point qu'à un certain moment, comme mon frère parlait des montagnards de Pontarlier, qui ont *un doux travail près du ciel et qui*, ajoutait-il, *sont heureux parce qu'ils sont innocents*, il s'est arrêté court, craignant qu'il n'y eût dans ce mot qui lui échappait quelque chose qui pût froisser l'homme. À force d'y réfléchir, je crois avoir compris ce qui se passait dans le cœur de mon frère. Il pensait sans doute que cet homme, qui s'appelle Jean Valjean, n'avait que trop sa misère présente à l'esprit, que le mieux était de l'en distraire, et de lui faire croire, ne fût-ce qu'un moment, qu'il était une personne comme une autre, en étant pour lui tout ordinaire. N'est-ce pas là en effet bien entendre la charité? N'y a-t-il pas, bonne madame, quelque chose de vraiment évangélique dans cette délicatesse qui s'abstient de sermon, de morale et d'allusion, et la meilleure pitié, quand un homme a un point douloureux, n'est-ce pas de n'y point toucher du tout? Il m'a semblé que ce pouvait être là la pensée intérieure de mon frère. Dans tous les cas, ce que je puis dire, c'est que, s'il a eu toutes ces idées, il n'en a rien marqué, même pour moi; il a été d'un bout à l'autre le même homme que tous les soirs, et il a soupé avec ce Jean Valjean du même air et de la même façon qu'il aurait soupé avec M. Gédéon Le Prévost ou avec M. le curé de la paroisse.

«Vers la fin, comme nous étions aux figues, on a cogné à la porte. C'était la mère Gerbaud avec son petit dans ses bras. Mon frère a baisé l'enfant au front, et m'a emprunté quinze sous que j'avais sur moi pour les donner à la mère Gerbaud. L'homme pendant ce temps-là ne faisait pas grande attention. Il ne parlait plus et paraissait très fatigué. La pauvre vieille Gerbaud partie, mon frère a dit les grâces, puis il s'est tourné vers cet homme, et il lui a dit: Vous devez avoir bien besoin de votre lit. Madame Magloire a enlevé le couvert bien vite. J'ai compris qu'il fallait nous retirer pour laisser dormir ce voyageur, et nous sommes montées toutes les deux. J'ai cependant envoyé madame Magloire un instant après porter sur le lit de cet homme une peau de chevreuil de la Forêt-Noire qui est dans ma chambre. Les nuits sont glaciales, et cela tient chaud. C'est dommage que cette peau soit vieille; tout le poil s'en va. Mon frère l'a achetée du temps qu'il était en Allemagne, à Tottlingen, près des sources du Danube, ainsi que le petit couteau à manche d'ivoire dont je me sers à table.

«Madame Magloire est remontée presque tout de suite, nous nous sommes mises à prier Dieu dans le salon où l'on étend le linge, et puis nous sommes rentrées chacune dans notre chambre sans nous rien dire.»

Chapitre V
Tranquillité

Après avoir donné le bonsoir à sa sœur, monseigneur Bienvenu prit sur la table un des deux flambeaux d'argent, remit l'autre à son hôte, et lui dit:
—Monsieur, je vais vous conduire à votre chambre.
L'homme le suivit.
Comme on a pu le remarquer dans ce qui a été dit plus haut, le logis était distribué de telle sorte que, pour passer dans l'oratoire où était l'alcôve ou pour en sortir, il fallait traverser la chambre à coucher de l'évêque.
Au moment où ils traversaient cette chambre, madame Magloire serrait l'argenterie dans le placard qui était au chevet du lit. C'était le dernier soin qu'elle prenait chaque soir avant de s'aller coucher.
L'évêque installa son hôte dans l'alcôve. Un lit blanc et frais y était dressé. L'homme posa le flambeau sur une petite table.
—Allons, dit l'évêque, faites une bonne nuit. Demain matin, avant de partir, vous boirez une tasse de lait de nos vaches tout chaud.
—Merci, monsieur l'abbé, dit l'homme.
À peine eut-il prononcé ces paroles pleines de paix que, tout à coup et sans transition, il eut un mouvement étrange et qui eût glacé d'épouvante les deux saintes filles si elles en eussent été témoins. Aujourd'hui même il nous est difficile de nous rendre compte de ce qui le poussait en ce moment. Voulait-il donner un avertissement ou jeter une menace? Obéissait-il simplement à une sorte d'impulsion instinctive et obscure pour lui-même? Il se tourna brusquement vers le vieillard, croisa les bras, et, fixant sur son hôte un regard sauvage, il s'écria d'une voix rauque:
—Ah çà! décidément! vous me logez chez vous près de vous comme cela!
Il s'interrompit et ajouta avec un rire où il y avait quelque chose de monstrueux:
—Avez-vous bien fait toutes vos réflexions? Qui est-ce qui vous dit que je n'ai pas assassiné?
L'évêque leva les yeux vers le plafond et répondit:
—Cela regarde le bon Dieu.
Puis, gravement et remuant les lèvres comme quelqu'un qui prie ou qui se parle à lui-même, il dressa les deux doigts de sa main droite et bénit l'homme qui ne se courba pas, et, sans tourner la tête et sans regarder derrière lui, il rentra dans sa chambre.
Quand l'alcôve était habitée, un grand rideau de serge tiré de part en part dans l'oratoire cachait l'autel. L'évêque s'agenouilla en passant devant ce rideau et fit une courte prière.
Un moment après, il était dans son jardin, marchant, rêvant, contemplant, l'âme et la pensée tout entières à ces grandes choses mystérieuses que Dieu montre la nuit aux yeux qui restent ouverts.
Quant à l'homme, il était vraiment si fatigué qu'il n'avait même pas profité de ces bons draps blancs. Il avait soufflé sa bougie avec sa narine à la manière des forçats et s'était laissé tomber tout habillé sur le lit, où il s'était tout de suite profondément endormi.
Minuit sonnait comme l'évêque rentrait de son jardin dans son appartement.
Quelques minutes après, tout dormait dans la petite maison.

Chapitre VI
Jean Valjean

Vers le milieu de la nuit, Jean Valjean se réveilla.

Jean Valjean était d'une pauvre famille de paysans de la Brie. Dans son enfance, il n'avait pas appris à lire. Quand il eut l'âge d'homme, il était émondeur à Faverolles. Sa mère s'appelait Jeanne Mathieu; son père s'appelait Jean Valjean, ou Vlajean, sobriquet probablement, et contraction de *Voilà Jean*.

Jean Valjean était d'un caractère pensif sans être triste, ce qui est le propre des natures affectueuses. Somme toute, pourtant, c'était quelque chose d'assez endormi et d'assez insignifiant, en apparence du moins, que Jean Valjean. Il avait perdu en très bas âge son père et sa mère. Sa mère était morte d'une fièvre de lait mal soignée. Son père, émondeur comme lui, s'était tué en tombant d'un arbre. Il n'était resté à Jean Valjean qu'une sœur plus âgée que lui, veuve, avec sept enfants, filles et garçons. Cette sœur avait élevé Jean Valjean, et tant qu'elle eut son mari elle logea et nourrit son jeune frère. Le mari mourut. L'aîné des sept enfants avait huit ans, le dernier un an. Jean Valjean venait d'atteindre, lui, sa vingt-cinquième année. Il remplaça le père, et soutint à son tour sa sœur qui l'avait élevé. Cela se fit simplement, comme un devoir, même avec quelque chose de bourru de la part de Jean Valjean. Sa jeunesse se dépensait ainsi dans un travail rude et mal payé. On ne lui avait jamais connu de «bonne amie» dans le pays. Il n'avait pas eu le temps d'être amoureux.

Le soir il rentrait fatigué et mangeait sa soupe sans dire un mot. Sa sœur, mère Jeanne, pendant qu'il mangeait, lui prenait souvent dans son écuelle le meilleur de son repas, le morceau de viande, la tranche de lard le cœur de chou, pour le donner à quelqu'un de ses enfants; lui, mangeant toujours, penché sur la table, presque la tête dans sa soupe, ses longs cheveux tombant autour de son écuelle et cachant ses yeux, avait l'air de ne rien voir et laissait faire. Il y avait à Faverolles, pas loin de la chaumière Valjean, de l'autre côté de la ruelle, une fermière appelée

Marie-Claude; les enfants Valjean, habituellement affamés, allaient quelquefois emprunter au nom de leur mère une pinte de lait à Marie-Claude, qu'ils buvaient derrière une haie ou dans quelque coin d'allée, s'arrachant le pot, et si hâtivement que les petites filles s'en répandaient sur leur tablier et dans leur goulotte. La mère, si elle eût su cette maraude, eût sévèrement corrigé les délinquants. Jean Valjean, brusque et bougon, payait en arrière de la mère la pinte de lait à Marie-Claude, et les enfants n'étaient pas punis.

Il gagnait dans la saison de l'émondage vingt-quatre sous par jour, puis il se louait comme moissonneur, comme manœuvre, comme garçon de ferme bouvier, comme homme de peine. Il faisait ce qu'il pouvait. Sa sœur travaillait de son côté, mais que faire avec sept petits enfants? C'était un triste groupe que la misère enveloppa et étreignit peu à peu. Il arriva qu'un hiver fut rude. Jean n'eut pas d'ouvrage. La famille n'eut pas de pain. Pas de pain. À la lettre. Sept enfants! Un dimanche soir, Maubert Isabeau, boulanger sur la place de l'Église, à Faverolles, se disposait à se coucher, lorsqu'il entendit un coup violent dans la devanture grillée et vitrée de sa boutique. Il arriva à temps pour voir un bras passé à travers un trou fait d'un coup de poing dans la grille et dans la vitre. Le bras saisit un pain et l'emporta. Isabeau sortit en hâte; le voleur s'enfuyait à toutes jambes; Isabeau courut après lui et l'arrêta. Le voleur avait jeté le pain, mais il avait encore le bras ensanglanté. C'était Jean Valjean.

Ceci se passait en 1795. Jean Valjean fut traduit devant les tribunaux du temps «pour vol avec effraction la nuit dans une maison habitée». Il avait un fusil dont il se servait mieux que tireur au monde, il était quelque peu braconnier; ce qui lui nuisit. Il y a contre les braconniers un préjugé légitime. Le braconnier, de même que le contrebandier, côtoie de fort près le brigand. Pourtant, disons-le en passant, il y a encore un abîme entre ces races d'hommes et le hideux assassin des villes. Le braconnier vit dans la forêt; le contrebandier vit dans la montagne ou sur la mer. Les villes font des hommes féroces parce qu'elles font des hommes corrompus. La montagne, la mer, la forêt, font des hommes sauvages. Elles développent le côté farouche, mais souvent sans détruire le côté humain.

Jean Valjean fut déclaré coupable. Les termes du code étaient formels. Il y a dans notre civilisation des heures redoutables; ce sont les moments où la pénalité prononce un naufrage. Quelle minute funèbre que celle où la société s'éloigne et consomme l'irréparable abandon d'un être pensant! Jean Valjean fut condamné à cinq ans de galères.

Le 22 avril 1796, on cria dans Paris la victoire de Montenotte remportée par le général en chef de l'année d'Italie, que le message du Directoire aux Cinq-Cents, du 2 floréal an IV, appelle Buona-Parte; ce même jour une grande chaîne fut ferrée à Bicêtre. Jean Valjean fit partie de cette chaîne. Un ancien guichetier de la prison, qui a près de quatre-vingt-dix ans aujourd'hui, se souvient encore parfaitement de ce malheureux qui fut ferré à l'extrémité du quatrième cordon dans l'angle nord de la cour. Il était assis à terre comme tous les autres. Il paraissait ne rien comprendre à sa position, sinon qu'elle était horrible. Il est probable qu'il y démêlait aussi, à travers les vagues idées d'un pauvre homme ignorant de tout, quelque chose d'excessif. Pendant qu'on rivait à grands coups de marteau derrière sa tête le boulon de son carcan, il pleurait, les larmes l'étouffaient, elles l'empêchaient de parler, il parvenait seulement à dire de temps en temps: *J'étais émondeur à Faverolles*. Puis, tout en sanglotant, il élevait sa main droite et l'abaissait graduellement sept fois comme s'il touchait successivement sept têtes inégales, et par ce geste on devinait que la chose quelconque qu'il avait faite, il l'avait faite pour vêtir et nourrir sept petits enfants.

Il partit pour Toulon. Il y arriva après un voyage de vingt-sept jours, sur une charrette, la chaîne au cou. À Toulon, il fut revêtu de la casaque rouge. Tout s'effaça de ce qui avait été sa vie, jusqu'à son nom; il ne fut même plus Jean Valjean; il fut le numéro 24601. Que devint la sœur? que devinrent les sept enfants? Qui est-ce qui s'occupe de cela? Que devient la poignée de feuilles du jeune arbre scié par le pied?

C'est toujours la même histoire. Ces pauvres êtres vivants, ces créatures de Dieu, sans appui désormais, sans guide, sans asile, s'en allèrent au hasard, qui sait même? chacun de leur côté peut-être, et s'enfoncèrent peu à peu dans cette froide brume où s'engloutissent les destinées solitaires, moines ténèbres où disparaissent successivement tant de têtes infortunées dans la sombre marche du genre humain. Ils quittèrent le pays. Le clocher de ce qui avait été leur village les oublia; la borne de ce qui avait été leur champ les oublia; après quelques années de séjour au bagne, Jean Valjean lui-même les oublia. Dans ce cœur où il y avait eu une plaie, il y eut une cicatrice. Voilà tout. À peine, pendant tout le temps qu'il passa à Toulon, entendit-il parler une seule fois de sa sœur. C'était, je crois, vers la fin de la quatrième année de sa captivité. Je ne sais plus par quelle voie ce renseignement lui parvint. Quelqu'un, qui les avait connus au pays, avait vu sa sœur. Elle était à Paris. Elle habitait une pauvre rue près de Saint-Sulpice, la rue du Geindre. Elle n'avait plus avec elle qu'un enfant, un petit garçon, le dernier. Où étaient les six autres? Elle ne le savait peut-être pas elle-même. Tous les matins elle allait à une imprimerie rue du Sabot, n° 3, où elle était plieuse et brocheuse. Il fallait être là à six heures du matin, bien avant le jour l'hiver. Dans la maison de l'imprimerie il y avait une école, elle menait à cette école son petit garçon qui avait sept ans. Seulement, comme elle entrait à l'imprimerie à six heures et que l'école n'ouvrait qu'à sept, il fallait que l'enfant attendît, dans la cour, que l'école ouvrît, une heure; l'hiver, une heure de nuit, en plein air. On ne voulait pas que l'enfant entrât dans l'imprimerie, parce qu'il gênait, disait-on. Les ouvriers voyaient le matin en passant ce pauvre petit être assis sur le pavé, tombant de sommeil, et souvent endormi dans l'ombre, accroupi et plié sur son panier. Quand il pleuvait, une vieille femme, la portière, en avait pitié; elle le recueillait dans son bouge où il n'y avait qu'un grabat, un rouet et deux chaises de bois, et le petit dormait là dans un coin, se serrant contre le chat pour avoir moins froid. À sept heures, l'école ouvrait et il y entrait. Voilà ce qu'on dit à Jean

Valjean. On l'en entretint un jour, ce fut un moment, un éclair, comme une fenêtre brusquement ouverte sur la destinée de ces êtres qu'il avait aimés, puis tout se referma; il n'en entendit plus parler, et ce fut pour jamais. Plus rien n'arriva d'eux à lui; jamais il ne les revit, jamais il ne les rencontra, et, dans la suite de cette douloureuse histoire, on ne les retrouvera plus.

Vers la fin de cette quatrième année, le tour d'évasion de Jean Valjean arriva. Ses camarades l'aidèrent comme cela se fait dans ce triste lieu. Il s'évada. Il erra deux jours en liberté dans les champs; si c'est être libre que d'être traqué; de tourner la tête à chaque instant; de tressaillir au moindre bruit; d'avoir peur de tout, du toit qui fume, de l'homme qui passe, du chien qui aboie, du cheval qui galope, de l'heure qui sonne, du jour parce qu'on voit, de la nuit parce qu'on ne voit pas, de la route, du sentier, du buisson, du sommeil. Le soir du second jour, il fut repris. Il n'avait ni mangé ni dormi depuis trente-six heures. Le tribunal maritime le condamna pour ce délit à une prolongation de trois ans, ce qui lui fit huit ans. La sixième année, ce fut encore son tour de s'évader; il en usa, mais il ne put consommer sa fuite. Il avait manqué à l'appel. On tira le coup de canon, et à la nuit les gens de ronde le trouvèrent caché sous la quille d'un vaisseau en construction; il résista aux gardes-chiourme qui le saisirent. Évasion et rébellion. Ce fait prévu par le code spécial fut puni d'une aggravation de cinq ans, dont deux ans de double chaîne. Treize ans. La dixième année, son tour revint, il en profita encore. Il ne réussit pas mieux. Trois ans pour cette nouvelle tentative. Seize ans. Enfin, ce fut, je crois, pendant la treizième année qu'il essaya une dernière fois et ne réussit qu'à se faire reprendre après quatre heures d'absence. Trois ans pour ces quatre heures. Dix-neuf ans. En octobre 1815 il fut libéré; il était entré là en 1796 pour avoir cassé un carreau et pris un pain.

Place pour une courte parenthèse. C'est la seconde fois que, dans ses études sur la question pénale et sur la damnation par la loi, l'auteur de ce livre rencontre le vol d'un pain, comme point de départ du désastre d'une destinée. Claude Gueux avait volé un pain; Jean Valjean avait volé un pain. Une statistique anglaise constate qu'à Londres quatre vols sur cinq ont pour cause immédiate la faim.

Jean Valjean était entré au bagne sanglotant et frémissant; il en sortit impassible. Il y était entré désespéré; il en sortit sombre.

Que s'était-il passé dans cette âme?

Chapitre VII
Le dedans du désespoir

Essayons de le dire.
Il faut bien que la société regarde ces choses puisque c'est elle qui les fait.
C'était, nous l'avons dit, un ignorant; mais ce n'était pas un imbécile. La lumière naturelle était allumée en lui. Le malheur, qui a aussi sa clarté, augmenta le peu de jour qu'il y avait dans cet esprit. Sous le bâton, sous la chaîne, au cachot, à la fatigue, sous l'ardent soleil du bagne, sur le lit de planches des forçats, il se replia en sa conscience et réfléchit.
Il se constitua tribunal.
Il commença par se juger lui-même.
Il reconnut qu'il n'était pas un innocent injustement puni. Il s'avoua qu'il avait commis une action extrême et blâmable; qu'on ne lui eût peut-être pas refusé ce pain s'il l'avait demandé; que dans tous les cas il eût mieux valu l'attendre, soit de la pitié, soit du travail; que ce n'est pas tout à fait une raison sans réplique de dire: peut-on attendre quand on a faim? que d'abord il est très rare qu'on meure littéralement de faim; ensuite que, malheureusement ou heureusement, l'homme est ainsi fait qu'il peut souffrir longtemps et beaucoup, moralement et physiquement, sans mourir; qu'il fallait donc de la patience; que cela eût mieux valu même pour ces pauvres petits enfants; que c'était un acte de folie, à lui, malheureux homme chétif, de prendre violemment au collet la société tout entière et de se figurer qu'on sort de la misère par le vol; que c'était, dans tous les cas, une mauvaise porte pour sortir de la misère que celle par où l'on entre dans l'infamie; enfin qu'il avait eu tort.
Puis il se demanda:
S'il était le seul qui avait eu tort dans sa fatale histoire? Si d'abord ce n'était pas une chose grave qu'il eût, lui travailleur, manqué de travail, lui laborieux, manqué de pain. Si, ensuite, la faute commise et avouée, le châtiment n'avait pas été féroce et outré. S'il n'y avait pas plus d'abus de la part de la loi dans la peine qu'il n'y avait eu d'abus de la part du coupable dans la faute. S'il n'y avait pas excès de poids dans un des plateaux de la balance, celui où est l'expiation. Si la surcharge de la peine n'était point l'effacement du délit, et n'arrivait pas à ce résultat: de retourner la situation, de remplacer la faute du délinquant par la faute de la répression, de faire du coupable la victime et du débiteur le créancier, et de mettre définitivement le droit du côté de celui-là même qui l'avait violé. Si cette peine, compliquée des aggravations successives pour les tentatives d'évasion, ne finissait pas par être une sorte d'attentat du plus fort sur le plus faible, un crime de la société sur l'individu, un crime qui recommençait tous les jours, un crime qui durait dix-neuf ans.

Il se demanda si la société humaine pouvait avoir le droit de faire également subir à ses membres, dans un cas son imprévoyance déraisonnable, et dans l'autre cas sa prévoyance impitoyable, et de saisir à jamais un pauvre homme entre un défaut et un excès, défaut de travail, excès de châtiment. S'il n'était pas exorbitant que la société traitât ainsi précisément ses membres les plus mal dotés dans la répartition de biens que fait le hasard, et par conséquent les plus dignes de ménagements.
Ces questions faites et résolues, il jugea la société et la condamna.
Il la condamna sans haine.
Il la fit responsable du sort qu'il subissait, et se dit qu'il n'hésiterait peut-être pas à lui en demander compte un jour. Il se déclara à lui-même qu'il n'y avait pas équilibre entre le dommage qu'il avait causé et le dommage qu'on lui causait; il conclut enfin que son châtiment n'était pas, à la vérité, une injustice, mais qu'à coup sûr c'était une iniquité.
La colère peut être folle et absurde; on peut être irrité à tort; on n'est indigné que lorsqu'on a raison au fond par quelque côté. Jean Valjean se sentait indigné. Et puis, la société humaine ne lui avait fait que du mal. Jamais il n'avait vu d'elle que ce visage courroucé qu'elle appelle sa justice et qu'elle montre à ceux qu'elle frappe. Les hommes ne l'avaient touché que pour le meurtrir. Tout contact avec eux lui avait été un coup. Jamais, depuis son enfance, depuis sa mère, depuis sa sœur, jamais il n'avait rencontré une parole amie et un regard bienveillant. De souffrance en souffrance il arriva peu à peu à cette conviction que la vie était une guerre; et que dans cette guerre il était le vaincu. Il n'avait d'autre arme que sa haine. Il résolut de l'aiguiser au bagne et de l'emporter en s'en allant.
Il y avait à Toulon une école pour la chiourme tenue par des frères ignorantins où l'on enseignait le plus nécessaire à ceux de ces malheureux qui avaient de la bonne volonté. Il fut du nombre des hommes de bonne volonté. Il alla à l'école à quarante ans, et apprit à lire, à écrire, à compter. Il sentit que fortifier son intelligence, c'était fortifier sa haine. Dans certains cas, l'instruction et la lumière peuvent servir de rallonge au mal.
Cela est triste à dire, après avoir jugé la société qui avait fait son malheur, il jugea la providence qui avait fait la société.
Il la condamna aussi.
Ainsi, pendant ces dix-neuf ans de torture et d'esclavage, cette âme monta et tomba en même temps. Il y entra de la lumière d'un côté et des ténèbres de l'autre.
Jean Valjean n'était pas, on l'a vu, d'une nature mauvaise. Il était encore bon lorsqu'il arriva au bagne. Il y condamna la société et sentit qu'il devenait méchant, il y condamna la providence et sentit qu'il devenait impie.
Ici il est difficile de ne pas méditer un instant.
La nature humaine se transforme-t-elle ainsi de fond en comble et tout à fait? L'homme créé bon par Dieu peut-il être fait méchant par l'homme? L'âme peut-elle être refaite tout d'une pièce par la destinée, et devenir mauvaise, la destinée étant mauvaise? Le cœur peut-il devenir difforme et contracter des laideurs et des infirmités incurables sous la pression d'un malheur disproportionné, comme la colonne vertébrale sous une voûte trop basse? N'y a-t-il pas dans toute âme

humaine, n'y avait-il pas dans l'âme de Jean Valjean en particulier, une première étincelle, un élément divin, incorruptible dans ce monde, immortel dans l'autre, que le bien peut développer, attiser, allumer, enflammer et faire rayonner splendidement, et que le mal ne peut jamais entièrement éteindre?

Questions graves et obscures, à la dernière desquelles tout physiologiste eût probablement répondu non, et sans hésiter, s'il eût vu à Toulon, aux heures de repos qui étaient pour Jean Valjean des heures de rêverie, assis, les bras croisés, sur la barre de quelque cabestan, le bout de sa chaîne enfoncé dans sa poche pour l'empêcher de traîner, ce galérien morne, sérieux, silencieux et pensif, paria des lois qui regardait l'homme avec colère, damné de la civilisation qui regardait le ciel avec sévérité.

Certes, et nous ne voulons pas le dissimuler, le physiologiste observateur eût vu là une misère irrémédiable, il eût plaint peut-être ce malade du fait de la loi, mais il n'eût pas même essayé de traitement; il eût détourné le regard des cavernes qu'il aurait entrevues dans cette âme; et, comme Dante de la porte de l'enfer, il eût effacé de cette existence le mot que le doigt de Dieu écrit pourtant sur le front de tout homme: *Espérance*!

Cet état de son âme que nous avons tenté d'analyser était-il aussi parfaitement clair pour Jean Valjean que nous avons essayé de le rendre pour ceux qui nous lisent? Jean Valjean voyait-il distinctement, après leur formation, et avait-il vu distinctement, à mesure qu'ils se formaient, tous les éléments dont se composait sa misère morale? Cet homme rude et illettré s'était-il bien nettement rendu compte de la succession d'idées par laquelle il était, degré à degré, monté et descendu jusqu'aux lugubres aspects qui étaient depuis tant d'années déjà l'horizon intérieur de son esprit? Avait-il bien conscience de tout ce qui s'était passé en lui et de tout ce qui s'y remuait? C'est ce que nous n'oserions dire; c'est même ce que nous ne croyons pas. Il y avait trop d'ignorance dans Jean Valjean pour que, même après tant de malheur, il n'y restât pas beaucoup de vague. Par moments il ne savait pas même bien au juste ce qu'il éprouvait. Jean Valjean était dans les ténèbres; il souffrait dans les ténèbres; il haïssait dans les ténèbres; on eût pu dire qu'il haïssait devant lui. Il vivait habituellement dans cette ombre, tâtonnant comme un aveugle et comme un rêveur. Seulement, par intervalles, il lui venait tout à coup, de lui-même ou du dehors, une secousse de colère, un surcroît de souffrance, un pâle et rapide éclair qui illuminait toute son âme, et faisait brusquement apparaître partout autour de lui, en avant et en arrière, aux lueurs d'une lumière affreuse, les hideux précipices et les sombres perspectives de sa destinée.

L'éclair passé, la nuit retombait, et où était-il? il ne le savait plus.

Le propre des peines de cette nature, dans lesquelles domine ce qui est impitoyable, c'est-à-dire ce qui est abrutissant. C'est de transformer peu à peu, par une sorte de transfiguration stupide, un homme en une bête fauve. Quelquefois en une bête féroce. Les tentatives d'évasion de Jean Valjean, successives et obstinées, suffiraient à prouver cet étrange travail fait par la loi sur l'âme humaine. Jean Valjean eût renouvelé ces tentatives, si parfaitement inutiles et folles, autant de fois que l'occasion s'en fût présentée, sans songer un instant au résultat, ni aux expériences déjà faites. Il s'échappait impétueusement comme le loup qui trouve la cage ouverte. L'instinct lui disait: sauve-toi! Le raisonnement lui eût dit: reste! Mais, devant une tentation si violente, le raisonnement avait disparu; il n'y avait plus que l'instinct. La bête seule agissait. Quand il était repris, les nouvelles sévérités qu'on lui infligeait ne servaient qu'à l'effarer davantage.

Un détail que nous ne devons pas omettre, c'est qu'il était d'une force physique dont n'approchait pas un des habitants du bagne. À la fatigue, pour filer un câble, pour virer un cabestan, Jean Valjean valait quatre hommes. Il soulevait et soutenait parfois d'énormes poids sur son dos, et remplaçait dans l'occasion cet instrument qu'on appelle cric et qu'on appelait jadis orgueil, d'où a pris nom, soit dit en passant, la rue Montorgueil près des halles de Paris. Ses camarades l'avaient surnommé Jean-le-Cric. Une fois, comme on réparait le balcon de l'hôtel de ville de Toulon, une des admirables cariatides de Puget qui soutiennent ce balcon se descella et faillit tomber. Jean Valjean, qui se trouvait là, soutint de l'épaule la cariatide et donna le temps aux ouvriers d'arriver.

Sa souplesse dépassait encore sa vigueur. Certains forçats, rêveurs perpétuels d'évasions, finissent par faire de la force et de l'adresse combinées une véritable science. C'est la science des muscles. Toute une statique mystérieuse est quotidiennement pratiquée par les prisonniers, ces éternels envieux des mouches et des oiseaux. Gravir une verticale, et trouver des points d'appui là où l'on voit à peine une saillie, était un jeu pour Jean Valjean. Étant donné un angle de mur, avec la tension de son dos et de ses jarrets, avec ses coudes et ses talons emboîtés dans les aspérités de la pierre, il se hissait comme magiquement à un troisième étage. Quelquefois il montait ainsi jusqu'au toit du bagne.

Il parlait peu. Il ne riait pas. Il fallait quelque émotion extrême pour lui arracher, une ou deux fois l'an, ce lugubre rire du forçat qui est comme un écho du rire du démon. À le voir, il semblait occupé à regarder continuellement quelque chose de terrible.

Il était absorbé en effet.

À travers les perceptions maladives d'une nature incomplète et d'une intelligence accablée, il sentait confusément qu'une chose monstrueuse était sur lui. Dans cette pénombre obscure et blafarde où il rampait, chaque fois qu'il tournait le cou et qu'il essayait d'élever son regard, il voyait, avec une terreur mêlée de rage, s'échafauder, s'étager et monter à perte de vue au-dessus de lui, avec des escarpements horribles, une sorte d'entassement effrayant de choses, de lois, de préjugés, d'hommes et de faits, dont les contours lui échappaient, dont la masse l'épouvantait, et qui n'était autre chose que cette prodigieuse pyramide que nous appelons la civilisation. Il distinguait çà et là dans cet ensemble fourmillant et difforme, tantôt près de lui, tantôt loin et sur des plateaux inaccessibles, quelque groupe, quelque détail vivement éclairé, ici l'argousin et son bâton, ici le gendarme et son sabre, là-bas l'archevêque mitré, tout en haut, dans une sorte de soleil, l'empereur couronné et éblouissant. Il lui semblait que ces splendeurs lointaines, loin de dissiper sa nuit, la rendaient plus funèbre et plus noire. Tout cela, lois, préjugés, faits, hommes, choses, allait et venait au-dessus de lui, selon le mouvement compliqué et mystérieux que Dieu imprime à la civilisation, marchant sur lui et l'écrasant avec je ne sais quoi de paisible dans la cruauté et d'inexorable dans l'indifférence. Âmes tombées au fond de l'infortune possible, malheureux hommes perdus au plus bas de ces limbes où l'on ne regarde plus, les réprouvés de la loi sentent peser de tout son poids sur leur tête cette société humaine, si formidable pour qui est dehors, si effroyable pour qui est dessous.

Dans cette situation, Jean Valjean songeait, et quelle pouvait être la nature de sa rêverie?

Si le grain de mil sous la meule avait des pensées, il penserait sans doute ce que pensait Jean Valjean.

Toutes ces choses, réalités pleines de spectres, fantasmagories pleines de réalités, avaient fini par lui créer une sorte d'état intérieur presque inexprimable.

Par moments, au milieu de son travail du bagne, il s'arrêtait. Il se mettait à penser. Sa raison, à la fois plus mûre et plus troublée qu'autrefois, se révoltait. Tout ce qui lui était arrivé lui paraissait absurde; tout ce qui l'entourait lui paraissait impossible. Il se disait: c'est un rêve. Il regardait l'argousin debout à quelques pas de lui; l'argousin lui semblait un fantôme; tout à coup le fantôme lui donnait un coup de bâton.

La nature visible existait à peine pour lui. Il serait presque vrai de dire qu'il n'y avait point pour Jean Valjean de soleil, ni de beaux jours d'été, ni de ciel rayonnant, ni de fraîches aubes d'avril. Je ne sais quel jour de soupirail éclairait habituellement son âme.

Pour résumer, en terminant, ce qui peut être résumé et traduit en résultats positifs dans tout ce que nous venons d'indiquer, nous nous bornerons à constater qu'en dix-neuf ans, Jean Valjean, l'inoffensif émondeur de Faverolles, le redoutable galérien de Toulon, était devenu capable, grâce à la manière dont le bagne l'avait façonné, de deux espèces de mauvaises actions: premièrement, d'une mauvaise action rapide, irréfléchie, pleine d'étourdissement, toute d'instinct, sorte de représaille pour le mal souffert; deuxièmement, d'une mauvaise action grave, sérieuse, débattue en conscience et méditée avec les idées fausses que peut donner un pareil malheur. Ses préméditations passaient par les trois phases successives que les natures d'une certaine trempe peuvent seules parcourir, raisonnement, volonté, obstination. Il avait pour mobiles l'indignation habituelle, l'amertume de l'âme, le profond sentiment des iniquités subies, la réaction, même contre les bons, les innocents et les justes, s'il y en a. Le point de départ comme le point d'arrivée de toutes ses pensées était la haine de la loi humaine; cette haine qui, si elle n'est arrêtée dans son développement par quelque incident providentiel, devient, dans un temps donné, la haine de la société, puis la haine du genre humain, puis la haine de la création, et se traduit par un vague et incessant et brutal désir de nuire, n'importe à qui, à un être vivant quelconque. Comme on voit, ce n'était pas sans raison que le passeport qualifiait Jean Valjean d'*homme très dangereux*.

D'année en année, cette âme s'était desséchée de plus en plus, lentement, mais fatalement. À cœur sec, œil sec. À sa sortie du bagne, il y avait dix-neuf ans qu'il n'avait versé une larme.

Chapitre VIII
L'onde et l'ombre

Un homme à la mer!

Qu'importe! le navire ne s'arrête pas. Le vent souffle, ce sombre navire-là a une route qu'il est forcé de continuer. Il passe.

L'homme disparaît, puis reparaît, il plonge et remonte à la surface, il appelle, il tend les bras, on ne l'entend pas; le navire, frissonnant sous l'ouragan, est tout à sa manœuvre, les matelots et les passagers ne voient même plus l'homme submergé; sa misérable tête n'est qu'un point dans l'énormité des vagues. Il jette des cris désespérés dans les profondeurs. Quel spectre que cette voile qui s'en va! Il la regarde, il la regarde frénétiquement. Elle s'éloigne, elle blêmit, elle décroît. Il était là tout à l'heure, il était de l'équipage, il allait et venait sur le pont avec les autres, il avait sa part de respiration et de soleil, il était un vivant. Maintenant, que s'est-il donc passé? Il a glissé, il est tombé, c'est fini.

Il est dans l'eau monstrueuse. Il n'a plus sous les pieds que de la fuite et de l'écroulement. Les flots déchirés et déchiquetés par le vent l'environnent hideusement, les roulis de l'abîme l'emportent, tous les haillons de l'eau s'agitent autour de sa tête, une populace de vagues crache sur lui, de confuses ouvertures le dévorent à demi; chaque fois qu'il enfonce, il entrevoit des précipices pleins de nuit; d'affreuses végétations inconnues le saisissent, lui nouent les pieds, le tirent à elles; il sent qu'il devient abîme, il fait partie de l'écume, les flots se le jettent de l'un à l'autre, il boit l'amertume, l'océan lâche s'acharne à le noyer, l'énormité joue avec son agonie. Il semble que toute cette eau soit de la haine.

Il lutte pourtant, il essaie de se défendre, il essaie de se soutenir, il fait effort, il nage. Lui, cette pauvre force tout de suite épuisée, il combat l'inépuisable.

Où donc est le navire? Là-bas. À peine visible dans les pâles ténèbres de l'horizon.

Les rafales soufflent; toutes les écumes l'accablent. Il lève les yeux et ne voit que les lividités des nuages. Il assiste, agonisant, à l'immense démence de la mer. Il est supplicié par cette folie. Il entend des bruits étrangers à l'homme qui semblent venir d'au delà de la terre et d'on ne sait quel dehors effrayant.

Il y a des oiseaux dans les nuées, de même qu'il y a des anges au-dessus des détresses humaines, mais que peuvent-ils pour lui? Cela vole, chante et plane, et lui, il râle.

Il se sent enseveli à la fois par ces deux infinis, l'océan et le ciel; l'un est une tombe, l'autre est un linceul.

La nuit descend, voilà des heures qu'il nage, ses forces sont à bout; ce navire, cette chose lointaine où il y avait des hommes, s'est effacé; il est seul dans le formidable gouffre crépusculaire, il enfonce, il se roidit, il se tord, il sent au-dessous de lui les vagues monstres de l'invisible; il appelle.

Il n'y a plus d'hommes. Où est Dieu?

Il appelle. Quelqu'un! quelqu'un! Il appelle toujours.

Rien à l'horizon. Rien au ciel.

Il implore l'étendue, la vague, l'algue, l'écueil; cela est sourd. Il supplie la tempête; la tempête imperturbable n'obéit qu'à l'infini.

Autour de lui, l'obscurité, la brume, la solitude, le tumulte orageux et inconscient, le plissement indéfini des eaux farouches. En lui l'horreur et la fatigue. Sous lui la chute. Pas de point d'appui. Il songe aux aventures ténébreuses du cadavre dans l'ombre illimitée. Le froid sans fond le paralyse. Ses mains se crispent et se ferment et prennent du néant. Vents, nuées, tourbillons, souffles, étoiles inutiles! Que faire? Le désespéré s'abandonne, qui est las prend le parti de mourir, il se laisse faire, il se laisse aller, il lâche prise, et le voilà qui roule à jamais dans les profondeurs lugubres de l'engloutissement.

Ô marche implacable des sociétés humaines! Pertes d'hommes et d'âmes chemin faisant! Océan où tombe tout ce que laisse tomber la loi! Disparition sinistre du secours! ô mort morale!

La mer, c'est l'inexorable nuit sociale où la pénalité jette ses damnés. La mer, c'est l'immense misère.

L'âme, à vau-l'eau dans ce gouffre, peut devenir un cadavre. Qui la ressuscitera?

Chapitre IX
Nouveaux griefs

Quand vint l'heure de la sortie du bagne, quand Jean Valjean entendit à son oreille ce mot étrange: *tu es libre*! le moment fut invraisemblable et inouï, un rayon de vive lumière, un rayon de la vraie lumière des vivants pénétra subitement en lui. Mais ce rayon ne tarda point à pâlir. Jean Valjean avait été ébloui de l'idée de la liberté. Il avait cru à une vie nouvelle. Il vit bien vite ce que c'était qu'une liberté à laquelle on donne un passeport jaune.

Et autour de cela bien des amertumes. Il avait calculé que sa masse, pendant son séjour au bagne, aurait dû s'élever à cent soixante et onze francs. Il est juste d'ajouter qu'il avait oublié de faire entrer dans ses calculs le repos forcé des dimanches et fêtes qui, pour dix-neuf ans, entraînait une diminution de vingt-quatre francs environ. Quoi qu'il en fût, cette masse avait été réduite, par diverses retenues locales, à la somme de cent neuf francs quinze sous, qui lui avait été comptée à sa sortie.

Il n'y avait rien compris, et se croyait lésé. Disons le mot, volé.

Le lendemain de sa libération, à Grasse, il vit devant la porte d'une distillerie de fleurs d'oranger des hommes qui déchargeaient des ballots. Il offrit ses services. La besogne pressait, on les accepta. Il se mit à l'ouvrage. Il était intelligent, robuste et adroit; il faisait de son mieux; le maître paraissait content. Pendant qu'il travaillait, un gendarme passa, le remarqua, et lui demanda ses papiers. Il fallut montrer le passeport jaune. Cela fait, Jean Valjean reprit son travail. Un peu auparavant, il avait questionné l'un des ouvriers sur ce qu'ils gagnaient à cette besogne par jour; on lui avait répondu: *trente sous*. Le soir venu, comme il était forcé de repartir le lendemain matin, il se présenta devant le maître de la distillerie et le pria de le payer. Le maître ne proféra pas une parole, et lui remit vingt-cinq sous. Il réclama. On lui répondit: cela est assez bon pour toi. Il insista. Le maître le regarda entre les deux yeux et lui dit: *Gare le bloc*.

Là encore il se considéra comme volé.

La société, l'état, en lui diminuant sa masse, l'avait volé en grand. Maintenant, c'était le tour de l'individu qui le volait en petit.

Libération n'est pas délivrance. On sort du bagne, mais non de la condamnation. Voilà ce qui lui était arrivé à Grasse. On a vu de quelle façon il avait été accueilli à Digne.

Chapitre X
L'homme réveillé

Donc, comme deux heures du matin sonnaient à l'horloge de la cathédrale, Jean Valjean se réveilla.

Ce qui le réveilla, c'est que le lit était trop bon. Il y avait vingt ans bientôt qu'il n'avait couché dans un lit, et quoiqu'il ne se fût pas déshabillé, la sensation était trop nouvelle pour ne pas troubler son sommeil.

Il avait dormi plus de quatre heures. Sa fatigue était passée. Il était accoutumé à ne pas donner beaucoup d'heures au repos.

Il ouvrit les yeux et regarda un moment dans l'obscurité autour de lui, puis il les referma pour se rendormir.

Quand beaucoup de sensations diverses ont agité la journée, quand des choses préoccupent l'esprit, on s'endort, mais on ne se rendort pas. Le sommeil vient plus aisément qu'il ne revient. C'est ce qui arriva à Jean Valjean. Il ne put se rendormir, et il se mit à penser.

Il était dans un de ces moments où les idées qu'on a dans l'esprit sont troubles. Il avait une sorte de va-et-vient obscur dans le cerveau. Ses souvenirs anciens et ses souvenirs immédiats y flottaient pêle-mêle et s'y croisaient confusément, perdant leurs formes, se grossissant démesurément, puis disparaissant tout à coup comme dans une eau fangeuse et agitée. Beaucoup de pensées lui venaient, mais il y en avait une qui se représentait continuellement et qui chassait toutes les autres. Cette pensée, nous allons la dire tout de suite:—Il avait remarqué les six couverts d'argent et la grande cuiller que madame Magloire avait posés sur la table.

Ces six couverts d'argent l'obsédaient.—Ils étaient là.—À quelques pas.—À l'instant où il avait traversé la chambre d'à côté pour venir dans celle où il était, la vieille servante les mettait dans un petit placard à la tête du lit.—Il avait bien remarqué ce placard.—À droite, en entrant par la salle à manger.—Ils étaient massifs.—Et de vieille argenterie.—Avec la grande cuiller, on en tirerait au moins deux cents francs.—Le double de ce qu'il avait gagné en dix-neuf ans.—Il est vrai qu'il eût gagné davantage si l'*administration* ne l'avait pas *volé*.

Son esprit oscilla toute une grande heure dans des fluctuations auxquelles se mêlait bien quelque lutte. Trois heures sonnèrent. Il rouvrit les yeux, se dressa brusquement sur son séant, étendit le bras et tâta son havresac qu'il avait jeté dans le coin de l'alcôve, puis il laissa pendre ses jambes et poser ses pieds à terre, et se trouva, presque sans savoir comment, assis sur son lit.

Il resta un certain temps rêveur dans cette attitude qui eût eu quelque chose de sinistre pour quelqu'un qui l'eût aperçu ainsi dans cette ombre, seul éveillé dans la maison endormie. Tout à coup il se baissa, ôta ses souliers et les posa doucement sur la natte près du lit, puis il reprit sa posture de rêverie et redevint immobile.

Au milieu de cette méditation hideuse, les idées que nous venons d'indiquer remuaient sans relâche son cerveau, entraient, sortaient, rentraient, faisaient sur lui une sorte de pesée; et puis il songeait aussi, sans savoir pourquoi, et avec cette obstination machinale de la rêverie, à un forçat nommé Brevet qu'il avait connu au bagne, et dont le pantalon n'était retenu que par une seule bretelle de coton tricoté. Le dessin en damier de cette bretelle lui revenait sans cesse à l'esprit.

Il demeurait dans cette situation, et y fût peut-être resté indéfiniment jusqu'au lever du jour, si l'horloge n'eût sonné un coup—le quart ou la demie. Il sembla que ce coup lui eût dit: allons!

Il se leva debout, hésita encore un moment, et écouta; tout se taisait dans la maison; alors il marcha droit et à petits pas vers la fenêtre qu'il entrevoyait. La nuit n'était pas très obscure; c'était une pleine lune sur laquelle couraient de larges nuées chassées par le vent. Cela faisait au dehors des alternatives d'ombre et de clarté, des éclipses, puis des éclaircies, et au dedans une sorte de crépuscule. Ce crépuscule, suffisant pour qu'on pût se guider, intermittent à cause des nuages, ressemblait à l'espèce de lividité qui tombe d'un soupirail de cave devant lequel vont et viennent des passants. Arrivé à la fenêtre, Jean Valjean l'examina. Elle était sans barreaux, donnait sur le jardin et n'était fermée, selon la mode du pays, que d'une petite clavette. Il l'ouvrit, mais, comme un air froid et vif entra brusquement dans la chambre, il la referma tout de suite. Il regarda le jardin de ce regard attentif qui étudie plus encore qu'il ne regarde. Le jardin était enclos d'un mur blanc assez bas, facile à escalader. Au fond, au-delà, il distingua des têtes d'arbres également espacées, ce qui indiquait que ce mur séparait le jardin d'une avenue ou d'une ruelle plantée.

Ce coup d'œil jeté, il fit le mouvement d'un homme déterminé, marcha à son alcôve, prit son havresac, l'ouvrit, le fouilla, en tira quelque chose qu'il posa sur le lit, mit ses souliers dans une des poches, referma le tout, chargea le sac sur ses épaules, se couvrit de sa casquette dont il baissa la visière sur ses yeux, chercha son bâton en tâtonnant, et l'alla poser dans l'angle de la fenêtre, puis revint au lit et saisit résolument l'objet qu'il y avait déposé. Cela ressemblait à une barre de fer courte, aiguisée comme un épieu à l'une de ses extrémités.

Il eût été difficile de distinguer dans les ténèbres pour quel emploi avait pu être façonné ce morceau de fer. C'était peut-être un levier? C'était peut-être une massue?

Au jour on eût pu reconnaître que ce n'était autre chose qu'un chandelier de mineur. On employait alors quelquefois les forçats à extraire de la roche des hautes collines qui environnent Toulon, et il n'était pas rare qu'ils eussent à leur disposition des outils de mineur. Les chandeliers des mineurs sont en fer massif, terminés à leur extrémité inférieure par une pointe au moyen de laquelle on les enfonce dans le rocher.

Il prit ce chandelier dans sa main droite, et retenant son haleine, assourdissant son pas, il se dirigea vers la porte de la chambre voisine, celle de l'évêque, comme on sait. Arrivé à cette porte, il la trouva entrebâillée. L'évêque ne l'avait point fermée.

Chapitre XI
Ce qu'il fait

Jean Valjean écouta. Aucun bruit.

Il poussa la porte.

Il la poussa du bout du doigt, légèrement, avec cette douceur furtive et inquiète d'un chat qui veut entrer.

La porte céda à la pression et fit un mouvement imperceptible et silencieux qui élargit un peu l'ouverture.

Il attendit un moment, puis poussa la porte une seconde fois, plus hardiment. Elle continua de céder en silence. L'ouverture était assez grande maintenant pour qu'il pût passer. Mais il y avait près de la porte une petite table qui faisait avec elle un angle gênant et qui barrait l'entrée.

Jean Valjean reconnut la difficulté. Il fallait à toute force que l'ouverture fût encore élargie.

Il prit son parti, et poussa une troisième fois la porte, plus énergiquement que les deux premières. Cette fois il y eut un gond mal huilé qui jeta tout à coup dans cette obscurité un cri rauque et prolongé.

Jean Valjean tressaillit. Le bruit de ce gond sonna dans son oreille avec quelque chose d'éclatant et de formidable comme le clairon du jugement dernier. Dans les grossissements fantastiques de la première minute, il se figura presque que ce gond venait de s'animer et de prendre tout à coup une vie terrible, et qu'il aboyait comme un chien pour avertir tout le monde et réveiller les gens endormis.

Il s'arrêta, frissonnant, éperdu, et retomba de la pointe du pied sur le talon. Il entendait ses artères battre dans ses tempes comme deux marteaux de forge, et il lui semblait que son souffle sortait de sa poitrine avec le bruit du vent qui sort d'une caverne. Il lui paraissait impossible que l'horrible clameur de ce gond irrité n'eût pas ébranlé toute la maison comme une secousse de tremblement de terre; la porte, poussée par lui, avait pris l'alarme et avait appelé; le vieillard allait se lever, les deux vieilles femmes allaient crier, on viendrait à l'aide; avant un quart d'heure, la ville serait en rumeur et la gendarmerie sur pied. Un moment il se crut perdu.

Il demeura où il était, pétrifié comme la statue de sel, n'osant faire un mouvement.

Quelques minutes s'écoulèrent. La porte s'était ouverte toute grande. Il se hasarda à regarder dans la chambre. Rien n'y avait bougé. Il prêta l'oreille. Rien ne remuait dans la maison. Le bruit du gond rouillé n'avait éveillé personne. Ce premier danger était passé, mais il y avait encore en lui un affreux tumulte. Il ne recula pas pourtant. Même quand il s'était cru perdu, il n'avait pas reculé. Il ne songea plus qu'à finir vite. Il fit un pas et entra dans la chambre.

Cette chambre était dans un calme parfait. On y distinguait çà et là des formes confuses et vagues qui, au jour, étaient des papiers épars sur une table, des in-folio ouverts, des volumes empilés sur un tabouret, un fauteuil chargé de vêtements, un prie-Dieu, et qui à cette heure n'étaient plus que des coins ténébreux et des places blanchâtres. Jean Valjean avança avec précaution en évitant de se heurter aux meubles. Il entendait au fond de la chambre la respiration égale et tranquille de l'évêque endormi.

Il s'arrêta tout à coup. Il était près du lit. Il y était arrivé plus tôt qu'il n'aurait cru.

La nature mêle quelquefois ses effets et ses spectacles à nos actions avec une espèce d'à-propos sombre et intelligent, comme si elle voulait nous faire réfléchir. Depuis près d'une demi-heure un grand nuage couvrait le ciel. Au moment où Jean Valjean s'arrêta en face du lit, ce nuage se déchira, comme s'il l'eût fait exprès, et un rayon de lune, traversant la longue fenêtre, vint éclairer subitement le visage pâle de l'évêque. Il dormait paisiblement. Il était presque vêtu dans son lit, à cause des nuits froides des Basses-Alpes, d'un vêtement de laine brune qui lui couvrait les bras jusqu'aux poignets. Sa tête était renversée sur l'oreiller dans l'attitude abandonnée du repos; il laissait pendre hors du lit sa main ornée de l'anneau pastoral et d'où étaient tombées tant de bonnes œuvres et de saintes actions. Toute sa face s'illuminait d'une vague expression de satisfaction, d'espérance et de béatitude. C'était plus qu'un sourire et presque un rayonnement. Il y avait sur son front l'inexprimable réverbération d'une lumière qu'on ne voyait pas. L'âme des justes pendant le sommeil contemple un ciel mystérieux.

Un reflet de ce ciel était sur l'évêque.

C'était en même temps une transparence lumineuse, car ce ciel était au dedans de lui. Ce ciel, c'était sa conscience.

Au moment où le rayon de lune vint se superposer, pour ainsi dire, à cette clarté intérieure, l'évêque endormi apparut comme dans une gloire. Cela pourtant resta doux et voilé d'un demi-jour ineffable. Cette lune dans le ciel, cette nature assoupie, ce jardin sans un frisson, cette maison si calme, l'heure, le moment, le silence, ajoutaient je ne sais quoi de solennel et d'indicible au vénérable repos de ce sage, et enveloppaient d'une sorte d'auréole majestueuse et sereine ces cheveux blancs et ces yeux fermés, cette figure où tout était espérance et où tout était confiance, cette tête de vieillard et ce sommeil d'enfant.

Il y avait presque de la divinité dans cet homme ainsi auguste à son insu. Jean Valjean, lui, était dans l'ombre, son chandelier de fer à la main, debout, immobile, effaré de ce vieillard lumineux. Jamais il n'avait rien vu de pareil. Cette confiance l'épouvantait. Le monde moral n'a pas de plus grand spectacle que celui-là: une conscience troublée et inquiète, parvenue au bord d'une mauvaise action, et contemplant le sommeil d'un juste.

Ce sommeil, dans cet isolement, et avec un voisin tel que lui, avait quelque chose de sublime qu'il sentait vaguement, mais impérieusement.

Nul n'eût pu dire ce qui se passait en lui, pas même lui. Pour essayer de s'en rendre compte, il faut rêver ce qu'il y a de plus violent en présence de ce qu'il y a de plus doux. Sur son visage même on n'eût rien pu distinguer avec certitude. C'était une sorte d'étonnement hagard. Il regardait cela. Voilà tout. Mais quelle était sa pensée? Il eût été impossible de le deviner. Ce qui était évident, c'est qu'il était ému et bouleversé. Mais de quelle nature était cette émotion?

Son œil ne se détachait pas du vieillard. La seule chose qui se dégageât clairement de son attitude et de sa physionomie, c'était une étrange indécision. On eût dit qu'il hésitait entre les deux abîmes, celui où l'on se perd et celui où l'on se sauve. Il semblait prêt à briser ce crâne ou à baiser cette main.

Au bout de quelques instants, son bras gauche se leva lentement vers son front, et il ôta sa casquette, puis son bras retomba avec la même lenteur, et Jean Valjean rentra dans sa contemplation, sa casquette dans la main gauche, sa massue dans la main droite, ses cheveux hérissés sur sa tête farouche.

L'évêque continuait de dormir dans une paix profonde sous ce regard effrayant. Un reflet de lune faisait confusément visible au-dessus de la cheminée le crucifix qui semblait leur ouvrir les bras à tous les deux, avec une bénédiction pour l'un et un pardon pour l'autre.

Tout à coup Jean Valjean remit sa casquette sur son front, puis marcha rapidement, le long du lit, sans regarder l'évêque, droit au placard qu'il entrevoyait près du chevet; il leva le chandelier de fer comme pour forcer la serrure; la clef y était; il l'ouvrit; la première chose qui lui apparut fut le panier d'argenterie; il le prit, traversa la chambre à grands pas sans précaution et sans s'occuper du bruit, gagna la porte, rentra dans l'oratoire, ouvrit la fenêtre, saisit un bâton, enjamba l'appui du rez-de-chaussée, mit l'argenterie dans son sac, jeta le panier, franchit le jardin, sauta par-dessus le mur comme un tigre, et s'enfuit.

Chapitre XIII
Petit-Gervais

Jean Valjean sortit de la ville comme s'il s'échappait. Il se mit à marcher en toute hâte dans les champs, prenant les chemins et les sentiers qui se présentaient sans s'apercevoir qu'il revenait à chaque instant sur ses pas. Il erra ainsi toute la matinée, n'ayant pas mangé et n'ayant pas faim. Il était en proie à une foule de sensations nouvelles. Il se sentait une sorte de colère; il ne savait contre qui. Il n'eût pu dire s'il était touché ou humilié. Il lui venait par moments un attendrissement étrange qu'il combattait et auquel il opposait l'endurcissement de ses vingt dernières années. Cet état le fatiguait. Il voyait avec inquiétude s'ébranler au dedans de lui l'espèce de calme affreux que l'injustice de son malheur lui avait donné. Il se demandait qu'est-ce qui remplacerait cela. Parfois il eût vraiment mieux aimé être en prison avec les gendarmes, et que les choses ne se fussent point passées ainsi; cela l'eût moins agité. Bien que la saison fut assez avancée, il y avait encore çà et là dans les haies quelques fleurs tardives dont l'odeur, qu'il traversait en marchant, lui rappelait des souvenirs d'enfance. Ces souvenirs lui étaient presque insupportables, tant il y avait longtemps qu'ils ne lui étaient apparus.

Des pensées inexprimables s'amoncelèrent ainsi en lui toute la journée.

Comme le soleil déclinait au couchant, allongeant sur le sol l'ombre du moindre caillou, Jean Valjean était assis derrière un buisson dans une grande plaine rousse absolument déserte. Il n'y avait à l'horizon que les Alpes. Pas même le clocher d'un village lointain. Jean Valjean pouvait être à trois lieues de Digne. Un sentier qui coupait la plaine passait à quelques pas du buisson.

Au milieu de cette méditation qui n'eût pas peu contribué à rendre ses haillons effrayants pour quelqu'un qui l'eût rencontré, il entendit un bruit joyeux.

Il tourna la tête, et vit venir par le sentier un petit savoyard d'une dizaine d'années qui chantait, sa vielle au flanc et sa boîte à marmotte sur le dos; un de ces doux et gais enfants qui vont de pays en pays, laissant voir leurs genoux par les trous de leur pantalon.

Tout en chantant l'enfant interrompait de temps en temps sa marche et jouait aux osselets avec quelques pièces de monnaie qu'il avait dans sa main, toute sa fortune probablement. Parmi cette monnaie il y avait une pièce de quarante sous. L'enfant s'arrêta à côté du buisson sans voir Jean Valjean et fit sauter sa poignée de sous que jusque-là il avait reçue avec assez d'adresse tout entière sur le dos de sa main.

Cette fois la pièce de quarante sous lui échappa, et vint rouler vers la broussaille jusqu'à Jean Valjean.

Jean Valjean posa le pied dessus.

Cependant l'enfant avait suivi sa pièce du regard, et l'avait vu.

Il ne s'étonna point et marcha droit à l'homme.

C'était un lieu absolument solitaire. Aussi loin que le regard pouvait s'étendre, il n'y avait personne dans la plaine ni dans le sentier. On n'entendait que les petits cris faibles d'une nuée d'oiseaux de passage qui traversaient le ciel à une hauteur immense. L'enfant tournait le dos au soleil qui lui mettait des fils d'or dans les cheveux et qui empourprait d'une lueur sanglante la face sauvage de Jean Valjean.

—Monsieur, dit le petit savoyard, avec cette confiance de l'enfance qui se compose d'ignorance et d'innocence,—ma pièce?

—Comment t'appelles-tu? dit Jean Valjean.

—Petit-Gervais, monsieur.

—Va-t'en, dit Jean Valjean.

—Monsieur, reprit l'enfant, rendez-moi ma pièce.

Jean Valjean baissa la tête et ne répondit pas.

L'enfant recommença:

—Ma pièce, monsieur!

L'œil de Jean Valjean resta fixé à terre.

—Ma pièce! cria l'enfant, ma pièce blanche! mon argent! Il semblait que Jean Valjean n'entendit point. L'enfant le prit au collet de sa blouse et le secoua. Et en même temps il faisait effort pour déranger le gros soulier ferré posé sur son trésor.

—Je veux ma pièce! ma pièce de quarante sous!

L'enfant pleurait. La tête de Jean Valjean se releva. Il était toujours assis. Ses yeux étaient troubles. Il considéra l'enfant avec une sorte d'étonnement, puis il étendit la main vers son bâton et cria d'une voix terrible:

—Qui est là?

—Moi, monsieur, répondit l'enfant. Petit-Gervais! moi! moi! Rendez-moi mes quarante sous, s'il vous plaît! Ôtez votre pied, monsieur, s'il vous plaît!

Puis irrité, quoique tout petit, et devenant presque menaçant:

—Ah, çà, ôterez-vous votre pied? Ôtez donc votre pied, voyons.

—Ah! c'est encore toi! dit Jean Valjean, et se dressant brusquement tout debout, le pied toujours sur la pièce d'argent, il ajouta:—Veux-tu bien te sauver!

L'enfant effaré le regarda, puis commença à trembler de la tête aux pieds, et, après quelques secondes de stupeur, se mit à s'enfuir en courant de toutes ses forces sans oser tourner le cou ni jeter un cri.

Cependant à une certaine distance l'essoufflement le força de s'arrêter, et Jean Valjean, à travers sa rêverie, l'entendit qui sanglotait.

Au bout de quelques instants l'enfant avait disparu. Le soleil s'était couché. L'ombre se faisait autour de Jean Valjean. Il n'avait pas mangé de la journée; il est probable qu'il avait la fièvre.

Il était resté debout, et n'avait pas changé d'attitude depuis que l'enfant s'était enfui. Son souffle soulevait sa poitrine à des intervalles longs et inégaux. Son regard, arrêté à dix ou douze pas devant lui, semblait étudier avec une attention profonde la forme d'un vieux tesson de faïence bleue tombé dans l'herbe. Tout à coup il tressaillit; il venait de sentir le froid du soir.

Il raffermit sa casquette sur son front, chercha machinalement à croiser et à boutonner sa blouse, fit un pas, et se baissa pour reprendre à terre son bâton. En ce moment il aperçut la pièce de quarante sous que son pied avait à demi enfoncée dans la terre et qui brillait parmi les cailloux.

Ce fut comme une commotion galvanique. Qu'est-ce que c'est que ça? dit-il entre ses dents. Il recula de trois pas, puis s'arrêta, sans pouvoir détacher son regard de ce point que son pied avait foulé l'instant d'auparavant, comme si cette chose qui luisait là dans l'obscurité eût été un œil ouvert fixé sur lui.

Au bout de quelques minutes, il s'élança convulsivement vers la pièce d'argent, la saisit, et, se redressant, se mit à regarder au loin dans la plaine, jetant à la fois ses yeux vers tous les points de l'horizon, debout et frissonnant comme une bête fauve effarée qui cherche un asile.

Il ne vit rien. La nuit tombait, la plaine était froide et vague, de grandes brumes violettes montaient dans la clarté crépusculaire.

Il dit: «Ah!» et se mit à marcher rapidement dans une certaine direction, du côté où l'enfant avait disparu. Après une centaine de pas, il s'arrêta, regarda, et ne vit rien.

Alors il cria de toute sa force: «Petit-Gervais! Petit-Gervais!»

Il se tut, et attendit.

Rien ne répondit.

La campagne était déserte et morne. Il était environné de l'étendue. Il n'y avait rien autour de lui qu'une ombre où se perdait son regard et un silence où sa voix se perdait.

Une bise glaciale soufflait, et donnait aux choses autour de lui une sorte de vie lugubre. Des arbrisseaux secouaient leurs petits bras maigres avec une furie incroyable. On eût dit qu'ils menaçaient et poursuivaient quelqu'un.

Il recommença à marcher, puis il se mit à courir, et de temps en temps il s'arrêtait, et criait dans cette solitude, avec une voix qui était ce qu'on pouvait entendre de plus formidable et de plus désolé: «Petit-Gervais! Petit-Gervais!»

Certes, si l'enfant l'eût entendu, il eût eu peur et se fût bien gardé de se montrer. Mais l'enfant était sans doute déjà bien loin.

Il rencontra un prêtre qui était à cheval. Il alla à lui et lui dit:

—Monsieur le curé, avez-vous vu passer un enfant?

—Non, dit le prêtre.

—Un nommé Petit-Gervais?

—Je n'ai vu personne.

Il tira deux pièces de cinq francs de sa sacoche et les remit au prêtre.

—Monsieur le curé, voici pour vos pauvres.—Monsieur le curé, c'est un petit d'environ dix ans qui a une marmotte, je crois, et une vielle. Il allait. Un de ces savoyards, vous savez?

—Je ne l'ai point vu.

—Petit-Gervais? il n'est point des villages d'ici? pouvez-vous me dire?

—Si c'est comme vous dites, mon ami, c'est un petit enfant étranger. Cela passe dans le pays. On ne les connaît pas.

Jean Valjean prit violemment deux autres écus de cinq francs qu'il donna au prêtre.

—Pour vos pauvres, dit-il.

Puis il ajouta avec égarement:

—Monsieur l'abbé, faites-moi arrêter. Je suis un voleur.

Le prêtre piqua des deux et s'enfuit très effrayé.

Jean Valjean se remit à courir dans la direction qu'il avait d'abord prise.

Il fit de la sorte un assez long chemin, regardant, appelant, criant, mais il ne rencontra plus personne. Deux ou trois fois il courut dans la plaine vers quelque chose qui lui faisait l'effet d'un être couché ou accroupi; ce n'étaient que des broussailles ou des roches à fleur de terre. Enfin, à un endroit où trois sentiers se croisaient, il s'arrêta. La lune s'était levée. Il promena sa vue au loin et appela une dernière fois: «Petit-Gervais! Petit-Gervais! Petit-Gervais!» Son cri s'éteignit dans la brume, sans même éveiller un écho. Il murmura encore: «Petit-Gervais!» mais d'une voix faible et presque inarticulée. Ce fut là son dernier effort; ses jarrets fléchirent brusquement sous lui comme si une puissance invisible l'accablait tout à coup du poids de sa mauvaise conscience; il tomba épuisé sur une grosse pierre, les poings dans ses cheveux et le visage dans ses genoux, et il cria: «Je suis un misérable!»

Alors son cœur creva et il se mit à pleurer. C'était la première fois qu'il pleurait depuis dix-neuf ans.

Quand Jean Valjean était sorti de chez l'évêque, on l'a vu, il était hors de tout ce qui avait été sa pensée jusque-là. Il ne pouvait se rendre compte de ce qui se passait en lui. Il se raidissait contre l'action angélique et contre les douces paroles du vieillard. «Vous m'avez promis de devenir honnête homme. Je vous achète votre âme. Je la retire à l'esprit de perversité et je la donne au bon Dieu.» Cela lui revenait sans cesse. Il opposait à cette indulgence céleste l'orgueil, qui est en nous comme la forteresse du mal. Il sentait indistinctement que le pardon de ce prêtre était le plus grand assaut et la plus formidable attaque dont il eût encore été ébranlé; que son endurcissement serait définitif s'il résistait à cette clémence; que, s'il cédait, il faudrait renoncer à cette haine dont les actions des autres hommes avaient rempli son âme pendant tant d'années, et qui lui plaisait; que cette fois il fallait vaincre ou être vaincu, et que la lutte, une lutte colossale et décisive, était engagée entre sa méchanceté à lui et la bonté de cet homme.

En présence de toutes ces lueurs, il allait comme un homme ivre. Pendant qu'il marchait ainsi, les yeux hagards, avait-il une perception distincte de ce qui pourrait résulter pour lui de son aventure à Digne? Entendait-il tous ces bourdonnements mystérieux qui avertissent ou importunent l'esprit à de certains moments de la vie? Une voix lui disait-elle à l'oreille qu'il venait de traverser l'heure solennelle de sa destinée, qu'il n'y avait plus de milieu pour lui, que si désormais il n'était pas le meilleur des hommes il en serait le pire, qu'il fallait pour ainsi dire que maintenant il montât plus haut que l'évêque ou retombât plus bas que le galérien, que s'il voulait devenir bon il fallait qu'il devînt ange; que s'il voulait rester méchant il fallait qu'il devînt monstre?

Ici encore il faut se faire ces questions que nous nous sommes déjà faites ailleurs, recueillait-il confusément quelque ombre de tout ceci dans sa pensée? Certes, le malheur, nous l'avons dit, fait l'éducation de l'intelligence; cependant il est douteux que Jean Valjean fût en état de démêler tout ce que nous indiquons ici. Si ces idées lui arrivaient, il les entrevoyait plutôt qu'il ne les voyait, et elles ne réussissaient qu'à le jeter dans un trouble insupportable et presque douloureux. Au sortir de cette chose difforme et noire qu'on appelle le bagne, l'évêque lui avait fait mal à l'âme comme une clarté trop vive lui eût fait mal aux yeux en sortant des ténèbres. La vie future, la vie possible qui s'offrait désormais à lui toute pure et toute rayonnante le remplissait de frémissements et d'anxiété. Il ne savait vraiment plus où il en était. Comme une chouette qui verrait brusquement se lever le soleil, le forçat avait été ébloui et comme aveuglé par la vertu.

Ce qui était certain, ce dont il ne se doutait pas, c'est qu'il n'était déjà plus le même homme, c'est que tout était changé en lui, c'est qu'il n'était plus en son pouvoir de faire que l'évêque ne lui eût pas parlé et ne l'eût pas touché.

Dans cette situation d'esprit, il avait rencontré Petit-Gervais et lui avait volé ses quarante sous. Pourquoi? Il n'eût assurément pu l'expliquer; était-ce un dernier effet et comme un suprême effort des mauvaises pensées qu'il avait apportées du bagne, un reste d'impulsion, un résultat de ce qu'on appelle en statique la *force acquise*? C'était cela, et c'était aussi peut-être moins encore que cela. Disons-le simplement, ce n'était pas lui qui avait volé, ce n'était pas l'homme, c'était la bête qui, par habitude et par instinct, avait stupidement posé le pied sur cet argent, pendant que l'intelligence se débattait au milieu de tant d'obsessions inouïes et nouvelles. Quand l'intelligence se réveilla et vit cette action de la brute, Jean Valjean recula avec angoisse et poussa un cri d'épouvante.

C'est que, phénomène étrange et qui n'était possible que dans la situation où il était, en volant cet argent à cet enfant, il avait fait une chose dont il n'était déjà plus capable.

Quoi qu'il en soit, cette dernière mauvaise action eut sur lui un effet décisif; elle traversa brusquement ce chaos qu'il avait dans l'intelligence et le dissipa, mit d'un côté les épaisseurs obscures et de l'autre la lumière, et agit sur son âme, dans l'état où elle se trouvait, comme de certains réactifs chimiques agissent sur un mélange trouble en précipitant un élément et en clarifiant l'autre.

Tout d'abord, avant même de s'examiner et de réfléchir, éperdu, comme quelqu'un qui cherche à se sauver, il tâcha de retrouver l'enfant pour lui rendre son argent, puis, quand il reconnut que cela était inutile et impossible, il s'arrêta désespéré. Au moment où il s'écria: «je suis un misérable!» il venait de s'apercevoir tel qu'il était, et il était déjà à ce point séparé de lui-même, qu'il lui semblait qu'il n'était plus qu'un fantôme, et qu'il avait là devant lui, en chair et en os, le bâton à la main, la blouse sur les reins, son sac rempli d'objets volés sur le dos, avec son visage résolu et morne, avec sa pensée pleine de projets abominables, le hideux galérien Jean Valjean.

L'excès du malheur, nous l'avons remarqué, l'avait fait en quelque sorte visionnaire. Ceci fut donc comme une vision. Il vit véritablement ce Jean

Valjean, cette face sinistre devant lui. Il fut presque au moment de se demander qui était cet homme, et il en eut horreur.

Son cerveau était dans un de ces moments violents et pourtant affreusement calmes où la rêverie est si profonde qu'elle absorbe la réalité. On ne voit plus les objets qu'on a autour de soi, et l'on voit comme en dehors de soi les figures qu'on a dans l'esprit.

Il se contempla donc, pour ainsi dire, face à face, et en même temps, à travers cette hallucination, il voyait dans une profondeur mystérieuse une sorte de lumière qu'il prit d'abord pour un flambeau. En regardant avec plus d'attention cette lumière qui apparaissait à sa conscience, il reconnut qu'elle avait la forme humaine, et que ce flambeau était l'évêque.

Sa conscience considéra tour à tour ces deux hommes ainsi placés devant elle, l'évêque et Jean Valjean. Il n'avait pas fallu moins que le premier pour détremper le second. Par un de ces effets singuliers qui sont propres à ces sortes d'extases, à mesure que sa rêverie se prolongeait, l'évêque grandissait et resplendissait à ses yeux, Jean Valjean s'amoindrissait et s'effaçait. A un certain moment il ne fut plus qu'une ombre. Tout à coup il disparut. L'évêque seul était resté.

Il remplissait toute l'âme de ce misérable d'un rayonnement magnifique. Jean Valjean pleura longtemps. Il pleura à chaudes larmes, il pleura à sanglots, avec plus de faiblesse qu'une femme, avec plus d'effroi qu'un enfant.

Pendant qu'il pleurait, le jour se faisait de plus en plus dans son cerveau, un jour extraordinaire, un jour ravissant et terrible à la fois. Sa vie passée, sa première faute, sa longue expiation, son abrutissement extérieur, son endurcissement intérieur, sa mise en liberté réjouie par tant de plans de vengeance, ce qui lui était arrivé chez l'évêque, la dernière chose qu'il avait faite, ce vol de quarante sous à un enfant, crime d'autant plus lâche et d'autant plus monstrueux qu'il venait après le pardon de l'évêque, tout cela lui revint et lui apparut, clairement, mais dans une clarté qu'il n'avait jamais vue jusque-là. Il regarda sa vie, et elle lui parut horrible; son âme, et elle lui parut affreuse. Cependant un jour doux était sur cette vie et sur cette âme. Il lui semblait qu'il voyait Satan à la lumière du paradis.

Combien d'heures pleura-t-il ainsi? que fit-il après avoir pleuré? où alla-t-il? on ne l'a jamais su. Il paraît seulement avéré que, dans cette même nuit, le voiturier qui faisait à cette époque le service de Grenoble et qui arrivait à Digne vers trois heures du matin, vit en traversant la rue de l'évêché un homme dans l'attitude de la prière, à genoux sur le pavé, dans l'ombre, devant la porte de monseigneur Bienvenu.

Livre troisième—En l'année 1817

Chapitre I
L'année 1817

1817 est l'année que Louis XVIII, avec un certain aplomb royal qui ne manquait pas de fierté, qualifiait la vingt-deuxième de son règne. C'est l'année où M. Bruguière de Sorsum était célèbre. Toutes les boutiques des perruquiers, espérant la poudre et le retour de l'oiseau royal, étaient badigeonnées d'azur et fleurdelysées. C'était le temps candide où le comte Lynch siégeait tous les dimanches comme marguillier au banc d'œuvre de Saint-Germain-des-Prés en habit de pair de France, avec son cordon rouge et son long nez, et cette majesté de profil particulière à un homme qui a fait une action d'éclat. L'action d'éclat commise par M. Lynch était ceci: avoir, étant maire de Bordeaux, le 12 mars 1814, donné la ville un peu trop tôt à M. le duc d'Angoulême. De là sa pairie. En 1817, la mode engloutissait les petits garçons de quatre à six ans sous de vastes casquettes en cuir maroquiné à oreillons assez ressemblantes à des mitres d'esquimaux. L'armée française était vêtue de blanc, à l'autrichienne; les régiments s'appelaient légions; au lieu de chiffres ils portaient les noms des départements. Napoléon était à Sainte-Hélène, et, comme l'Angleterre lui refusait du drap vert, il faisait retourner ses vieux habits. En 1817, Pellegrini chantait, mademoiselle Bigottini dansait; Potier régnait; Odry n'existait pas encore. Madame Saqui succédait à Forioso. Il y avait encore des Prussiens en France. M. Delalot était un personnage. La légitimité venait de s'affirmer en coupant le poing, puis la tête, à Pleignier, à Carbonneau et à Tolleron. Le prince de Talleyrand, grand chambellan, et l'abbé Louis, ministre désigné des finances, se regardaient en riant du rire de deux augures; tous deux avaient célébré, le 14 juillet 1790, la messe de la Fédération au Champ de Mars; Talleyrand l'avait dite comme évêque, Louis l'avait servie comme diacre. En 1817, dans les contre-allées de ce même Champ de Mars, on apercevait de gros cylindres de bois, gisant sous la pluie, pourrissant dans l'herbe, peints en bleu avec des traces d'aigles et d'abeilles dédorées. C'étaient les colonnes qui, deux ans auparavant, avaient soutenu l'estrade de l'empereur au Champ-de-Mai. Elles étaient noircies çà et là de la brûlure du bivouac des Autrichiens baraqués près du Gros-Caillou. Deux ou trois de ces colonnes avaient disparu dans les feux de ces bivouacs et avaient chauffé les larges mains des *kaiserlicks*. Le Champ de Mai avait eu cela de remarquable qu'il avait été tenu au mois de juin et au Champ de Mars. En cette année 1817, deux choses étaient populaires: le Voltaire-Touquet et la tabatière à la Charte. L'émotion parisienne la plus récente était le crime de Dautun qui avait jeté la tête de son frère dans le bassin du Marché-aux-Fleurs. On commençait à faire au ministère de la marine une enquête sur cette fatale frégate de la Méduse qui devait couvrir de honte Chaumareix et de gloire Géricault. Le colonel Selves allait en Égypte pour y devenir Soliman pacha. Le palais des Thermes, rue de la Harpe, servait de boutique à un tonnelier. On voyait encore sur la plate-forme de la tour octogone de l'hôtel de Cluny la petite logette en planches qui avait servi d'observatoire à Messier, astronome de la marine sous Louis XVI. La duchesse de Duras lisait à trois ou quatre amis, dans son boudoir meublé d'X en satin bleu ciel, *Ourika* inédite. On grattait les N au Louvre. Le pont d'Austerlitz abdiquait et s'intitulait pont du Jardin du Roi, double énigme qui déguisait à la fois le pont d'Austerlitz et le jardin des Plantes. Louis XVIII, préoccupé, tout en annotant du coin de l'ongle Horace, des héros qui se font empereurs et des sabotiers qui se font dauphins, avait deux soucis: Napoléon et Mathurin Bruneau. L'académie française donnait pour sujet de prix: *Le bonheur que procure l'étude*. M. Bellart était officiellement éloquent. On voyait germer à son ombre ce futur avocat général de Broè, promis aux sarcasmes de Paul-Louis Courier. Il y avait un faux Chateaubriand appelé Marchangy, en attendant qu'il y eut un faux Marchangy appelé d'Arlincourt. *Claire d'Albe* et *Malek-Adel* étaient des chefs-d'œuvre; madame Cottin était déclarée le premier écrivain de l'époque. L'institut laissait rayer de sa liste l'académicien Napoléon Bonaparte. Une ordonnance royale érigeait Angoulême en école de marine, car, le duc d'Angoulême étant grand amiral, il était évident que la ville d'Angoulême avait de droit toutes les qualités d'un port de mer, sans quoi le principe monarchique eût été entamé. On agitait en conseil des ministres la question de savoir si l'on devait tolérer les vignettes représentant des voltiges qui assaisonnaient les affiches de Franconi et qui attroupaient les polissons des rues. M. Paër, auteur de l'*Agnese*, bonhomme à la face carrée qui avait une verrue sur la joue, dirigeait les petits concerts intimes de la marquise de Sassenaye, rue de la Ville-l'Évêque. Toutes les jeunes filles chantaient *l'Ermite de Saint-Avelle*, paroles d'Edmond Géraud. *Le Nain jaune* se transformait en *Miroir*. Le café Lemblin tenait pour l'empereur contre le café Valois qui tenait pour les Bourbons. On venait de marier à une princesse de Sicile M. le duc de Berry, déjà regardé du fond de l'ombre par Louvel. Il y avait un an que madame de Staël était morte. Les gardes du corps sifflaient mademoiselle Mars. Les grands journaux étaient tout petits. Le format était restreint, mais la liberté était grande. *Le Constitutionnel* était constitutionnel. *La Minerve* appelait Chateaubriand *Chateaubriant*. Ce *t* faisait beaucoup rire les bourgeois aux dépens du grand écrivain. Dans des journaux vendus, des journalistes prostitués insultaient les proscrits de 1815; David n'avait plus de talent, Arnault n'avait plus d'esprit, Carnot n'avait plus de probité; Soult n'avait gagné aucune bataille; il est vrai que

Napoléon n'avait plus de génie. Personne n'ignore qu'il est assez rare que les lettres adressées par la poste à un exilé lui parviennent, les polices se faisant un religieux devoir de les intercepter. Le fait n'est point nouveau; Descartes, banni, s'en plaignait. Or, David ayant, dans un journal belge, montré quelque humeur de ne pas recevoir les lettres qu'on lui écrivait, ceci paraissait plaisant aux feuilles royalistes qui bafouaient à cette occasion le proscrit. Dire: *les régicides*, ou dire: *les votants*, dire: *les ennemis*, ou dire: *les alliés*, dire: *Napoléon*, ou dire: *Buonaparte*, cela séparait deux hommes plus qu'un abîme. Tous les gens de bons sens convenaient que l'ère des révolutions était à jamais fermée par le roi Louis XVIII, surnommé «l'immortel auteur de la charte». Au terre-plein du Pont-Neuf, on sculptait le mot *Redivivus*, sur le piédestal qui attendait la statue de Henri IV. M. Piet ébauchait, rue Thérèse, n° 4, son conciliabule pour consolider la monarchie. Les chefs de la droite disaient dans les conjonctures graves: «Il faut écrire à Bacot». MM. Canuel, O'Mahony et de Chappedelaine esquissaient, un peu approuvés de Monsieur, ce qui devait être plus tard «la conspiration du bord de l'eau». L'Épingle Noire complotait de son côté. Delaverderie s'abouchait avec Trogoff. M. Decazes, esprit dans une certaine mesure libéral, dominait. Chateaubriand, debout tous les matins devant sa fenêtre du n° 27 de la rue Saint-Dominique, en pantalon à pieds et en pantoufles, ses cheveux gris coiffés d'un madras, les yeux fixés sur un miroir, une trousse complète de chirurgien dentiste ouverte devant lui, se curait les dents, qu'il avait charmantes, tout en dictant des variantes de *la Monarchie selon la Charte* à M. Pilorge, son secrétaire. La critique faisant autorité préférait Lafon à Talma. M. de Féletz signait A.; M. Hoffmann signait Z. Charles Nodier écrivait *Thérèse Aubert*. Le divorce était aboli. Les lycées s'appelaient collèges. Les collégiens, ornés au collet d'une fleur de lys d'or, s'y gourmaient à propos du roi de Rome. La contre-police du château dénonçait à son altesse royale Madame le portrait, partout exposé, de M. le duc d'Orléans, lequel avait meilleure mine en uniforme de colonel général des houzards que M. le duc de Berry en uniforme de colonel général des dragons; grave inconvénient. La ville de Paris faisait redorer à ses frais le dôme des Invalides. Les hommes sérieux se demandaient ce que ferait, dans telle ou telle occasion, M. de Trinquelague; M. Clausel de Montals se séparait, sur divers points, de M. Clausel de Coussergues; M. de Salaberry n'était pas content. Le comédien Picard, qui était de l'Académie dont le comédien Molière n'avait pu être, faisait jouer *les deux Philibert* à l'Odéon, sur le fronton duquel l'arrachement des lettres laissait encore lire distinctement: THÉÂTRE DE L'IMPÉRATRICE. On prenait parti pour ou contre Cugnet de Montarlot. Fabvier était factieux; Bavoux était révolutionnaire. Le libraire Pélicier publiait une édition de Voltaire, sous ce titre: *OEuvres de Voltaire*, de l'Académie française. «Cela fait venir les acheteurs», disait cet éditeur naïf. L'opinion générale était que M. Charles Loyson, serait le génie du siècle; l'envie commençait à le mordre, signe de gloire; et l'on faisait sur lui ce vers:

Même quand Loyson vole, on sent qu'il a des pattes.

Le cardinal Fesch refusant de se démettre, M. de Pins, archevêque d'Amasie, administrait le diocèse de Lyon. La querelle de la vallée des Dappes commençait entre la Suisse et la France par un mémoire du capitaine Dufour, depuis général.

Saint-Simon, ignoré, échafaudait son rêve sublime. Il y avait à l'académie des sciences un Fourier célèbre que la postérité a oublié et dans je ne sais quel grenier un Fourier obscur dont l'avenir se souviendra. Lord Byron commençait à poindre; une note d'un poème de Millevoye l'annonçait à la France en ces termes: *un certain lord Baron*. David d'Angers s'essayait à pétrir le marbre. L'abbé Caron parlait avec éloge, en petit comité de séminaristes, dans le cul-de-sac des Feuillantines, d'un prêtre inconnu nommé Félicité Robert qui a été plus tard Lamennais. Une chose qui fumait et clapotait sur la Seine avec le bruit d'un chien qui nage allait et venait sous les fenêtres des Tuileries, du pont Royal au pont Louis XV c'était une mécanique bonne à pas grand'chose, une espèce de joujou, une rêverie d'inventeur songe-creux, une utopie: un bateau à vapeur. Les Parisiens regardaient cette inutilité avec indifférence. M. de Vaublanc, réformateur de l'Institut par coup d'État, ordonnance et fournée, auteur distingué de plusieurs académiciens, après en avoir fait, ne pouvait parvenir à l'être. Le faubourg Saint-Germain et la pavillon Marsan souhaitaient pour préfet de police M. Delaveau, à cause de sa dévotion. Dupuytren et Récamier se prenaient de querelle à l'amphithéâtre de l'École de médecine et se menaçaient du poing à propos de la divinité de Jésus-Christ. Cuvier, un œil sur la Genèse et l'autre sur la nature, s'efforçait de plaire à la réaction bigote en mettant les fossiles d'accord avec les textes et en faisant flatter Moïse par les mastodontes. M. François de Neufchâteau, louable cultivateur de la mémoire de Parmentier, faisait mille efforts pour que *pomme de terre* fût prononcée *parmentière*, et n'y réussissait point. L'abbé Grégoire, ancien évêque, ancien conventionnel, ancien sénateur, était passé dans la polémique royaliste à l'état «d'infâme Grégoire». Cette locution que nous venons d'employer: *passer à l'état de*, était dénoncée comme néologisme par M. Royer-Collard. On pouvait distinguer encore à sa blancheur, sous la troisième arche du pont d'Iéna, la pierre neuve avec laquelle, deux ans auparavant, on avait bouché le trou de mine pratiqué par Blücher pour faire sauter le pont. La justice appelait à sa barre un homme qui, en voyant entrer le comte d'Artois à Notre-Dame, avait dit tout haut: *Sapristi! je regrette le temps où je voyais Bonaparte et Talma entrer bras dessus bras dessous au Bal-Sauvage.* Propos séditieux. Six mois de prison. Des traîtres se montraient déboutonnés; des hommes qui avaient passé à l'ennemi la veille d'une bataille ne cachaient rien de la récompense et marchaient impudiquement en plein soleil dans le cynisme des richesses et des dignités; des déserteurs de Ligny et des Quatre-Bras, dans le débraillé de leur turpitude payée, étalaient leur dévouement monarchique tout nu; oubliant ce qui est écrit en Angleterre sur la muraille intérieure des water-closets publics: *Please adjust your dress before leaving.*

Voilà, pêle-mêle, ce qui surnage confusément de l'année 1817, oubliée aujourd'hui. L'histoire néglige presque toutes ces particularités, et ne peut faire autrement; l'infini l'envahirait. Pourtant ces détails, qu'on appelle à tort petits—il n'y a ni petits faits dans l'humanité, ni petites feuilles dans la végétation—sont utiles. C'est de la physionomie des années que se compose la figure des siècles.

En cette année 1817, quatre jeunes Parisiens firent «une bonne farce».

Chapitre II
Double quatuor

Ces Parisiens étaient l'un de Toulouse, l'autre de Limoges, le troisième de Cahors et le quatrième de Montauban; mais ils étaient étudiants, et qui dit étudiant dit parisien; étudier à Paris, c'est naître à Paris.
Ces jeunes gens étaient insignifiants; tout le monde a vu ces figures-là; quatre échantillons du premier venu; ni bons ni mauvais, ni savants ni ignorants, ni des génies ni des imbéciles; beaux de ce charmant avril qu'on appelle vingt ans. C'étaient quatre Oscars quelconques, car à cette époque les Arthurs n'existaient pas encore. *Brûlez pour lui les parfums d'Arabie*, s'écriait la romance, *Oscar s'avance, Oscar, je vais le voir*! On sortait d'Ossian, l'élégance était scandinave et calédonienne, le genre anglais pur ne devait prévaloir que plus tard, et le premier des Arthurs, Wellington, venait à peine de gagner la bataille de Waterloo.
Ces Oscars s'appelaient l'un Félix Tholomyès, de Toulouse; l'autre Listolier, de Cahors; l'autre Fameuil, de Limoges; le dernier Blachevelle, de Montauban. Naturellement chacun avait sa maîtresse. Blachevelle aimait Favourite, ainsi nommée parce qu'elle était allée en Angleterre; Listolier adorait Dahlia, qui avait pris pour nom de guerre un nom de fleur; Fameuil idolâtrait Zéphine, abrégé de Joséphine; Tholomyès avait Fantine, dite la Blonde à cause de ses beaux cheveux couleur de soleil.
Favourite, Dahlia, Zéphine et Fantine étaient quatre ravissantes filles, parfumées et radieuses, encore un peu ouvrières, n'ayant pas tout à fait quitté leur aiguille, dérangées par les amourettes, mais ayant sur le visage un reste de la sérénité du travail et dans l'âme cette fleur d'honnêteté qui dans la femme survit à la première chute. Il y avait une des quatre qu'on appelait la jeune, parce qu'elle était la cadette; et une qu'on appelait la vieille. La vieille avait vingt-trois ans. Pour ne rien celer, les trois premières étaient plus expérimentées, plus insouciantes et plus envolées dans le bruit de la vie que Fantine la Blonde, qui en était à sa première illusion.
Dahlia, Zéphine, et surtout Favourite, n'en auraient pu dire autant. Il y avait déjà plus d'un épisode à leur roman à peine commencé, et l'amoureux, qui s'appelait Adolphe au premier chapitre, se trouvait être Alphonse au second, et Gustave au troisième. Pauvreté et coquetterie sont deux conseillères fatales, l'une gronde, l'autre flatte; et les belles filles du peuple les ont toutes les deux qui leur parlent bas à l'oreille, chacune de son côté. Ces âmes mal gardées écoutent. De là les chutes qu'elles font et les pierres qu'on leur jette. On les accable avec la splendeur de tout ce qui est immaculé et inaccessible. Hélas! si la *Yungfrau* avait faim?
Favourite, ayant été en Angleterre, avait pour admiratrices Zéphine et Dahlia. Elle avait eu de très bonne heure un chez-soi. Son père était un vieux professeur

de mathématiques brutal et qui gasconnait; point marié, courant le cachet malgré l'âge. Ce professeur, étant jeune, avait vu un jour la robe d'une femme de chambre s'accrocher à un garde-cendre; il était tombé amoureux de cet accident. Il en était résulté Favourite. Elle rencontrait de temps en temps son père, qui la saluait. Un matin, une vieille femme à l'air béguin était entrée chez elle et lui avait dit:
—Vous ne me connaissez pas, mademoiselle?
—Non.
—Je suis ta mère.
Puis la vieille avait ouvert le buffet, bu et mangé, fait apporter un matelas qu'elle avait, et s'était installée. Cette mère, grognon et dévote, ne parlait jamais à Favourite, restait des heures sans souffler mot, déjeunait, dînait et soupait comme quatre, et descendait faire salon chez le portier, où elle disait du mal de sa fille.
Ce qui avait entraîné Dahlia vers Listolier, vers d'autres peut-être, vers l'oisiveté, c'était d'avoir de trop jolis ongles roses. Comment faire travailler ces ongles-là? Qui veut rester vertueuse ne doit pas avoir pitié de ses mains. Quant à Zéphine, elle avait conquis Fameuil par sa petite manière mutine et caressante de dire: «Oui, monsieur».
Les jeunes gens étant camarades, les jeunes filles étaient amies. Ces amours-là sont toujours doublés de ces amitiés-là.
Sage et philosophe, c'est deux; et ce qui le prouve, c'est que, toutes réserves faites sur ces petits ménages irréguliers, Favourite, Zéphine et Dahlia étaient des filles philosophes, et Fantine une fille sage.
Sage, dira-t-on? et Tholomyès? Salomon répondrait que l'amour fait partie de la sagesse. Nous nous bornons à dire que l'amour de Fantine était un premier amour, un amour unique, un amour fidèle.
Elle était la seule des quatre qui ne fût tutoyée que par un seul.
Fantine était un de ces êtres comme il en éclôt, pour ainsi dire, au fond du peuple. Sortie des plus insondables épaisseurs de l'ombre sociale, elle avait au front le signe de l'anonyme et de l'inconnu. Elle était née à Montreuil-sur-mer. De quels parents? Qui pourrait le dire? On ne lui avait jamais connu ni père ni mère. Elle se nommait Fantine. Pourquoi Fantine? On ne lui avait jamais connu d'autre nom. À l'époque de sa naissance, le Directoire existait encore. Point de nom de famille, elle n'avait pas de famille; point de nom de baptême, l'église n'était plus là. Elle s'appela comme il plut au premier passant qui la rencontra toute petite, allant pieds nus dans la rue. Elle reçut un nom comme elle recevait l'eau des nuées sur son front quand il pleuvait. On l'appela la petite Fantine. Personne n'en savait davantage. Cette créature humaine était venue dans la vie comme cela. À dix ans, Fantine quitta la ville et s'alla mettre en service chez des fermiers des environs. À quinze ans, elle vint à Paris "chercher fortune". Fantine était belle et resta pure le plus longtemps qu'elle put. C'était une jolie blonde avec de belles dents. Elle avait de l'or et des perles pour dot, mais son or était sur sa tête et ses perles étaient dans sa bouche.

Elle travailla pour vivre; puis, toujours pour vivre, car le cœur a sa faim aussi, elle aima.

Elle aima Tholomyès.

Amourette pour lui, passion pour elle. Les rues du quartier latin, qu'emplit le fourmillement des étudiants et des grisettes, virent le commencement de ce songe. Fantine, dans ces dédales de la colline du Panthéon, où tant d'aventures se nouent et se dénouent, avait fui longtemps Tholomyès, mais de façon à le rencontrer toujours. Il y a une manière d'éviter qui ressemble à chercher. Bref, l'églogue eut lieu.

Blachevelle, Listolier et Fameuil formaient une sorte de groupe dont Tholomyès était la tête. C'était lui qui avait l'esprit.

Tholomyès était l'antique étudiant vieux; il était riche; il avait quatre mille francs de rente; quatre mille francs de rente, splendide scandale sur la montagne Sainte-Geneviève. Tholomyès était un viveur de trente ans, mal conservé. Il était ridé et édenté; et il ébauchait une calvitie dont il disait lui-même sans tristesse: *crâne à trente ans, genou à quarante*. Il digérait médiocrement, et il lui était venu un larmoiement à un œil. Mais à mesure que sa jeunesse s'éteignait, il allumait sa gaîté; il remplaçait ses dents par des lazzis, ses cheveux par la joie, sa santé par l'ironie, et son œil qui pleurait riait sans cesse. Il était délabré, mais tout en fleurs. Sa jeunesse, pliant bagage bien avant l'âge, battait en retraite en bon ordre, éclatait de rire, et l'on n'y voyait que du feu. Il avait eu une pièce refusée au Vaudeville. Il faisait çà et là des vers quelconques. En outre, il doutait supérieurement de toute chose, grande force aux yeux des faibles. Donc, étant ironique et chauve, il était le chef. *Iron* est un mot anglais qui veut dire fer. Serait-ce de là que viendrait ironie?

Un jour Tholomyès prit à part les trois autres, fit un geste d'oracle, et leur dit:

—Il y a bientôt un an que Fantine, Dahlia, Zéphine et Favourite nous demandent de leur faire une surprise. Nous la leur avons promise solennellement. Elles nous en parlent toujours, à moi surtout. De même qu'à Naples les vieilles femmes crient à saint Janvier: *Faccia gialluta, fa o miracolo*. Face jaune, fais ton miracle! nos belles me disent sans cesse: «Tholomyès, quand accoucheras-tu de ta surprise?» En même temps nos parents nous écrivent. Scie des deux côtés. Le moment me semble venu. Causons.

Sur ce, Tholomyès baissa la voix, et articula mystérieusement quelque chose de si gai qu'un vaste et enthousiaste ricanement sortit des quatre bouches à la fois et que Blachevelle s'écria:

—Ça, c'est une idée!

Un estaminet plein de fumée se présenta, ils y entrèrent, et le reste de leur conférence se perdit dans l'ombre.

Le résultat de ces ténèbres fut une éblouissante partie de plaisir qui eut lieu le dimanche suivant, les quatre jeunes gens invitant les quatre jeunes filles.

Chapitre III
Quatre à quatre

Ce qu'était une partie de campagne d'étudiants et de grisettes, il y a quarante-cinq ans, on se le représente malaisément aujourd'hui. Paris n'a plus les mêmes environs; la figure de ce qu'on pourrait appeler la vie circumparisienne a complètement changé depuis un demi-siècle; où il y avait le coucou, il y a le wagon; où il y avait la patache, il y a le bateau à vapeur; on dit aujourd'hui Fécamp comme on disait Saint-Cloud. Le Paris de 1862 est une ville qui a la France pour banlieue.

Les quatre couples accomplirent consciencieusement toutes les folies champêtres possibles alors. On entrait dans les vacances, et c'était une chaude et claire journée d'été. La veille, Favourite, la seule qui sût écrire, avait écrit ceci à Tholomyès au nom des quatre: «C'est un bonne heure de sortir de bonheur.» C'est pourquoi ils se levèrent à cinq heures du matin. Puis ils allèrent à Saint-Cloud par le coche, regardèrent la cascade à sec, et s'écrièrent: «Cela doit être bien beau quand il y a de l'eau!» déjeunèrent à la *Tête-Noire*, où Castaing n'avait pas encore passé, se payèrent une partie de bagues au quinconce du grand bassin, montèrent à la lanterne de Diogène, jouèrent des macarons à la roulette du pont de Sèvres, cueillirent des bouquets à Puteaux, achetèrent des mirlitons à Neuilly, mangèrent partout des chaussons de pommes, furent parfaitement heureux.

Les jeunes filles bruissaient et bavardaient comme des fauvettes échappées. C'était un délire. Elles donnaient par moments de petites tapes aux jeunes gens. Ivresse matinale de la vie! Adorables années! L'aile des libellules frissonne. Oh! qui que vous soyez, vous souvenez-vous? Avez-vous marché dans les broussailles, en écartant les branches à cause de la tête charmante qui vient derrière vous? Avez-vous glissé en riant sur quelque talus mouillé par la pluie avec une femme aimée qui vous retient par la main et qui s'écrie: «Ah! mes brodequins tout neufs! dans quel état ils sont!»

Disons tout de suite que cette joyeuse contrariété, une ondée, manqua à cette compagnie de belle humeur, quoique Favourite eût dit en partant, avec un accent magistral et maternel: *Les limaces se promènent dans les sentiers. Signe de pluie, mes enfants.*

Toutes quatre étaient follement jolies. Un bon vieux poète classique, alors en renom, un bonhomme qui avait une Éléonore, M. le chevalier de Labouïsse, errant ce jour-là sous les marronniers de Saint-Cloud, les vit passer vers dix heures du matin; il s'écria: *Il y en a une de trop*, songeant aux Grâces. Favourite, l'amie de Blachevelle, celle de vingt-trois ans, la vieille, courait en avant sous les grandes branches vertes, sautait les fossés, enjambait éperdument les buissons, et présidait cette gaîté avec une verve de jeune faunesse. Zéphine et Dahlia, que le hasard avait faites belles de façon qu'elles se faisaient valoir en se rapprochant et se complétaient, ne se quittaient point, par instinct de coquetterie plus encore que par amitié, et, appuyées l'une à l'autre, prenaient des poses anglaises; les premiers *keepsakes* venaient de paraître, la mélancolie pointait pour les femmes, comme, plus tard, le byronisme pour les hommes, et les cheveux du sexe tendre commençaient à s'éplorer. Zéphine et Dahlia étaient coiffées en rouleaux. Listolier et Fameuil, engagés dans une discussion sur leurs professeurs, expliquaient à Fantine la différence qu'il y avait entre M. Delvincourt et M. Blondeau.

Blachevelle semblait avoir été créé expressément pour porter sur son bras le dimanche le châle-ternaux boiteux de Favourite.

Tholomyès suivait, dominant le groupe. Il était très gai, mais on sentait en lui le gouvernement; il y avait de la dictature dans sa jovialité; son ornement principal était un pantalon jambes-d'éléphant, en nankin, avec sous-pieds de tresse de cuivre; il avait un puissant rotin de deux cents francs à la main, et, comme il se permettait tout, une chose étrange appelée cigare, à la bouche. Rien n'étant sacré pour lui, il fumait.

—Ce Tholomyès est étonnant, disaient les autres avec vénération. Quels pantalons! quelle énergie!

Quant à Fantine, c'était la joie. Ses dents splendides avaient évidemment reçu de Dieu une fonction, le rire. Elle portait à sa main plus volontiers que sur sa tête son petit chapeau de paille cousue, aux longues brides blanches. Ses épais cheveux blonds, enclins à flotter et facilement dénoués et qu'il fallait rattacher sans cesse, semblaient faits pour la fuite de Galatée sous les saules. Ses lèvres roses babillaient avec enchantement. Les coins de sa bouche voluptueusement relevés, comme aux mascarons antiques d'Érigone, avaient l'air d'encourager les audaces; mais ses longs cils pleins d'ombre s'abaissaient discrètement sur ce brouhaha du bas du visage comme pour mettre le holà. Toute sa toilette avait on ne sait quoi de chantant et de flambant. Elle avait une robe de barège mauve, de petits souliers-cothurnes mordorés dont les rubans traçaient des X sur son fin bas blanc à jour, et cette espèce de spencer en mousseline, invention marseillaise, dont le nom, canezou, corruption du mot *quinze août* prononcé à la Canebière, signifie beau temps, chaleur et midi. Les trois autres, moins timides, nous l'avons dit, étaient décolletées tout net, ce qui, l'été, sous des chapeaux couverts de fleurs, a beaucoup de grâce et d'agacerie; mais, à côté de ces ajustements hardis, le canezou de la blonde Fantine, avec ses transparences, ses indiscrétions et ses réticences, cachant et montrant à la fois, semblait une trouvaille provocante de la décence, et la fameuse cour d'amour, présidée par la vicomtesse de Cette aux yeux vert de mer, eût peut-être donné le prix de la coquetterie à ce canezou qui concourait pour la chasteté. Le plus naïf est quelquefois le plus savant. Cela arrive.

Éclatante de face, délicate de profil, les yeux d'un bleu profond, les paupières grasses, les pieds cambrés et petits, les poignets et les chevilles admirablement emboîtés, la peau blanche laissant voir çà et là les arborescences azurées des veines, la joue puérile et franche, le cou robuste des Junons éginétiques, la nuque forte et souple, les épaules modelées comme par Coustou, ayant au centre une voluptueuse fossette visible à travers la mousseline; une gaîté glacée de rêverie; sculpturale et exquise; telle était Fantine; et l'on devinait sous ces chiffons une statue, et dans cette statue une âme.

Fantine était belle, sans trop le savoir. Les rares songeurs, prêtres mystérieux du beau, qui confrontent silencieusement toute chose à la perfection, eussent entrevu en cette petite ouvrière, à travers la transparence de la grâce parisienne, l'antique euphonie sacrée. Cette fille de l'ombre avait de la race. Elle était belle sous les deux espèces, qui sont le style et le rythme. Le style est la forme de l'idéal; le rythme en est le mouvement.

Nous avons dit que Fantine était la joie, Fantine était aussi la pudeur.

Pour un observateur qui l'eût étudiée attentivement, ce qui se dégageait d'elle, à travers toute cette ivresse de l'âge, de la saison et de l'amourette, c'était une invincible expression de retenue et de modestie. Elle restait un peu étonnée. Ce chaste étonnement-là est la nuance qui sépare Psyché de Vénus. Fantine avait les longs doigts blancs et fins de la vestale qui remue les cendres du feu sacré avec une épingle d'or. Quoiqu'elle n'eût rien refusé, on ne le verra que trop, à Tholomyès, son visage, au repos, était souverainement virginal; une sorte de dignité sérieuse et presque austère l'envahissait soudainement à de certaines heures, et rien n'était singulier et troublant comme de voir la gaîté s'y éteindre si vite et le recueillement y succéder sans transition à l'épanouissement. Cette gravité subite, parfois sévèrement accentuée, ressemblait au dédain d'une déesse. Son front, son nez et son menton offraient cet équilibre de ligne, très distinct de l'équilibre de proportion, et d'où résulte l'harmonie du visage; dans l'intervalle si caractéristique qui sépare la base du nez de la lèvre supérieure, elle avait ce pli imperceptible et charmant, signe mystérieux de la chasteté qui rendit Barberousse amoureux d'une Diane trouvée dans les fouilles d'Icône.

L'amour est une faute; soit. Fantine était l'innocence surnageant sur la faute.

Chapitre IV
Tholomyès est si joyeux qu'il chante une chanson espagnole

Cette journée-là était d'un bout à l'autre faite d'aurore. Toute la nature semblait avoir congé, et rire. Les parterres de Saint-Cloud embaumaient; le souffle de la Seine remuait vaguement les feuilles; les branches gesticulaient dans le vent; les abeilles mettaient les jasmins au pillage; toute une bohème de papillons s'ébattait dans les achillées, les trèfles et les folles avoines; il y avait dans l'auguste parc du roi de France un tas de vagabonds, les oiseaux.

Les quatre joyeux couples, mêlés au soleil, aux champs, aux fleurs, aux arbres, resplendissaient.

Et, dans cette communauté de paradis, parlant, chantant, courant, dansant, chassant aux papillons, cueillant des liserons, mouillant leurs bas à jour roses dans les hautes herbes, fraîches, folles, point méchantes, toutes recevaient un peu çà et là les baisers de tous, excepté Fantine, enfermée dans sa vague résistance rêveuse et farouche, et qui aimait.

—Toi, lui disait Favourite, tu as toujours l'air chose.

Ce sont là les joies. Ces passages de couples heureux sont un appel profond à la vie et à la nature, et font sortir de tout la caresse et la lumière. Il y avait une fois une fée qui fit les prairies et les arbres exprès pour les amoureux. De là cette éternelle école buissonnière des amants qui recommence sans cesse et qui durera tant qu'il y aura des buissons et des écoliers. De là la popularité du printemps parmi les penseurs. Le patricien et le gagne-petit, le duc et pair et le robin, les gens de la cour et les gens de la ville, comme on parlait autrefois, tous sont sujets de cette fée. On rit, on se cherche, il y a dans l'air une clarté d'apothéose, quelle transfiguration que d'aimer! Les clercs de notaire sont des dieux. Et les petits cris, les poursuites dans l'herbe, les tailles prises au vol, ces jargons qui sont des mélodies, ces adorations qui éclatent dans la façon de dire une syllabe, ces cerises arrachées d'une bouche à l'autre, tout cela flamboie et passe dans des gloires célestes. Les belles filles font un doux gaspillage d'elles-mêmes. On croit que cela ne finira jamais. Les philosophes, les poètes, les peintres regardent ces extases et ne savent qu'en faire, tant cela les éblouit. Le départ pour Cythère!

s'écrie Watteau; Lancret, le peintre de la roture, contemple ses bourgeois envolés dans le bleu; Diderot tend les bras à toutes ces amourettes, et d'Urfé y mêle des druides.

Après le déjeuner les quatre couples étaient allés voir, dans ce qu'on appelait alors le carré du roi, une plante nouvellement arrivée de l'Inde, dont le nom nous échappe en ce moment, et qui à cette époque attirait tout Paris à Saint-Cloud; c'était un bizarre et charmant arbrisseau haut sur tige, dont les innombrables branches fines comme des fils, ébouriffées, sans feuilles, étaient couvertes d'un million de petites rosettes blanches; ce qui faisait que l'arbuste avait l'air d'une chevelure pouilleuse de fleurs. Il y avait toujours foule à l'admirer.

L'arbuste vu, Tholomyès s'était écrié: «J'offre des ânes!» et, prix fait avec un ânier, ils étaient revenus par Vanves et Issy. À Issy, incident. Le parc, Bien National possédé à cette époque par le munitionnaire Bourguin, était d'aventure tout grand ouvert. Ils avaient franchi la grille, visité l'anachorète mannequin dans sa grotte, essayé les petits effets mystérieux du fameux cabinet des miroirs, lascif traquenard digne d'un satyre devenu millionnaire ou de Turcaret métamorphosé en Priape. Ils avaient robustement secoué le grand filet balançoire attaché aux deux châtaigniers célébrés par l'abbé de Bernis. Tout en y balançant ces belles l'une après l'autre, ce qui faisait, parmi les rires universels, des plis de jupe envolée où Greuze eût trouvé son compte, le toulousain Tholomyès, quelque peu espagnol, Toulouse est cousine de Tolosa, chantait, sur une mélopée mélancolique, la vieille chanson *gallega* probablement inspirée par quelque belle fille lancée à toute volée sur une corde entre deux arbres:

Soy de Badajoz.
Amor me llama.
Toda mi alma
Es en mi ojos
Porque enseñas
À tus piernas.

Fantine seule refusa de se balancer.

—Je n'aime pas qu'on ait du genre comme ça, murmura assez aigrement Favourite.

Les ânes quittés, joie nouvelle; on passa la Seine en bateau, et de Passy, à pied, ils gagnèrent la barrière de l'Étoile. Ils étaient, on s'en souvient, debout depuis cinq heures du matin; mais, bah! *il n'y a pas de lassitude le dimanche*, disait Favourite; *le dimanche, la fatigue ne travaille pas*. Vers trois heures les quatre couples, effarés de bonheur, dégringolaient aux montagnes russes, édifice singulier qui occupait alors les hauteurs Beaujon et dont on apercevait la ligne serpentante au-dessus des arbres des Champs-Élysées.

De temps en temps Favourite s'écriait:
—Et la surprise? je demande la surprise.
—Patience, répondait Tholomyès.

Chapitre V
Chez Bombarda

Les montagnes russes épuisées, on avait songé au dîner; et le radieux huitain, enfin un peu las, s'était échoué au cabaret Bombarda, succursale qu'avait établie aux Champs-Élysées ce fameux restaurateur Bombarda, dont on voyait alors l'enseigne rue de Rivoli à côté du passage Delorme.

Une chambre grande, mais laide, avec alcôve et lit au fond (vu la plénitude du cabaret le dimanche, il avait fallu accepter ce gîte); deux fenêtres d'où l'on pouvait contempler, à travers les ormes, le quai et la rivière; un magnifique rayon d'août effleurant les fenêtres; deux tables; sur l'une une triomphante montagne de bouquets mêlés à des chapeaux d'hommes et de femmes; à l'autre les quatre couples attablés autour d'un joyeux encombrement de plats, d'assiettes, de verres et de bouteilles; des cruchons de bière mêlés à des flacons de vin; peu d'ordre sur la table, quelque désordre dessous;

Ils faisaient sous la table

Un bruit, un trique-trac de pieds
épouvantable

dit Molière.

Voilà où en était vers quatre heures et demie du soir la bergerade commencée à cinq heures du matin. Le soleil déclinait, l'appétit s'éteignait.

Les Champs-Élysées, pleins de soleil et de foule, n'étaient que lumière et poussière, deux choses dont se compose la gloire. Les chevaux de Marly, ces marbres hennissants, se cabraient dans un nuage d'or. Les carrosses allaient et venaient. Un escadron de magnifiques gardes du corps, clairon en tête, descendait l'avenue de Neuilly; le drapeau blanc, vaguement rose au soleil couchant, flottait sur le dôme des Tuileries. La place de la Concorde, redevenue alors place Louis XV, regorgeait de promeneurs contents. Beaucoup portaient la fleur de lys d'argent suspendue au ruban blanc moiré qui, en 1817, n'avait pas encore tout à fait disparu des boutonnières. Çà et là au milieu des passants faisant cercle et applaudissant, des rondes de petites filles jetaient au vent une bourrée bourbonienne alors célèbre, destinée à foudroyer les Cent-Jours, et qui avait pour ritournelle:

Rendez-nous notre père de Gand,

Rendez-nous notre père.

Des tas de faubouriens endimanchés, parfois même fleurdelysés comme les bourgeois, épars dans le grand carré et dans le carré Marigny, jouaient aux bagues et tournaient sur les chevaux de bois; d'autres buvaient; quelques-uns, apprentis imprimeurs, avaient des bonnets de papier; on entendait leurs rires. Tout était radieux. C'était un temps de paix incontestable et de profonde sécurité royaliste; c'était l'époque où un rapport intime et spécial du préfet de police Anglès au roi sur les faubourgs de Paris se terminait par ces lignes: «Tout bien considéré, sire, il n'y a rien à craindre de ces gens-là. Ils sont insouciants et indolents comme des chats. Le bas peuple des provinces est remuant, celui de Paris ne l'est pas. Ce sont tous petits hommes. Sire, il en faudrait deux bout à bout pour faire un de vos grenadiers. Il n'y a point de crainte du côté de la populace de la capitale. Il est remarquable que la taille a encore décru dans cette population depuis cinquante ans; et le peuple des faubourgs de Paris est plus petit qu'avant la révolution. Il n'est point dangereux. En somme, c'est de la canaille bonne.»

Qu'un chat puisse se changer en lion, les préfets de police ne le croient pas possible; cela est pourtant, et c'est là le miracle du peuple de Paris. Le chat d'ailleurs, si méprisé du comte Anglès, avait l'estime des républiques antiques; il incarnait à leurs yeux la liberté, et, comme pour servir de pendant à la Minerve aptère du Pirée, il y avait sur la place publique de Corinthe le colosse de bronze d'un chat. La police naïve de la restauration voyait trop «en beau» le peuple de Paris. Ce n'est point, autant qu'on le croit, de la «canaille bonne». Le Parisien est au Français ce que l'Athénien était au Grec; personne ne dort mieux que lui, personne n'est plus franchement frivole et paresseux que lui, personne mieux que lui n'a l'air d'oublier; qu'on ne s'y fie pas pourtant; il est propre à toute sorte de nonchalance, mais, quand il y a de la gloire au bout, il est admirable à toute espèce de furie. Donnez-lui une pique, il fera le 10 août; donnez-lui un fusil, vous aurez Austerlitz. Il est le point d'appui de Napoléon et la ressource de Danton. S'agit-il de la patrie? il s'enrôle; s'agit-il de la liberté? il dépave. Gare! ses cheveux pleins de colère sont épiques; sa blouse se drape en chlamyde. Prenez garde. De la première rue Greneta venue, il fera des fourches caudines. Si l'heure sonne, ce faubourien va grandir, ce petit homme va se lever, et il regardera d'une façon terrible, et son souffle deviendra tempête, et il sortira de cette pauvre poitrine grêle assez de vent pour déranger les plis des Alpes. C'est grâce au faubourien de Paris que la révolution, mêlée aux armées, conquiert l'Europe. Il chante, c'est sa joie. Proportionnez sa chanson à sa nature, et vous verrez! Tant qu'il n'a pour refrain que la Carmagnole, il ne renverse que Louis XVI; faites-lui chanter la Marseillaise, il délivrera le monde.

Cette note écrite en marge du rapport Anglès, nous revenons à nos quatre couples. Le dîner, comme nous l'avons dit, s'achevait.

Chapitre VI
Chapitre où l'on s'adore

Propos de table et propos d'amour; les uns sont aussi insaisissables que les autres; les propos d'amour sont des nuées, les propos de table sont des fumées.

Fameuil et Dahlia fredonnaient; Tholomyès buvait; Zéphine riait, Fantine souriait. Listolier soufflait dans une trompette de bois achetée à Saint-Cloud. Favourite regardait tendrement Blachevelle et disait:

—Blachevelle, je t'adore.

Ceci amena une question de Blachevelle:

—Qu'est-ce que tu ferais, Favourite, si je cessais de t'aimer?

—Moi! s'écria Favourite. Ah! ne dis pas cela, même pour rire! Si tu cessais de m'aimer, je te sauterais après, je te griffferais, je te gratignerais, je te jetterais de l'eau, je te ferais arrêter.

Blachevelle sourit avec la fatuité voluptueuse d'un homme chatouillé à l'amour-propre. Favourite reprit:

—Oui, je crierais à la garde! Ah! je me gênerais par exemple! Canaille!

Blachevelle, extasié, se renversa sur sa chaise et ferma orgueilleusement les deux yeux.

Dahlia, tout en mangeant, dit bas à Favourite dans le brouhaha:

—Tu l'idolâtres donc bien, ton Blachevelle?

—Moi, je le déteste, répondit Favourite du même ton en ressaisissant sa fourchette. Il est avare. J'aime le petit d'en face de chez moi. Il est très bien, ce jeune homme-là, le connais-tu? On voit qu'il a le genre d'être acteur. J'aime les acteurs. Sitôt qu'il rentre, sa mère dit: «Ah! mon Dieu! ma tranquillité est perdue. Le voilà qui va crier. Mais, mon ami, tu me casses la tête!» Parce qu'il va dans la maison, dans des greniers à rats, dans des trous noirs, si haut qu'il peut monter,— et chanter, et déclamer, est-ce que je sais, moi? qu'on l'entend d'en bas! Il gagne déjà vingt sous par jour chez un avoué à écrire de la chicane. Il est fils d'un ancien chantre de Saint-Jacques-du-Haut-Pas. Ah! il est très bien. Il m'idolâtre tant qu'un jour qu'il me voyait faire de la pâte pour des crêpes, il m'a dit: *Mamselle, faites des beignets de vos gants et je les mangerai.* Il n'y a que les artistes pour dire des choses comme ça. Ah! il est très bien. Je suis en train d'être insensée de ce petit-là. C'est égal, je dis à Blachevelle que je l'adore. Comme je mens! Hein? comme je mens!

Favourite fit une pause, et continua:

—Dahlia, vois-tu, je suis triste. Il n'a fait que pleuvoir tout l'été, le vent m'agace, le vent ne décolère pas, Blachevelle est très pingre, c'est à peine s'il y a des petits pois au marché, on ne sait que manger, j'ai le spleen, comme disent les Anglais, le beurre est si cher! et puis, vois, c'est une horreur, nous dînons dans un endroit où il y a un lit, ça me dégoûte de la vie.

Chapitre VII
Sagesse de Tholomyès

Cependant, tandis que quelques-uns chantaient, les autres causaient tumultueusement, et tous ensemble; ce n'était plus que du bruit. Tholomyès intervint:

—Ne parlons point au hasard ni trop vite, s'écria-t-il. Méditons si nous voulons être éblouissants. Trop d'improvisation vide bêtement l'esprit. Bière qui coule n'amasse point de mousse. Messieurs, pas de hâte. Mêlons la majesté à la ripaille; mangeons avec recueillement; festinons lentement. Ne nous pressons pas. Voyez le printemps; s'il se dépêche, il est flambé, c'est-à-dire gelé. L'excès de zèle perd les pêchers et les abricotiers. L'excès de zèle tue la grâce et la joie des bons dîners. Pas de zèle, messieurs! Grimod de la Reynière est de l'avis de Talleyrand.

Une sourde rébellion gronda dans le groupe.

—Tholomyès, laisse-nous tranquilles, dit Blachevelle.

—À bas le tyran! dit Fameuil.

—Bombarda, Bombance et Bamboche! cria Listolier.

—Le dimanche existe, reprit Fameuil.

—Nous sommes sobres, ajouta Listolier.

—Tholomyès, fit Blachevelle, contemple mon calme.

—Tu en es le marquis, répondit Tholomyès.

Ce médiocre jeu de mots fit l'effet d'une pierre dans une mare. Le marquis de Montcalm était un royaliste alors célèbre. Toutes les grenouilles se turent.

—Amis, s'écria Tholomyès, de l'accent d'un homme qui ressaisit l'empire, remettez-vous. Il ne faut pas que trop de stupeur accueille ce calembour tombé du ciel. Tout ce qui tombe de la sorte n'est pas nécessairement digne d'enthousiasme et de respect. Le calembour est la fiente de l'esprit qui vole. Le lazzi tombe n'importe où; et l'esprit, après la ponte d'une bêtise, s'enfonce dans l'azur. Une tache blanchâtre qui s'aplatit sur le rocher n'empêche pas le condor de planer. Loin de moi l'insulte au calembour!

Je l'honore dans la proportion de ses mérites; rien de plus. Tout ce qu'il y a de plus auguste, de plus sublime et de plus charmant dans l'humanité, et peut-être hors de l'humanité, a fait des jeux de mots. Jésus-Christ a fait un calembour sur saint Pierre, Moïse sur Isaac, Eschyle sur Polynice, Cléopâtre sur Octave. Et notez que ce calembour de Cléopâtre a précédé la bataille d'Actium, et que, sans lui, personne ne se souviendrait de la ville de Toryne, nom grec qui signifie cuiller à pot. Cela concédé, je reviens à mon exhortation. Mes frères, je le répète, pas de zèle, pas de tohu-bohu, pas d'excès, même en pointes, gaîtés, liesses et jeux de mots. Écoutez-moi, j'ai la prudence d'Amphiaraüs et la calvitie de César. Il faut une limite, même aux rébus. *Est modus in rebus.* Il faut une limite, même aux dîners. Vous aimez les chaussons aux pommes, mesdames, n'en abusez pas. Il faut, même en chaussons, du bon sens et de l'art. La gloutonnerie châtie le glouton. Gula punit Gulax. L'indigestion est chargée par le bon Dieu de faire de la morale aux estomacs. Et, retenez ceci: chacune de nos passions, même l'amour, a un estomac qu'il ne faut pas trop remplir. En toute chose il faut écrire à temps le mot *finis*, il faut se contenir, quand cela devient urgent, tirer le verrou sur son appétit, mettre au violon sa fantaisie et se mener soi-même au poste. Le sage est celui qui sait à un moment donné opérer sa propre arrestation. Ayez quelque confiance en moi. Parce que j'ai fait un peu mon droit, à ce que me disent mes examens, parce que je sais la différence qu'il y a entre la question mue et la question pendante, parce que j'ai soutenu une thèse en latin sur la manière dont on donnait la torture à Rome au temps où Munatius Demens était questeur du Parricide, parce que je vais être docteur, à ce qu'il paraît, il ne s'ensuit pas de toute nécessité que je sois un imbécile. Je vous recommande la modération dans vos désirs. Vrai comme je m'appelle Félix Tholomyès, je parle bien. Heureux celui qui, lorsque l'heure a sonné, prend un parti héroïque, et abdique comme Sylla, ou Origène!

Favourite écoutait avec une attention profonde.

—Félix! dit-elle, quel joli mot! j'aime ce nom-là. C'est en latin. Ça veut dire Prosper.

Tholomyès poursuivit:

—Quirites, gentlemen, Caballeros, mes amis! voulez-vous ne sentir aucun aiguillon et vous passer de lit nuptial et braver l'amour? Rien de plus simple. Voici la recette: la limonade, l'exercice outré, le travail forcé, éreintez-vous, traînez des blocs, ne dormez pas, veillez, gorgez-vous de boissons nitreuses et de tisanes de nymphaeas, savourez des émulsions de pavots et d'agnuscastus, assaisonnez-moi cela d'une diète sévère, crevez de faim, et joignez-y les bains froids, les ceintures d'herbes, l'application d'une plaque de plomb, les lotions avec la liqueur de Saturne et les fomentations avec l'oxycrat.

—J'aime mieux une femme, dit Listolier.

—La femme! reprit Tholomyès, méfiez-vous-en. Malheur à celui qui se livre au cœur changeant de la femme! La femme est perfide et tortueuse. Elle déteste le serpent par jalousie de métier. Le serpent, c'est la boutique en face.

—Tholomyès, cria Blachevelle, tu es ivre!

—Pardieu! dit Tholomyès.

—Alors sois gai, reprit Blachevelle.

Et, remplissant son verre, il se leva:

—Gloire au vin! *Nunc te, Bacche, canam*! Pardon, mesdemoiselles, c'est de l'espagnol. Et la preuve, señoras, la voici: tel peuple, telle futaille. L'arrobe de Castille contient seize litres, le cantaro d'Alicante douze, l'almude des Canaries vingt-cinq, le cuartin des Baléares vingt-six, la botte du czar Pierre trente. Vive ce czar qui était grand, et vive sa botte qui était plus grande encore! Mesdames, un conseil d'ami: trompez-vous de voisin, si bon vous semble. Le propre de l'amour, c'est d'errer. L'amourette n'est pas faite pour s'accroupir et s'abrutir comme une servante anglaise qui a le calus du scrobage aux genoux. Elle n'est pas faite pour cela, elle erre gaîment, la douce amourette! On a dit: l'erreur est humaine; moi je dis: l'erreur est amoureuse. Mesdames, je vous idolâtre toutes. Ô Zéphine, ô Joséphine, figure plus que chiffonnée, vous seriez charmante, si vous n'étiez de travers. Vous avez l'air d'un joli visage sur lequel, par mégarde, on s'est assis. Quant à Favourite, ô nymphes et muses! un jour que Blachevelle passait le ruisseau de la rue Guérin-Boisseau, il vit une belle fille aux bas blancs et bien tirés qui montrait ses jambes. Ce prologue lui plut, et Blachevelle aima. Celle qu'il aima était Favourite. Ô Favourite, tu as des lèvres ioniennes. Il y avait un peintre grec, appelé Euphorion, qu'on avait surnommé le peintre des lèvres. Ce Grec seul eût été digne de peindre ta bouche! Écoute! avant toi, il n'y avait pas de créature digne de ce nom. Tu es faite pour recevoir la pomme comme Vénus ou pour la manger comme Ève. La beauté commence à toi. Je viens de parler d'Ève, c'est toi qui l'as créée. Tu mérites le brevet d'invention de la jolie femme. Ô Favourite, je cesse de vous tutoyer, parce que je passe de la poésie à la prose. Vous parliez de mon nom tout à l'heure. Cela m'a attendri; mais, qui que nous soyons, méfions-nous des noms. Ils peuvent se tromper. Je me nomme Félix et ne suis pas heureux. Les mots sont des menteurs. N'acceptons pas aveuglément les indications qu'ils nous donnent. Ce serait une erreur d'écrire à Liège pour avoir des bouchons et à Pau pour avoir des gants. Miss Dahlia, à votre place, je m'appellerais Rosa. Il faut que la fleur sente bon et que la femme ait de l'esprit. Je ne dis rien de Fantine, c'est une songeuse, une rêveuse, une pensive, une sensitive; c'est un fantôme ayant la forme d'une nymphe et la pudeur d'une nonne, qui se fourvoie dans la vie de grisette, mais qui se réfugie dans les illusions, et qui chante, et qui prie, et qui regarde l'azur sans trop savoir ce qu'elle voit ni ce qu'elle fait, et qui, les yeux au ciel, erre dans un jardin où il y a plus d'oiseaux qu'il n'en existe! Ô Fantine, sache ceci: moi Tholomyès, je suis une illusion; mais elle ne m'entend même pas, la blonde fille des chimères! Du reste, tout en elle est fraîcheur, suavité, jeunesse, douce clarté matinale. Ô Fantine, fille digne de vous appeler marguerite ou perle, vous êtes une femme du plus bel orient. Mesdames, un deuxième conseil: ne vous mariez point; le mariage est une greffe; cela prend bien ou mal; fuyez ce risque. Mais, bah! qu'est-ce que je chante là? Je perds mes paroles. Les filles sont incurables sur l'épousaille; et tout ce que nous pouvons dire, nous autres sages, n'empêchera point les giletières et les piqueuses de bottines de rêver des maris enrichis de diamants. Enfin, soit; mais, belles, retenez ceci: vous mangez trop de sucre. Vous n'avez qu'un tort, ô femmes, c'est de grignoter du sucre. Ô sexe rongeur, tes jolies petites dents blanches adorent le sucre. Or, écoutez bien, le sucre est un sel. Tout sel est desséchant. Le sucre est le plus desséchant de tous les sels. Il pompe à travers les veines les liquides du sang; de là la coagulation, puis la solidification du sang; de là les tubercules dans le poumon; de là la mort. Et c'est pourquoi le diabète confine à la phthisie. Donc ne croquez pas de sucre, et vous vivrez! Je me tourne vers les hommes. Messieurs, faites des conquêtes. Pillez-vous les uns aux autres sans remords vos bien-aimées. Chassez-croisez. En amour, il n'y a pas d'amis. Partout où il y a une jolie femme l'hostilité est ouverte. Pas de quartier, guerre à outrance! Une jolie femme est un casus belli; une jolie femme est un flagrant délit. Toutes les invasions de l'histoire sont déterminées par des cotillons. La femme est le droit de l'homme. Romulus a enlevé les Sabines, Guillaume a enlevé les Saxonnes, César a enlevé les Romaines. L'homme qui n'est pas aimé plane comme un vautour sur les amantes d'autrui; et quant à moi, à tous ces infortunés qui sont veufs, je jette la proclamation sublime de Bonaparte à l'armée d'Italie: «Soldats, vous manquez de tout. L'ennemi en a.»

Tholomyès s'interrompit.

—Souffle, Tholomyès, dit Blachevelle.

En même temps, Blachevelle, appuyé de Listolier et de Fameuil, entonna sur un air de complainte une de ces chansons d'atelier composées des premiers mots venus, rimées richement et pas du tout, vides de sens comme le geste de l'arbre et le bruit du vent, qui naissent de la vapeur des pipes et se dissipent et s'envolent avec elle. Voici par quel couplet le groupe donna la réplique à la harangue de Tholomyès:

Les pères dindons donnèrent de l'argent à un agent pour que mons Clermont-Tonnerre fût fait pape à la Saint-Jean; Mais Clermont ne put pas être fait pape, n'étant pas prêtre.

Alors leur agent rageant leur rapporta leur argent.

Ceci n'était pas fait pour calmer l'improvisation de Tholomyès; il vida son verre, le remplit, et recommença.

—À bas la sagesse! oubliez tout ce que j'ai dit. Ne soyons ni prudes, ni prudents, ni prud'hommes. Je porte un toast à l'allégresse; soyons allègres! Complétons notre cours de droit par la folie et la nourriture. Indigestion et digeste. Que Justinien soit le mâle et que Ripaille soit la femelle! Joie dans les profondeurs! Vis, ô création! Le monde est un gros diamant! Je suis heureux. Les oiseaux sont étonnants. Quelle fête partout! Le rossignol est un Elleviou gratis. Été, je te salue. Ô Luxembourg, ô Géorgiques de la rue Madame et de l'allée de l'Observatoire! Ô pioupious rêveurs! ô toutes ces bonnes charmantes qui, tout en gardant des enfants, s'amusent à en ébaucher! Les pampas de l'Amérique me plairaient, si je n'avais les arcades de l'Odéon. Mon âme s'envole dans les forêts vierges et dans les savanes. Tout est beau. Les mouches bourdonnent dans les rayons. Le soleil a éternué le colibri. Embrasse-moi, Fantine!

Il se trompa, et embrassa Favourite.

Chapitre VIII
Mort d'un cheval

On dîne mieux chez Edon que chez Bombarda, s'écria Zéphine.
—Je préfère Bombarda à Edon, déclara Blachevelle. Il a plus de luxe. C'est plus asiatique. Voyez la salle d'en bas. Il y a des glaces sur les murs.
—J'en aime mieux dans mon assiette, dit Favourite.
Blachevelle insista:
—Regardez les couteaux. Les manches sont en argent chez Bombarda, et en os chez Edon. Or, l'argent est plus précieux que l'os.
—Excepté pour ceux qui ont un menton d'argent, observa Tholomyès.
Il regardait en cet instant-là le dôme des Invalides, visible des fenêtres de Bombarda.
Il y eut une pause.
—Tholomyès, cria Fameuil, tout à l'heure, Listolier et moi, nous avions une discussion.
—Une discussion est bonne, répondit Tholomyès, une querelle vaut mieux.
—Nous disputions philosophie.
—Soit.
—Lequel préfères-tu de Descartes ou de Spinosa?
—Désaugiers, dit Tholomyès.
Cet arrêt rendu, il but et reprit:
—Je consens à vivre. Tout n'est pas fini sur la terre, puisqu'on peut encore déraisonner. J'en rends grâces aux dieux immortels. On ment, mais on rit. On affirme, mais on doute. L'inattendu jaillit du syllogisme. C'est beau. Il est encore ici-bas des humains qui savent joyeusement ouvrir et fermer la boîte à surprises du paradoxe. Ceci, mesdames, que vous buvez d'un air tranquille, est du vin de Madère, sachez-le, du cru de Coural das Freiras qui est à trois cent dix-sept toises au-dessus du niveau de la mer! Attention en buvant! trois cent dix-sept toises! et monsieur Bombarda, le magnifique restaurateur, vous donne ces trois cent dix-sept toises pour quatre francs cinquante centimes!
Fameuil interrompit de nouveau:
—Tholomyès, tes opinions font loi. Quel est ton auteur favori?
—Ber....
—Quin?
—Non. Choux.
Et Tholomyès poursuivit:
—Honneur à Bombarda! il égalerait Munophis d'Elephanta s'il pouvait me cueillir une almée, et Thygélion de Chéronée s'il pouvait m'apporter une hétaïre! car, ô mesdames, il y avait des Bombarda en Grèce et en Égypte. C'est Apulée qui nous l'apprend. Hélas! toujours les mêmes choses et rien de nouveau. Plus

rien d'inédit dans la création du créateur! *Nil sub sole novum*, dit Salomon; *amor omnibus idem*, dit Virgile; et Carabine monte avec Carabin dans la galiote de Saint-Cloud, comme Aspasie s'embarquait avec Périclès sur la flotte de Samos. Un dernier mot. Savez-vous ce que c'était qu'Aspasie, mesdames? Quoiqu'elle vécût dans un temps où les femmes n'avaient pas encore d'âme, c'était une âme; une âme d'une nuance rose et pourpre, plus embrasée que le feu, plus franche que l'aurore. Aspasie était une créature en qui se touchaient les deux extrêmes de la femme; c'était la prostituée déesse. Socrate, plus Manon Lescaut. Aspasie fut créée pour le cas où il faudrait une catin à Prométhée.

Tholomyès, lancé, se serait difficilement arrêté, si un cheval ne se fût abattu sur le quai en cet instant-là même. Du choc, la charrette et l'orateur restèrent court. C'était une jument beauceronne, vieille et maigre et digne de l'équarrisseur, qui traînait une charrette fort lourde. Parvenue devant Bombarda, la bête, épuisée et accablée, avait refusé d'aller plus loin. Cet incident avait fait de la foule. À peine le charretier, jurant et indigné, avait-il eu le temps de prononcer avec l'énergie convenable le mot sacramentel: *mâtin!* appuyé d'un implacable coup de fouet, que la haridelle était tombée pour ne plus se relever. Au brouhaha des passants, les gais auditeurs de Tholomyès tournèrent la tête, et Tholomyès en profita pour clore son allocution par cette strophe mélancolique:

Elle était de ce monde où coucous et carrosses
Ont le même destin,
Et, rosse, elle a vécu ce que vivent les rosses,
L'espace d'un: mâtin!

—Pauvre cheval, soupira Fantine.

Et Dahlia s'écria:

—Voilà Fantine qui va se mettre à plaindre les chevaux! Peut-on être fichue bête comme ça!

En ce moment, Favourite, croisant les bras et renversant la tête en arrière, regarda résolûment Tholomyès et dit:

—Ah çà! et la surprise?

—Justement. L'instant est arrivé, répondit Tholomyès. Messieurs, l'heure de la surprise a sonné. Mesdames, attendez-nous un moment.

—Cela commence par un baiser, dit Blachevelle.

—Sur le front, ajouta Tholomyès.

Chacun déposa gravement un baiser sur le front de sa maîtresse; puis ils se dirigèrent vers la porte tous les quatre à la file, en mettant leur doigt sur la bouche.

Favourite battit des mains à leur sortie.

—C'est déjà amusant, dit-elle.

—Ne soyez pas trop longtemps, murmura Fantine. Nous vous attendons.

Chapitre IX
Fin joyeuse de la joie

Les jeunes filles, restées seules, s'accoudèrent deux à deux sur l'appui des fenêtres, jasant, penchant leur tête et se parlant d'une croisée à l'autre.

Elles virent les jeunes gens sortir du cabaret Bombarda bras dessus bras dessous; ils se retournèrent, leur firent des signes en riant, et disparurent dans cette poudreuse cohue du dimanche qui envahit hebdomadairement les Champs-Élysées.

—Ne soyez pas longtemps! cria Fantine.

—Que vont-ils nous rapporter? dit Zéphine.

—Pour sûr ce sera joli, dit Dahlia.

—Moi, reprit Favourite, je veux que ce soit en or.

Elles furent bientôt distraites par le mouvement du bord de l'eau qu'elles distinguaient dans les branches des grands arbres et qui les divertissait fort. C'était l'heure du départ des malles-poste et des diligences. Presque toutes les messageries du midi et de l'ouest passaient alors par les Champs-Élysées. La plupart suivaient le quai et sortaient par la barrière de Passy. De minute en minute, quelque grosse voiture peinte en jaune et en noir, pesamment chargée, bruyamment attelée, difforme à force de malles, de bâches et de valises, pleine de têtes tout de suite disparues, broyant la chaussée, changeant tous les pavés en briquets, se ruait à travers la foule avec toutes les étincelles d'une forge, de la poussière pour fumée, et un air de furie. Ce vacarme réjouissait les jeunes filles. Favourite s'exclamait:

—Quel tapage! on dirait des tas de chaînes qui s'envolent.

Il arriva une fois qu'une de ces voitures qu'on distinguait difficilement dans l'épaisseur des ormes, s'arrêta un moment, puis repartit au galop. Cela étonna Fantine.

—C'est particulier! dit-elle. Je croyais que la diligence ne s'arrêtait jamais.
Favourite haussa les épaules.

—Cette Fantine est surprenante. Je viens la voir par curiosité. Elle s'éblouit des choses les plus simples. Une supposition; je suis un voyageur, je dis à la diligence: je vais en avant, vous me prendrez sur le quai en passant. La diligence passe, me voit, s'arrête, et me prend. Cela se fait tous les jours. Tu ne connais pas la vie, ma chère.

Un certain temps s'écoula ainsi. Tout à coup Favourite eut le mouvement de quelqu'un qui se réveille.

—Eh bien, fit-elle, et la surprise?

—À propos, oui, reprit Dahlia, la fameuse surprise?

—Ils sont bien longtemps! dit Fantine.

Comme Fantine achevait ce soupir, le garçon qui avait servi le dîner entra. Il tenait à la main quelque chose qui ressemblait à une lettre.

—Qu'est-ce que cela? demanda Favourite.

Le garçon répondit:

—C'est un papier que ces messieurs ont laissé pour ces dames.

—Pourquoi ne l'avoir pas apporté tout de suite?

—Parce que ces messieurs, reprit le garçon, ont commandé de ne le remettre à ces dames qu'au bout d'une heure.

Favourite arracha le papier des mains du garçon. C'était une lettre en effet.

—Tiens! dit-elle. Il n'y a pas d'adresse. Mais voici ce qui est écrit dessus:

Ceci est la surprise.

Elle décacheta vivement la lettre, l'ouvrit et lut (elle savait lire):

«Ô nos amantes!

«Sachez que nous avons des parents. Des parents, vous ne connaissez pas beaucoup ça. Ça s'appelle des pères et mères dans le code civil, puéril et honnête. Or, ces parents gémissent, ces vieillards nous réclament, ces bons hommes et ces bonnes femmes nous appellent enfants prodigues, ils souhaitent nos retours, et nous offrent de tuer des veaux. Nous leur obéissons, étant vertueux. À l'heure où vous lirez ceci, cinq chevaux fougueux nous rapporteront à nos papas et à nos mamans. Nous fichons le camp, comme dit Bossuet. Nous partons, nous sommes partis. Nous fuyons dans les bras de Laffitte et sur les ailes de Caillard. La diligence de Toulouse nous arrache à l'abîme, et l'abîme c'est vous, ô nos belles petites! Nous rentrons dans la société, dans le devoir et dans l'ordre, au grand trot, à raison de trois lieues à l'heure. Il importe à la patrie que nous soyons, comme tout le monde, préfets, pères de famille, gardes champêtres et conseillers d'État. Vénérez-nous. Nous nous sacrifions. Pleurez-nous rapidement et remplacez-nous vite. Si cette lettre vous déchire, rendez-le-lui. Adieu.

«Pendant près de deux ans, nous vous avons rendues heureuses. Ne nous en gardez pas rancune.

«Signé: Blachevelle.

«Fameuil.

«Listolier.

«Félix Tholomyès

«Post-scriptum. Le dîner est payé.»

Les quatre jeunes filles se regardèrent.

Favourite rompit la première le silence.

—Eh bien! s'écria-t-elle, c'est tout de même une bonne farce.

—C'est très drôle, dit Zéphine.

—Ce doit être Blachevelle qui a eu cette idée-là, reprit Favourite. Ça me rend amoureuse de lui. Sitôt parti, sitôt aimé. Voilà l'histoire.

—Non, dit Dahlia, c'est une idée à Tholomyès. Ça se reconnaît.

—En ce cas, reprit Favourite, mort à Blachevelle et vive Tholomyès!

—Vive Tholomyès! crièrent Dahlia et Zéphine.

Et elles éclatèrent de rire.

Fantine rit comme les autres.

Une heure après, quand elle fut rentrée dans sa chambre, elle pleura. C'était, nous l'avons dit, son premier amour; elle s'était donnée à ce Tholomyès comme à un mari, et la pauvre fille avait un enfant.

Livre quatrième—Confier, c'est quelquefois livrer

Chapitre I
Une mère qui en rencontre une autre

Il y avait, dans le premier quart de ce siècle, à Montfermeil, près de Paris, une façon de gargote qui n'existe plus aujourd'hui. Cette gargote était tenue par des gens appelés Thénardier, mari et femme. Elle était située dans la ruelle du Boulanger. On voyait au-dessus de la porte une planche clouée à plat sur le mur. Sur cette planche était peint quelque chose qui ressemblait à un homme portant sur son dos un autre homme, lequel avait de grosses épaulettes de général dorées avec de larges étoiles argentées; des taches rouges figuraient du sang; le reste du tableau était de la fumée et représentait probablement une bataille. Au bas on lisait cette inscription: *Au Sergent de Waterloo.*

Rien n'est plus ordinaire qu'un tombereau ou une charrette à la porte d'une auberge. Cependant le véhicule ou, pour mieux dire, le fragment de véhicule qui encombrait la rue devant la gargote du Sergent de Waterloo, un soir du printemps de 1818, eût certainement attiré par sa masse l'attention d'un peintre qui eût passé là.

C'était l'avant-train d'un de ces fardiers, usités dans les pays de forêts, et qui servent à charrier des madriers et des troncs d'arbres. Cet avant-train se composait d'un massif essieu de fer à pivot où s'emboîtait un lourd timon, et que supportaient deux roues démesurées. Tout cet ensemble était trapu, écrasant et difforme. On eût dit l'affût d'un canon géant. Les ornières avaient donné aux roues, aux jantes, aux moyeux, à l'essieu et au timon, une couche de vase, hideux badigeonnage jaunâtre assez semblable à celui dont on orne volontiers les cathédrales. Le bois disparaissait sous la boue et le fer sous la rouille. Sous l'essieu pendait en draperie une grosse chaîne digne de Goliath forçat. Cette chaîne faisait songer, non aux poutres qu'elle avait fonction de transporter, mais aux mastodontes et aux mammons qu'elle eût pu atteler; elle avait un air de bagne, mais de bagne cyclopéen et surhumain, et elle semblait détachée de quelque monstre. Homère y eût lié Polyphème et Shakespeare Caliban.

Pourquoi cet avant-train de fardier était-il à cette place dans la rue? D'abord, pour encombrer la rue; ensuite pour achever de se rouiller. Il y a dans le vieil ordre social une foule d'institutions qu'on trouve de la sorte sur son passage en plein air et qui n'ont pas pour être là d'autres raisons.

Le centre de la chaîne pendait sous l'essieu assez près de terre, et sur la courbure, comme sur la corde d'une balançoire, étaient assises et groupées, ce soir-là, dans un entrelacement exquis, deux petites filles, l'une d'environ deux ans et demi, l'autre de dix-huit mois, la plus petite dans les bras de la plus grande. Un mouchoir savamment noué les empêchait de tomber. Une mère avait vu cette effroyable chaîne, et avait dit: Tiens! voilà un joujou pour mes enfants.

Les deux enfants, du reste gracieusement attifées, et avec quelque recherche, rayonnaient; on eût dit deux roses dans de la ferraille; leurs yeux étaient un triomphe; leurs fraîches joues riaient. L'une était châtain, l'autre était brune. Leurs naïfs visages étaient deux étonnements ravis; un buisson fleuri qui était près de là envoyait aux passants des parfums qui semblaient venir d'elles; celle de dix-huit mois montrait son gentil ventre nu avec cette chaste indécence de la petitesse.

Au-dessus et autour de ces deux têtes délicates, pétries dans le bonheur et trempées dans la lumière, le gigantesque avant-train, noir de rouille, presque terrible, tout enchevêtré de courbes et d'angles farouches, s'arrondissait comme un porche de caverne. À quelques pas, accroupie sur le seuil de l'auberge, la mère, femme d'un aspect peu avenant du reste, mais touchante en ce moment-là, balançait les deux enfants au moyen d'une longue ficelle, les couvant des yeux de peur d'accident avec cette expression animale et céleste propre à la maternité; à chaque va-et-vient, les hideux anneaux jetaient un bruit strident qui ressemblait à un cri de colère; les petites filles s'extasiaient, le soleil couchant se mêlait à cette joie, et rien n'était charmant comme ce caprice du hasard, qui avait fait d'une chaîne de titans une escarpolette de chérubins.

Tout en berçant ses deux petites, la mère chantonnait d'une voix fausse une romance alors célèbre:

Il le faut, disait un guerrier.

Sa chanson ct la contemplation de ses filles l'empêchaient d'entendre et de voir ce qui se passait dans la rue.

Cependant quelqu'un s'était approché d'elle, comme elle commençait le premier couplet de la romance, et tout à coup elle entendit une voix qui disait très près de son oreille:

—Vous avez là deux jolis enfants, madame, répondit la mère, continuant sa romance:

À la belle et tendre Imogine.

rèpondit la mère, continuant sa romance, puis elle tourna la tête.

Une femme était devant elle, à quelques pas. Cette femme, elle aussi, avait un enfant qu'elle portait dans ses bras.

Elle portait en outre un assez gros sac de nuit qui semblait fort lourd.

L'enfant de cette femme était un des plus divins êtres qu'on pût voir. C'était une fille de deux à trois ans. Elle eût pu jouter avec les deux autres pour la coquetterie de l'ajustement; elle avait un bavolet de linge fin, des rubans à sa brassière et de la valenciennes à son bonnet. Le pli de sa jupe relevée laissait voir sa cuisse blanche, potelée et ferme. Elle était admirablement rose et bien portante. La belle petite donnait envie de mordre dans les pommes de ses joues. On ne pouvait rien dire de ses yeux, sinon qu'ils devaient être très grands et qu'ils avaient des cils magnifiques. Elle dormait.

Elle dormait de ce sommeil d'absolue confiance propre à son âge. Les bras des mères sont faits de tendresse; les enfants y dorment profondément.

Quant à la mère, l'aspect en était pauvre et triste. Elle avait la mise d'une ouvrière qui tend à redevenir paysanne. Elle était jeune. Était-elle belle? peut-être; mais avec cette mise il n'y paraissait pas. Ses cheveux, d'où s'échappait une mèche blonde, semblaient fort épais, mais disparaissaient sévèrement sous une coiffe de béguine, laide, serrée, étroite, et nouée au menton. Le rire montre les belles dents quand on en a; mais elle ne riait point. Ses yeux ne semblaient pas être secs depuis très longtemps. Elle était pâle; elle avait l'air très lasse et un peu malade; elle regardait sa fille endormie dans ses bras avec cet air particulier d'une mère qui a nourri son enfant. Un large mouchoir bleu, comme ceux où se mouchent les invalides, plié en fichu, masquait lourdement sa taille. Elle avait les mains hâlées et toutes piquées de taches de rousseur, l'index durci et déchiqueté par l'aiguille, une Mante brune de laine bourrue, une robe de toile et de gros souliers. C'était Fantine.

C'était Fantine. Difficile à reconnaître. Pourtant, à l'examiner attentivement, elle avait toujours sa beauté. Un pli triste, qui ressemblait à un commencement d'ironie, ridait sa joue droite. Quant à sa toilette, cette aérienne toilette de mousseline et de rubans qui semblait faite avec de la gaîté, de la folie et de la musique, pleine de grelots et parfumée de lilas, elle s'était évanouie comme ces beaux givres éclatants qu'on prend pour des diamants au soleil; ils fondent et laissent la branche toute noire.

Dix mois s'étaient écoulés depuis «la bonne farce».

Que s'était-il passé pendant ces dix mois? on le devine.

Après l'abandon, la gêne. Fantine avait tout de suite perdu de vue Favourite, Zéphine et Dahlia; le lien, brisé du côté des hommes, s'était défait du côté des femmes; on les eût bien étonnées, quinze jours après, si on leur eût dit qu'elles étaient amies; cela n'avait plus de raison d'être. Fantine était restée seule. Le père de son enfant parti,—hélas! ces ruptures-là sont irrévocables,—elle se trouva absolument isolée, avec l'habitude du travail de moins et le goût du plaisir de plus. Entraînée par sa liaison avec Tholomyès à dédaigner le petit métier qu'elle savait, elle avait négligé ses débouchés; ils s'étaient fermés. Nulle ressource. Fantine savait à peine lire et ne savait pas écrire; on lui avait seulement appris dans son enfance à signer son nom; elle avait fait écrire par un écrivain public une lettre à Tholomyès, puis une seconde, puis une troisième. Tholomyès n'avait répondu à aucune. Un jour, Fantine entendit des commères dire en regardant sa fille:

—Est-ce qu'on prend ces enfants-là au sérieux? on hausse les épaules de ces enfants-là!

Alors elle songea à Tholomyès qui haussait les épaules de son enfant et qui ne prenait pas cet être innocent au sérieux; et son cœur devint sombre à l'endroit de cet homme. Quel parti prendre pourtant? Elle ne savait plus à qui s'adresser. Elle avait commis une faute, mais le fond de sa nature, on s'en souvient, était pudeur et vertu. Elle sentit vaguement qu'elle était à la veille de tomber dans la détresse, et de glisser dans le pire. Il fallait du courage; elle en eut, et se roidit. L'idée lui vint de retourner dans sa ville natale, à Montreuil-sur-mer. Là quelqu'un peut-être la connaîtrait et lui donnerait du travail. Oui; mais il faudrait cacher sa faute. Et elle entrevoyait confusément la nécessité possible d'une séparation plus douloureuse encore que la première. Son cœur se serra, mais elle prit sa résolution. Fantine, on le verra, avait la farouche bravoure de la vie.

Elle avait déjà vaillamment renoncé à la parure, s'était vêtue de toile, et avait mis toute sa soie, tous ses chiffons, tous ses rubans et toutes ses dentelles sur sa fille, seule vanité qui lui restât, et sainte celle-là. Elle vendit tout ce qu'elle avait, ce qui lui produisit deux cents francs; ses petites dettes payées, elle n'eut plus que quatre-vingts francs environ. À vingt-deux ans, par une belle matinée de printemps, elle quittait Paris, emportant son enfant sur son dos. Quelqu'un qui les eût vues passer toutes les deux eût pitié. Cette femme n'avait au monde que cet enfant, et cet enfant n'avait au monde que cette femme. Fantine avait nourri sa fille; cela lui avait fatigué la poitrine, et elle toussait un peu.

Nous n'aurons plus occasion de parler de M. Félix Tholomyès. Bornons-nous à dire que, vingt ans plus tard, sous le roi Louis-Philippe, c'était un gros avoué de province, influent et riche, électeur sage et juré très sévère; toujours homme de plaisir.

Vers le milieu du jour, après avoir, pour se reposer, cheminé de temps en temps, moyennant trois ou quatre sous par lieue, dans ce qu'on appelait alors les Petites

Voitures des Environs de Paris, Fantine se trouvait à Montfermeil, dans la ruelle du Boulanger.

Comme elle passait devant l'auberge Thénardier, les deux petites filles, enchantées sur leur escarpolette monstre, avaient été pour elle une sorte d'éblouissement, et elle s'était arrêtée devant cette vision de joie.

Il y a des charmes. Ces deux petites filles en furent un pour cette mère.

Elle les considérait, toute émue. La présence des anges est une annonce de paradis. Elle crut voir au dessus de cette auberge le mystérieux ICI de la providence. Ces deux petites étaient si évidemment heureuses! Elle les regardait, elle les admirait, tellement attendrie qu'au moment où la mère reprenait haleine entre deux vers de sa chanson, elle ne put s'empêcher de lui dire ce mot qu'on vient de lire:

—Vous avez là deux jolis enfants, madame.

Les créatures les plus féroces sont désarmées par la caresse à leurs petits. La mère leva la tête et remercia, et fit asseoir la passante sur le banc de la porte, elle-même étant sur le seuil. Les deux femmes causèrent.

—Je m'appelle madame Thénardier, dit la mère des deux petites. Nous tenons cette auberge.

Puis, toujours à sa romance, elle reprit entre ses dents:

Il le faut, je suis chevalier,
Et je pars pour la Palestine.

Cette madame Thénardier était une femme rousse, charnue, anguleuse; le type femme-à-soldat dans toute sa disgrâce. Et, chose bizarre, avec un air penché qu'elle devait à des lectures romanesques. C'était une minaudière hommasse. De vieux romans qui se sont éraillés sur des imaginations de gargotières ont de ces effets-là. Elle était jeune encore; elle avait à peine trente ans. Si cette femme, qui était accroupie, se fût tenue droite, peut-être sa haute taille et sa carrure de colosse ambulant propre aux foires, eussent-elles dès l'abord effarouché la voyageuse, troublé sa confiance, et fait évanouir ce que nous avons à raconter. Une personne qui est assise au lieu d'être debout, les destinées tiennent à cela.

La voyageuse raconta son histoire, un peu modifiée:

Qu'elle était ouvrière; que son mari était mort; que le travail lui manquait à Paris, et qu'elle allait en chercher ailleurs; dans son pays; qu'elle avait quitté Paris, le matin même, à pied; que, comme elle portait son enfant, se sentant fatiguée, et ayant rencontré la voiture de Villemomble, elle y était montée; que de Villemomble elle était venue à Montfermeil à pied, que la petite avait un peu marché, mais pas beaucoup, c'est si jeune, et qu'il avait fallu la prendre, et que le bijou s'était endormi.

Et sur ce mot elle donna à sa fille un baiser passionné qui la réveilla. L'enfant ouvrit les yeux, de grands yeux bleus comme ceux de sa mère, et regarda, quoi? rien, tout, avec cet air sérieux et quelquefois sévère des petits enfants, qui est un mystère de leur lumineuse innocence devant nos crépuscules de vertus. On dirait qu'ils se sentent anges et qu'ils nous savent hommes. Puis l'enfant se mit à rire, et, quoique la mère la retint, glissa à terre avec l'indomptable énergie d'un petit être qui veut courir. Tout à coup elle aperçut les deux autres sur leur balançoire, s'arrêta court, et tira la langue, signe d'admiration.

La mère Thénardier détacha ses filles, les fit descendre de l'escarpolette, et dit:

—Amusez-vous toutes les trois.

Ces âges-là s'apprivoisent vite, et au bout d'une minute les petites Thénardier jouaient avec la nouvelle venue à faire des trous dans la terre, plaisir immense.

Cette nouvelle venue était très gaie; la bonté de la mère est écrite dans la gaîté du marmot; elle avait pris un brin de bois qui lui servait de pelle, et elle creusait énergiquement une fosse bonne pour une mouche. Ce que fait le fossoyeur devient riant, fait par l'enfant.

Les deux femmes continuaient de causer.

—Comment s'appelle votre mioche?

—Cosette.

Cosette, lisez Euphrasie. La petite se nommait Euphrasie. Mais d'Euphrasie la mère avait fait Cosette, par ce doux et gracieux instinct des mères et du peuple qui change Josefa en Pepita et Françoise en Sillette. C'est là un genre de dérivés qui dérange et déconcerte toute la science des étymologistes. Nous avons connu une grand'mère qui avait réussi à faire de Théodore, Gnon.

—Quel âge a-t-elle?

—Elle va sur trois ans.

—C'est comme mon aînée.

Cependant les trois petites filles étaient groupées dans une posture d'anxiété profonde et de béatitude; un événement avait lieu; un gros ver venait de sortir de terre; et elles avaient peur, et elles étaient en extase.

Leurs fronts radieux se touchaient; on eût dit trois têtes dans une auréole.

—Les enfants, s'écria la mère Thénardier, comme ça se connaît tout de suite! les voilà qu'on jurerait trois sœurs!

Ce mot fut l'étincelle qu'attendait probablement l'autre mère. Elle saisit la main de la Thénardier, la regarda fixement, et lui dit:

—Voulez-vous me garder mon enfant?

La Thénardier eut un de ces mouvements surpris qui ne sont ni le consentement ni le refus.

La mère de Cosette poursuivit:

—Voyez-vous, je ne peux pas emmener ma fille au pays. L'ouvrage ne le permet pas. Avec un enfant, on ne trouve pas à se placer. Ils sont si ridicules dans ce pays-là. C'est le bon Dieu qui m'a fait passer devant votre auberge. Quand j'ai vu vos petites si jolies et si propres et si contentes, cela m'a bouleversée. J'ai dit: voilà une bonne mère. C'est ça; ça fera trois sœurs. Et puis, je ne serai pas longtemps à revenir. Voulez-vous me garder mon enfant?

—Il faudrait voir, dit la Thénardier.

—Je donnerais six francs par mois.

Ici une voix d'homme cria du fond de la gargote:

—Pas à moins de sept francs. Et six mois payés d'avance.

—Six fois sept quarante-deux, dit la Thénardier.

—Je les donnerai, dit la mère.

—Et quinze francs en dehors pour les premiers frais, ajouta la voix d'homme.

—Total cinquante-sept francs, dit la madame Thénardier. Et à travers ces chiffres, elle chantonnait vaguement:

Il le faut, disait un guerrier.

—Je les donnerai, dit la mère, j'ai quatre-vingts francs. Il me restera de quoi aller au pays. En allant à pied. Je gagnerai de l'argent là-bas, et dès que j'en aurai un peu, je reviendrai chercher l'amour.

La voix d'homme reprit:

—La petite a un trousseau?

—C'est mon mari, dit la Thénardier.

—Sans doute elle a un trousseau, le pauvre trésor. J'ai bien vu que c'était votre mari. Et un beau trousseau encore! un trousseau insensé. Tout par douzaines; et des robes de soie comme une dame. Il est là dans mon sac de nuit.

—Il faudra le donner, repartit la voix d'homme.

—Je crois bien que je le donnerai! dit la mère. Ce serait cela qui serait drôle si je laissais ma fille toute nue!

La face du maître apparut.

—C'est bon, dit-il.

Le marché fut conclu. La mère passa la nuit à l'auberge, donna son argent et laissa son enfant, renoua son sac de nuit dégonflé du trousseau et léger désormais, et partit le lendemain matin, comptant revenir bientôt. On arrange tranquillement ces départs-là, mais ce sont des désespoirs.

Une voisine des Thénardier rencontra cette mère comme elle s'en allait, et s'en revint en disant:

—Je viens de voir une femme qui pleure dans la rue, que c'est un déchirement.

Quand la mère de Cosette fut partie, l'homme dit à la femme:

—Cela va me payer mon effet de cent dix francs qui échoit demain. Il me manquait cinquante francs. Sais-tu que j'aurais eu l'huissier et un protêt? Tu as fait là une bonne souricière avec tes petites.

—Sans m'en douter, dit la femme.

Chapitre II
Première esquisse de deux figures louches

La souris prise était bien chétive; mais le chat se réjouit même d'une souris maigre. Qu'était-ce que les Thénardier?

Disons-en un mot dès à présent. Nous compléterons le croquis plus tard.

Ces êtres appartenaient à cette classe bâtarde composée de gens grossiers parvenus et de gens intelligents déchus, qui est entre la classe dite moyenne et la classe dite inférieure, et qui combine quelques-uns des défauts de la seconde avec presque tous les vices de la première, sans avoir le généreux élan de l'ouvrier ni l'ordre honnête du bourgeois.

C'étaient de ces natures naines qui, si quelque feu sombre les chauffe par hasard, deviennent facilement monstrueuses. Il y avait dans la femme le fond d'une brute et dans l'homme l'étoffe d'un gueux. Tous deux étaient au plus haut degré susceptibles de l'espèce de hideux progrès qui se fait dans le sens du mal. Il existe des âmes écrevisses reculant continuellement vers les ténèbres, rétrogradant dans la vie plutôt qu'elles n'y avancent, employant l'expérience à augmenter leur difformité, empirant sans cesse, et s'empreignant de plus en plus d'une noirceur croissante. Cet homme et cette femme étaient de ces âmes-là.

Le Thénardier particulièrement était gênant pour le physionomiste. On n'a qu'à regarder certains hommes pour s'en défier, on les sent ténébreux à leurs deux extrémités. Ils sont inquiets derrière eux et menaçants devant eux. Il y a en eux de l'inconnu. On ne peut pas plus répondre de ce qu'ils ont fait que de ce qu'ils feront. L'ombre qu'ils ont dans le regard les dénonce. Rien qu'en les entendant dire un mot ou qu'en les voyant faire un geste on entrevoit de sombres secrets dans leur passé et de sombres mystères dans leur avenir.

Ce Thénardier, s'il fallait l'en croire, avait été soldat; sergent, disait-il; il avait fait probablement la campagne de 1815, et s'était même comporté assez bravement, à ce qu'il paraît. Nous verrons plus tard ce qu'il en était. L'enseigne de son cabaret était une allusion à l'un de ses faits d'armes. Il l'avait peinte lui-même, car il savait faire un peu de tout; mal.

C'était l'époque où l'antique roman classique, qui, après avoir été *Clélie*, n'était plus que *Lodoïska*, toujours noble, mais de plus en plus vulgaire, tombé de mademoiselle de Scudéri à madame Barthélemy-Hadot, et de madame de Lafayette à madame Bournon-Malarme, incendiait l'âme aimante des portières de Paris et ravageait même un peu la banlieue. Madame Thénardier était juste assez intelligente pour lire ces espèces de livres. Elle s'en nourrissait. Elle y noyait ce qu'elle avait de cervelle; cela lui avait donné, tant qu'elle avait été très jeune, et même un peu plus tard, une sorte d'attitude pensive près de son mari, coquin d'une certaine profondeur, ruffian lettré à la grammaire près, grossier et fin en même temps, mais, en fait de sentimentalisme, lisant Pigault-Lebrun, et pour «tout ce qui touche le sexe», comme il disait dans son jargon, butor correct et sans mélange. Sa femme avait quelque douze ou quinze ans de moins que lui. Plus tard, quand les cheveux romanesquement pleureurs commencèrent à grisonner, quand la Mégère se dégagea de la Paméla, la Thénardier ne fut plus qu'une grosse méchante femme ayant savouré des romans bêtes. Or on ne lit pas impunément des niaiseries. Il en résulta que sa fille aînée se nomma Eponine. Quant à la cadette, la pauvre petite faillit se nommer Gulnare; elle dut à je ne sais quelle heureuse diversion faite par un roman de Ducray-Duminil, de ne s'appeler qu'Azelma.

Au reste, pour le dire en passant, tout n'est pas ridicule et superficiel dans cette curieuse époque à laquelle nous faisons ici allusion, et qu'on pourrait appeler l'anarchie des noms de baptême. À côté de l'élément romanesque, que nous venons d'indiquer, il y a le symptôme social. Il n'est pas rare aujourd'hui que le garçon bouvier se nomme Arthur, Alfred ou Alphonse, et que le vicomte—s'il y a encore des vicomtes—se nomme Thomas, Pierre ou Jacques. Ce déplacement qui met le nom «élégant» sur le plébéien et le nom campagnard sur l'aristocrate n'est autre chose qu'un remous d'égalité. L'irrésistible pénétration du souffle nouveau est là comme en tout. Sous cette discordance apparente, il y a une chose grande et profonde: la révolution française.

Chapitre III
L'Alouette

Il ne suffit pas d'être méchant pour prospérer. La gargote allait mal. Grâce aux cinquante-sept francs de la voyageuse, Thénardier avait pu éviter un protêt et faire honneur à sa signature. Le mois suivant ils eurent encore besoin d'argent; la femme porta à Paris et engagea au Mont-de-Piété le trousseau de Cosette pour une somme de soixante francs. Dès que cette somme fut dépensée, les Thénardier s'accoutumèrent à ne plus voir dans la petite fille qu'un enfant qu'ils avaient chez eux par charité, et la traitèrent en conséquence. Comme elle n'avait plus de trousseau, on l'habilla des vieilles jupes et des vieilles chemises des petites Thénardier, c'est-à-dire de haillons.
On la nourrit des restes de tout le monde, un peu mieux que le chien et un peu plus mal que le chat. Le chat et le chien étaient du reste ses commensaux habituels; Cosette mangeait avec eux sous la table dans une écuelle de bois pareille à la leur. La mère qui s'était fixée, comme on le verra plus tard, à Montreuil-sur-mer, écrivait, ou, pour mieux dire, faisait écrire tous les mois afin d'avoir des nouvelles de son enfant. Les Thénardier répondaient invariablement: Cosette est à merveille. Les six premiers mois révolus, la mère envoya sept francs pour le septième mois, et continua assez exactement ses envois de mois en mois. L'année n'était pas finie que le Thénardier dit:
—Une belle grâce qu'elle nous fait là! que veut-elle que nous fassions avec ses sept francs?
Et il écrivit pour exiger douze francs. La mère, à laquelle ils persuadaient que son enfant était heureuse "et venait bien", se soumit et envoya les douze francs.
Certaines natures ne peuvent aimer d'un côté sans haïr de l'autre. La mère Thénardier aimait passionnément ses deux filles à elle, ce qui fit qu'elle détesta l'étrangère. Il est triste de songer que l'amour d'une mère peut avoir de vilains aspects. Si peu de place que Cosette tînt chez elle, il lui semblait que cela était pris aux siens, et que cette petite diminuait l'air que ses filles respiraient. Cette femme, comme beaucoup de femmes de sa sorte, avait une somme de caresses et une somme de coups et d'injures à dépenser chaque jour. Si elle n'avait pas eu Cosette, il est certain que ses filles, tout idolâtrées qu'elles étaient, auraient tout reçu; mais l'étrangère leur rendit le service de détourner les coups sur elle. Ses filles n'eurent que les caresses. Cosette ne faisait pas un mouvement qui ne fît pleuvoir sur sa tête une grêle de châtiments violents et immérités. Doux être faible qui ne devait rien comprendre à ce monde ni à Dieu, sans cesse punie, grondée, rudoyée, battue et voyant à côté d'elle deux petites créatures comme elle, qui vivaient dans un rayon d'aurore!

La Thénardier étant méchante pour Cosette, Éponine et Azelma furent méchantes. Les enfants, à cet âge, ne sont que des exemplaires de la mère. Le format est plus petit, voilà tout.

Une année s'écoula, puis une autre.

On disait dans le village:

—Ces Thénardier sont de braves gens. Ils ne sont pas riches, et ils élèvent un pauvre enfant qu'on leur a abandonné chez eux!

On croyait Cosette oubliée par sa mère.

Cependant le Thénardier, ayant appris par on ne sait quelles voies obscures que l'enfant était probablement bâtard et que la mère ne pouvait l'avouer, exigea quinze francs par mois, disant que «la créature» grandissait et *«mangeait»*, et menaçant de la renvoyer. «Quelle ne m'embête pas! s'écriait-il, je lui bombarde son mioche tout au beau milieu de ses cachotteries. Il me faut de l'augmentation.»

La mère paya les quinze francs.

D'année en année, l'enfant grandit, et sa misère aussi.

Tant que Cosette fut toute petite, elle fut le souffre-douleur des deux autres enfants; dès qu'elle se mit à se développer un peu, c'est-à-dire avant même qu'elle eût cinq ans, elle devint la servante de la maison.

Cinq ans, dira-t-on, c'est invraisemblable. Hélas, c'est vrai. La souffrance sociale commence à tout âge.

N'avons-nous pas vu, récemment, le procès d'un nommé Dumolard, orphelin devenu bandit, qui, dès l'âge de cinq ans, disent les documents officiels, étant seul au monde «travaillait pour vivre, et volait.»

On fit faire à Cosette les commissions, balayer les chambres, la cour, la rue, laver la vaisselle, porter même des fardeaux. Les Thénardier se crurent d'autant plus autorisés à agir ainsi que la mère qui était toujours à Montreuil-sur-mer commença à mal payer. Quelques mois restèrent en souffrance.

Si cette mère fût revenue à Montfermeil au bout de ces trois années, elle n'eût point reconnu son enfant. Cosette, si jolie et si fraîche à son arrivée dans cette maison, était maintenant maigre et blême. Elle avait je ne sais quelle allure inquiète. Sournoise! disaient les Thénardier.

L'injustice l'avait faite hargneuse et la misère l'avait rendue laide. Il ne lui restait plus que ses beaux yeux qui faisaient peine, parce que, grands comme ils étaient, il semblait qu'on y vît une plus grande quantité de tristesse.

C'était une chose navrante de voir, l'hiver, ce pauvre enfant, qui n'avait pas encore six ans, grelottant sous de vieilles loques de toile trouées, balayer la rue avant le jour avec un énorme balai dans ses petites mains rouges et une larme dans ses grands yeux.

Dans le pays on l'appelait l'Alouette. Le peuple, qui aime les figures, s'était plu à nommer de ce nom ce petit être pas plus gros qu'un oiseau, tremblant, effarouché et frissonnant, éveillé le premier chaque matin dans la maison et dans le village, toujours dans la rue ou dans les champs avant l'aube. Seulement la pauvre Alouette ne chantait jamais.

Livre cinquième—La descente

Chapitre I
Histoire d'un progrès dans les verroteries noires

Cette mère cependant qui, au dire des gens de Montfermeil, semblait avoir abandonné son enfant, que devenait-elle? où était-elle? que faisait-elle?

Après avoir laissé sa petite Cosette aux Thénardier, elle avait continué son chemin et était arrivée à Montreuil-sur-mer.

C'était, on se le rappelle, en 1818.

Fantine avait quitté sa province depuis une dizaine d'années. Montreuil-sur-mer avait changé d'aspect. Tandis que Fantine descendait lentement de misère en misère, sa ville natale avait prospéré.

Depuis deux ans environ, il s'y était accompli un de ces faits industriels qui sont les grands événements des petits pays.

Ce détail importe, et nous croyons utile de le développer; nous dirions presque, de le souligner.

De temps immémorial, Montreuil-sur-mer avait pour industrie spéciale l'imitation des jais anglais et des verroteries noires d'Allemagne. Cette industrie avait toujours végété, à cause de la cherté des matières premières qui réagissait sur la main-d'œuvre. Au moment où Fantine revint à Montreuil-sur-mer, une transformation inouïe s'était opérée dans cette production des «articles noirs». Vers la fin de 1815, un homme, un inconnu, était venu s'établir dans la ville et avait eu l'idée de substituer, dans cette fabrication, la gomme laque à la résine et, pour les bracelets en particulier, les coulants en tôle simplement rapprochée aux coulants en tôle soudée. Ce tout petit changement avait été une révolution.

Ce tout petit changement en effet avait prodigieusement réduit le prix de la matière première, ce qui avait permis, premièrement, d'élever le prix de la main-d'œuvre, bienfait pour le pays; deuxièmement, d'améliorer la fabrication, avantage pour le consommateur; troisièmement, de vendre à meilleur marché tout en triplant le bénéfice, profit pour le manufacturier.

Ainsi pour une idée trois résultats.

En moins de trois ans, l'auteur de ce procédé était devenu riche, ce qui est bien, et avait tout fait riche autour de lui, ce qui est mieux. Il était étranger au département. De son origine, on ne savait rien; de ses commencements, peu de chose.

On contait qu'il était venu dans la ville avec fort peu d'argent, quelques centaines de francs tout au plus.

C'est de ce mince capital, mis au service d'une idée ingénieuse, fécondé par l'ordre et par la pensée, qu'il avait tiré sa fortune et la fortune de tout ce pays.

À son arrivée à Montreuil-sur-mer, il n'avait que les vêtements, la tournure et le langage d'un ouvrier.

Il paraît que, le jour même où il faisait obscurément son entrée dans la petite ville de Montreuil-sur-mer, à la tombée d'un soir de décembre, le sac au dos et le bâton d'épine à la main, un gros incendie venait d'éclater à la maison commune. Cet homme s'était jeté dans le feu, et avait sauvé, au péril de sa vie, deux enfants qui se trouvaient être ceux du capitaine de gendarmerie; ce qui fait qu'on n'avait pas songé à lui demander son passeport. Depuis lors, on avait su son nom. Il s'appelait le *père Madeleine*.

Chapitre II
M. Madeleine

C'était un homme d'environ cinquante ans, qui avait l'air préoccupé et qui était bon. Voilà tout ce qu'on en pouvait dire.

Grâce aux progrès rapides de cette industrie qu'il avait si admirablement remaniée, Montreuil-sur-mer était devenu un centre d'affaires considérable. L'Espagne, qui consomme beaucoup de jais noir, y commandait chaque année des achats immenses. Montreuil-sur-mer, pour ce commerce, faisait presque concurrence à Londres et à Berlin. Les bénéfices du père Madeleine étaient tels que, dès la deuxième année, il avait pu bâtir une grande fabrique dans laquelle il y avait deux vastes ateliers, l'un pour les hommes, l'autre pour les femmes. Quiconque avait faim pouvait s'y présenter, et était sûr de trouver là de l'emploi et du pain. Le père Madeleine demandait aux hommes de la bonne volonté, aux femmes des mœurs pures, à tous de la probité. Il avait divisé les ateliers afin de séparer les sexes et que les filles et les femmes pussent rester sages. Sur ce point, il était inflexible. C'était le seul où il fût en quelque sorte intolérant. Il était d'autant plus fondé à cette sévérité que, Montreuil-sur-mer étant une ville de garnison, les occasions de corruption abondaient. Du reste sa venue avait été un bienfait, et sa présence était une providence. Avant l'arrivée du père Madeleine, tout languissait dans le pays; maintenant tout y vivait de la vie saine du travail. Une forte circulation échauffait tout et pénétrait partout. Le chômage et la misère étaient inconnus. Il n'y avait pas de poche si obscure où il n'y eût un peu d'argent, pas de logis si pauvre où il n'y eût un peu de joie.

Le père Madeleine employait tout le monde. Il n'exigeait qu'une chose: soyez honnête homme! soyez honnête fille!

Comme nous l'avons dit, au milieu de cette activité dont il était la cause et le pivot, le père Madeleine faisait sa fortune, mais, chose assez singulière dans un simple homme de commerce, il ne paraissait point que ce fût là son principal souci. Il semblait qu'il songeât beaucoup aux autres et peu à lui. En 1820, on lui connaissait une somme de six cent trente mille francs placée à son nom chez Laffitte; mais avant de se réserver ces six cent trente mille francs, il avait dépensé plus d'un million pour la ville et pour les pauvres.

L'hôpital était mal doté; il y avait fondé dix lits. Montreuil-sur-mer est divisé en ville haute et ville basse. La ville basse, qu'il habitait, n'avait qu'une école, méchante masure qui tombait en ruine; il en avait construit deux, une pour les filles, l'autre pour les garçons. Il allouait de ses deniers aux deux instituteurs une indemnité double de leur maigre traitement officiel, et un jour, à quelqu'un qui s'en étonnait, il dit: «Les deux premiers fonctionnaires de l'état, c'est la nourrice et le maître d'école.» Il avait créé à ses frais une salle d'asile, chose alors presque inconnue en France, et une caisse de secours pour les ouvriers vieux et infirmes. Sa manufacture étant un centre, un nouveau quartier où il y avait bon nombre de familles indigentes avait rapidement surgi autour de lui; il y avait établi une pharmacie gratuite.

Dans les premiers temps, quand on le vit commencer, les bonnes âmes dirent: C'est un gaillard qui veut s'enrichir. Quand on le vit enrichir le pays avant de s'enrichir lui-même, les mêmes bonnes âmes dirent: C'est un ambitieux. Cela semblait d'autant plus probable que cet homme était religieux, et même pratiquait dans une certaine mesure, chose fort bien vue à cette époque. Il allait régulièrement entendre une basse messe tous les dimanches. Le député local, qui flairait partout des concurrences, ne tarda pas à s'inquiéter de cette religion. Ce député, qui avait été membre du corps législatif de l'empire, partageait les idées religieuses d'un père de l'oratoire connu sous le nom de Fouché, duc d'Otrante, dont il avait été la créature et l'ami. À huis clos il riait de Dieu doucement. Mais quand il vit le riche manufacturier Madeleine aller à la basse messe de sept heures, il entrevit un candidat possible, et résolut de le dépasser; il prit un confesseur jésuite et alla à la grand'messe et à vêpres. L'ambition en ce temps-là était, dans l'acception directe du mot, une course au clocher. Les pauvres profitèrent de cette terreur comme le bon Dieu, car l'honorable député fonda aussi deux lits à l'hôpital; ce qui fit douze.

Cependant en 1819 le bruit se répandit un matin dans la ville que, sur la présentation de M. le préfet, et en considération des services rendus au pays, le père Madeleine allait être nommé par le roi maire de Montreuil-sur-mer. Ceux qui avaient déclaré ce nouveau venu «un ambitieux», saisirent avec transport cette occasion que tous les hommes souhaitent de s'écrier: «Là! qu'est-ce que nous avions dit?» Tout Montreuil-sur-mer fut en rumeur. Le bruit était fondé. Quelques jours après, la nomination parut dans *le Moniteur*. Le lendemain, le père Madeleine refusa.

Dans cette même année 1819, les produits du nouveau procédé inventé par Madeleine figurèrent à l'exposition de l'industrie; sur le rapport du jury, le roi nomma l'inventeur chevalier de la Légion d'honneur. Nouvelle rumeur dans la petite ville. Eh bien! c'est la croix qu'il voulait! Le père Madeleine refusa la croix.

Décidément cet homme était une énigme. Les bonnes âmes se tirèrent d'affaire en disant: Après tout, c'est une espèce d'aventurier.

On l'a vu, le pays lui devait beaucoup, les pauvres lui devaient tout; il était si utile qu'il avait bien fallu qu'on finît par l'honorer, et il était si doux qu'il avait bien fallu qu'on finît par l'aimer; ses ouvriers en particulier l'adoraient, et il portait cette adoration avec une sorte de gravité mélancolique. Quand il fut constaté riche, «les personnes de la société» le saluèrent, et on l'appela dans la ville monsieur Madeleine; ses ouvriers et les enfants continuèrent de l'appeler *le père Madeleine*, et c'était la chose qui le faisait le mieux sourire. À mesure qu'il montait, les invitations pleuvaient sur lui. «La société» le réclamait. Les petits salons guindés de Montreuil-sur-mer qui, bien entendu, se fussent dans les premiers temps fermés à l'artisan, s'ouvrirent à deux battants au millionnaire. On lui fit mille avances. Il refusa.

Cette fois encore les bonnes âmes ne furent point empêchées.

—C'est un homme ignorant et de basse éducation. On ne sait d'où cela sort. Il ne saurait pas se tenir dans le monde. Il n'est pas du tout prouvé qu'il sache lire.

Quand on l'avait vu gagner de l'argent, on avait dit: c'est un marchand. Quand on l'avait vu semer son argent, on avait dit: c'est un ambitieux. Quand on l'avait vu repousser les honneurs, on avait dit: c'est un aventurier. Quand on le vit repousser le monde, on dit: c'est une brute.

En 1820, cinq ans après son arrivée à Montreuil-sur-mer, les services qu'il avait rendus au pays étaient si éclatants, le vœu de la contrée fut tellement unanime, que le roi le nomma de nouveau maire de la ville. Il refusa encore, mais le préfet résista à son refus, tous les notables vinrent le prier, le peuple en pleine rue le suppliait, l'insistance fut si vive qu'il finit par accepter. On remarqua que ce qui parut surtout le déterminer, ce fut l'apostrophe presque irritée d'une vieille femme du peuple qui lui cria du seuil de sa porte avec humeur: *Un bon maire, c'est utile. Est-ce qu'on recule devant du bien qu'on peut faire?*

Ce fut là la troisième phase de son ascension. Le père Madeleine était devenu monsieur Madeleine, monsieur Madeleine devint monsieur le maire.

Chapitre III
Sommes déposées chez Laffitte

Du reste, il était demeuré aussi simple que le premier jour. Il avait les cheveux gris, l'œil sérieux, le teint hâlé d'un ouvrier, le visage pensif d'un philosophe. Il portait habituellement un chapeau à bords larges et une longue redingote de gros drap, boutonnée jusqu'au menton. Il remplissait ses fonctions de maire, mais hors de là il vivait solitaire. Il parlait à peu de monde. Il se dérobait aux politesses, saluait de côté, s'esquivait vite, souriait pour se dispenser de causer, donnait pour se dispenser de sourire. Les femmes disaient de lui: Quel bon ours! Son plaisir était de se promener dans les champs.
Il prenait ses repas toujours seul, avec un livre ouvert devant lui où il lisait. Il avait une petite bibliothèque bien faite. Il aimait les livres; les livres sont des amis froids et sûrs. À mesure que le loisir lui venait avec la fortune, il semblait qu'il en profitât pour cultiver son esprit. Depuis qu'il était à Montreuil-sur-mer, on remarquait que d'année en année son langage devenait plus poli, plus choisi et plus doux.
Il emportait volontiers un fusil dans ses promenades, mais il s'en servait rarement. Quand cela lui arrivait par aventure, il avait un tir infaillible qui effrayait. Jamais il ne tuait un animal inoffensif. Jamais il ne tirait un petit oiseau. Quoiqu'il ne fût plus jeune, on contait qu'il était d'une force prodigieuse. Il offrait un coup de main à qui en avait besoin, relevait un cheval, poussait à une roue embourbée, arrêtait par les cornes un taureau échappé. Il avait toujours ses poches pleines de monnaie en sortant et vides en rentrant. Quand il passait dans un village, les marmots déguenillés couraient joyeusement après lui et l'entouraient comme une nuée de moucherons.
On croyait deviner qu'il avait dû vivre jadis de la vie des champs, car il avait toutes sortes de secrets utiles qu'il enseignait aux paysans. Il leur apprenait à détruire la teigne des blés en aspergeant le grenier et en inondant les fentes du plancher d'une dissolution de sel commun, et à chasser les charançons en suspendant partout, aux murs et aux toits, dans les héberges et dans les maisons, de l'orviot en fleur. Il avait des "recettes" pour extirper d'un champ la luzette, la nielle, la vesce, la gaverolle, la queue-de-renard, toutes les herbes parasites qui mangent le blé. Il défendait une lapinière contre les rats rien qu'avec l'odeur d'un petit cochon de Barbarie qu'il y mettait. Un jour il voyait des gens du pays très occupés à arracher des orties. Il regarda ce tas de plantes déracinées et déjà desséchées, et dit:
—C'est mort. Cela serait pourtant bon si l'on savait s'en servir. Quand l'ortie est jeune, la feuille est un légume excellent; quand elle vieillit, elle a des filaments et des fibres comme le chanvre et le lin. La toile d'ortie vaut la toile de chanvre. Hachée, l'ortie est bonne pour la volaille; broyée, elle est bonne pour les bêtes à cornes. La graine de l'ortie mêlée au fourrage donne du luisant au poil des animaux; la racine mêlée au sel produit une belle couleur jaune. C'est du reste un excellent foin qu'on peut faucher deux fois. Et que faut-il à l'ortie? Peu de terre, nul soin,

nulle culture. Seulement la graine tombe à mesure qu'elle mûrit, et est difficile à récolter. Voilà tout. Avec quelque peine qu'on prendrait, l'ortie serait utile; on la néglige, elle devient nuisible. Alors on la tue. Que d'hommes ressemblent à l'ortie!
Il ajouta après un silence:
—Mes amis, retenez ceci, il n'y a ni mauvaises herbes ni mauvais hommes. Il n'y a que de mauvais cultivateurs.
Les enfants l'aimaient encore parce qu'il savait faire de charmants petits ouvrages avec de la paille et des noix de coco.
Quand il voyait la porte d'une église tendue de noir, il entrait; il recherchait un enterrement comme d'autres recherchent un baptême. Le veuvage et le malheur d'autrui l'attiraient à cause de sa grande douceur; il se mêlait aux amis en deuil, aux familles vêtues de noir, aux prêtres gémissant autour d'un cercueil. Il semblait donner volontiers pour texte à ses pensées ces psalmodies funèbres pleines de la vision d'un autre monde. L'œil au ciel, il écoutait, avec une sorte d'aspiration vers tous les mystères de l'infini, ces voix tristes qui chantent sur le bord de l'abîme obscur de la mort.
Il faisait une foule de bonnes actions en se cachant comme on se cache pour les mauvaises. Il pénétrait à la dérobée, le soir, dans les maisons; il montait furtivement des escaliers. Un pauvre diable, en rentrant dans son galetas, trouvait que sa porte avait été ouverte, quelquefois même forcée, dans son absence. Le pauvre homme se récriait: quelque malfaiteur est venu! Il entrait, et la première chose qu'il voyait, c'était une pièce d'or oubliée sur un meuble. "Le malfaiteur" qui était venu, c'était le père Madeleine.
Il était affable et triste. Le peuple disait: «Voilà un homme riche qui n'a pas l'air fier. Voilà un homme heureux qui n'a pas l'air content.»
Quelques-uns prétendaient que c'était un personnage mystérieux, et affirmaient qu'on n'entrait jamais dans sa chambre, laquelle était une vraie cellule d'anachorète meublée de sabliers ailés et enjolivée de tibias en croix et de têtes de mort. Cela se disait beaucoup, si bien que quelques jeunes femmes élégantes et malignes de Montreuil-sur-mer vinrent chez lui un jour, et lui demandèrent:
—Monsieur le maire, montrez-nous donc votre chambre. On dit que c'est une grotte.
Il sourit, et les introduisit sur-le-champ dans cette «grotte». Elles furent bien punies de leur curiosité. C'était une chambre garnie tout bonnement de meubles d'acajou assez laids comme tous les meubles de ce genre et tapissée de papier à douze sous. Elles n'y purent rien remarquer que deux flambeaux de forme vieillie qui étaient sur la cheminée et qui avaient l'air d'être en argent, «car ils étaient contrôlés». Observation pleine de l'esprit des petites villes.
On n'en continua pas moins de dire que personne ne pénétrait dans cette chambre et que c'était une caverne d'ermite, un rêvoir, un trou, un tombeau.
On se chuchotait aussi qu'il avait des sommes «immenses» déposées chez Laffitte, avec cette particularité qu'elles étaient toujours à sa disposition immédiate, de telle sorte, ajoutait-on, que M. Madeleine pourrait arriver un matin chez Laffitte, signer un reçu et emporter ses deux ou trois millions en dix minutes. Dans la réalité ces «deux ou trois millions» se réduisaient, nous l'avons dit, à six cent trente ou quarante mille francs.

Chapitre IV
M. Madeleine en deuil

Au commencement de 1821, les journaux annoncèrent la mort de M. Myriel, évêque de Digne, «surnommé *monseigneur Bienvenu*», et trépassé en odeur de sainteté à l'âge de quatre-vingt-deux ans.

L'évêque de Digne, pour ajouter ici un détail que les journaux omirent, était, quand il mourut, depuis plusieurs années aveugle, et content d'être aveugle, sa sœur étant près de lui.

Disons-le en passant, être aveugle et être aimé, c'est en effet, sur cette terre où rien n'est complet, une des formes les plus étrangement exquises du bonheur. Avoir continuellement à ses côtés une femme, une fille, une sœur, un être charmant, qui est là parce que vous avez besoin d'elle et parce qu'elle ne peut se passer de vous, se savoir indispensable à qui nous est nécessaire, pouvoir incessamment mesurer son affection à la quantité de présence qu'elle nous donne, et se dire: puisqu'elle me consacre tout son temps, c'est que j'ai tout son cœur; voir la pensée à défaut de la figure, constater la fidélité d'un être dans l'éclipse du monde, percevoir le frôlement d'une robe comme un bruit d'ailes, l'entendre aller et venir, sortir, rentrer, parler, chanter, et songer qu'on est le centre de ces pas, de cette parole, de ce chant, manifester à chaque minute sa propre attraction, se sentir d'autant plus puissant qu'on est plus infirme, devenir dans l'obscurité, et par l'obscurité, l'astre autour duquel gravite cet ange, peu de félicités égalent celle-là. Le suprême bonheur de la vie, c'est la conviction qu'on est aimé; aimé pour soi-même, disons mieux, aimé malgré soi-même; cette conviction, l'aveugle l'a. Dans cette détresse, être servi, c'est être caressé. Lui manque-t-il quelque chose? Non. Ce n'est point perdre la lumière qu'avoir l'amour. Et quel amour! un amour entièrement fait de vertu. Il n'y a point de cécité où il y a certitude. L'âme à tâtons cherche l'âme, et la trouve. Et cette âme trouvée et prouvée est une femme. Une main vous soutient, c'est la sienne; une bouche effleure votre front, c'est sa bouche; vous entendez une respiration tout près de vous, c'est elle. Tout avoir d'elle, depuis son culte jusqu'à sa pitié, n'être jamais quitté, avoir cette douce faiblesse qui vous secourt, s'appuyer sur ce roseau inébranlable, toucher de ses mains la providence et pouvoir la prendre dans ses bras, Dieu palpable, quel ravissement! Le cœur, cette céleste fleur obscure, entre dans un épanouissement mystérieux. On ne donnerait pas cette ombre pour toute la clarté. L'âme ange est là, sans cesse là; si elle s'éloigne, c'est pour revenir; elle s'efface comme le rêve et reparaît comme la réalité. On sent de la chaleur qui approche, la voilà. On déborde de sérénité, de gaîté et d'extase; on est un rayonnement dans la nuit. Et mille petits soins. Des riens qui sont énormes dans ce vide. Les plus ineffables accents de la voix féminine employés à vous bercer, et suppléant pour vous à l'univers évanoui. On est caressé avec de l'âme. On ne voit rien, mais on se sent adoré. C'est un paradis de ténèbres.

C'est de ce paradis que monseigneur Bienvenu était passé à l'autre.

L'annonce de sa mort fut reproduite par le journal local de Montreuil-sur-mer. M. Madeleine parut le lendemain tout en noir avec un crêpe à son chapeau.

On remarqua dans la ville ce deuil, et l'on jasa. Cela parut une lueur sur l'origine de M. Madeleine. On en conclut qu'il avait quelque alliance avec le vénérable évêque. *Il drape pour l'évêque de Digne*, dirent les salons; cela rehaussa fort M. Madeleine, et lui donna subitement et d'emblée une certaine considération dans le monde noble de Montreuil-sur-mer. Le microscopique faubourg Saint-Germain de l'endroit songea à faire cesser la quarantaine de M. Madeleine, parent probable d'un évêque. M. Madeleine s'aperçut de l'avancement qu'il obtenait à plus de révérences des vieilles femmes et à plus de sourires des jeunes. Un soir, une doyenne de ce petit grand monde-là, curieuse par droit d'ancienneté, se hasarda à lui demander:

—Monsieur le maire est sans doute cousin du feu évêque de Digne?

Il dit:

—Non, madame.

—Mais, reprit la douairière, vous en portez le deuil?

Il répondit:

—C'est que dans ma jeunesse j'ai été laquais dans sa famille.

Une remarque qu'on faisait encore, c'est que, chaque fois qu'il passait dans la ville un jeune savoyard courant le pays et cherchant des cheminées à ramoner, M. le maire le faisait appeler, lui demandait son nom, et lui donnait de l'argent. Les petits savoyards se le disaient, et il en passait beaucoup.

Chapitre V
Vagues éclairs à l'horizon

Peu à peu, et avec le temps, toutes les oppositions étaient tombées. Il y avait eu d'abord contre M. Madeleine, sorte de loi que subissent toujours ceux qui s'élèvent, des noirceurs et des calomnies, puis ce ne fut plus que des méchancetés, puis ce ne fut que des malices, puis cela s'évanouit tout à fait; le respect devint complet, unanime, cordial, et il arriva un moment, vers 1821, où ce mot: monsieur le maire, fut prononcé à Montreuil-sur-mer presque du même accent que ce mot: monseigneur l'évêque, était prononcé à Digne en 1815. On venait de dix lieues à la ronde consulter M. Madeleine. Il terminait les différends, il empêchait les procès, il réconciliait les ennemis. Chacun le prenait pour juge de son bon droit. Il semblait qu'il eût pour âme le livre de la loi naturelle. Ce fut comme une contagion de vénération qui, en six ou sept ans et de proche en proche, gagna tout le pays.

Un seul homme, dans la ville et dans l'arrondissement, se déroba absolument à cette contagion, et, quoi que fît le père Madeleine, y demeura rebelle, comme si une sorte d'instinct, incorruptible et imperturbable, l'éveillait et l'inquiétait. Il semblerait en effet qu'il existe dans certains hommes un véritable instinct bestial, pur et intègre comme tout instinct, qui crée les antipathies et les sympathies, qui sépare fatalement une nature d'une autre nature, qui n'hésite pas, qui ne se trouble, ne se tait et ne se dément jamais, clair dans son obscurité, infaillible, impérieux, réfractaire à tous les conseils de l'intelligence et à tous les dissolvants de la raison, et qui, de quelque façon que les destinées soient faites, avertit secrètement l'homme-chien de la présence de l'homme-chat, et l'homme-renard de la présence de l'homme-lion.

Souvent, quand M. Madeleine passait dans une rue, calme, affectueux, entouré des bénédictions de tous, il arrivait qu'un homme de haute taille, vêtu d'une redingote gris de fer, armé d'une grosse canne et coiffé d'un chapeau rabattu, se retournait brusquement derrière lui, et le suivait des yeux jusqu'à ce qu'il eût disparu, croisant les bras, secouant lentement la tête, et haussant sa lèvre supérieure avec sa lèvre inférieure jusqu'à son nez, sorte de grimace significative qui pourrait se traduire par: «Mais qu'est-ce que c'est que cet homme-là?—Pour sûr je l'ai vu quelque part. —En tout cas, je ne suis toujours pas sa dupe.»

Ce personnage, grave d'une gravité presque menaçante, était de ceux qui, même rapidement entrevus, préoccupent l'observateur.

Il se nommait Javert, et il était de la police.

Il remplissait à Montreuil-sur-mer les fonctions pénibles, mais utiles, d'inspecteur. Il n'avait pas vu les commencements de Madeleine. Javert devait le poste qu'il occupait à la protection de M. Chabouillet, le secrétaire du ministre d'État, comte Anglès, alors préfet de police à Paris. Quand Javert était arrivé à Montreuil-sur-mer, la fortune du grand manufacturier était déjà faite, et le père Madeleine était devenu monsieur Madeleine.

Certains officiers de police ont une physionomie à part et qui se complique d'un air de bassesse mêlé à un air d'autorité. Javert avait cette physionomie, moins la bassesse.

Dans notre conviction, si les âmes étaient visibles aux yeux, on verrait distinctement cette chose étrange que chacun des individus de l'espèce humaine correspond à quelqu'une des espèces de la création animale; et l'on pourrait reconnaître aisément cette vérité à peine entrevue par le penseur, que, depuis l'huître jusqu'à l'aigle, depuis le porc jusqu'au tigre, tous les animaux sont dans l'homme et que chacun d'eux est dans un homme. Quelquefois même plusieurs d'entre eux à la fois.

Les animaux ne sont autre chose que les figures de nos vertus et de nos vices, errantes devant nos yeux, les fantômes visibles de nos âmes. Dieu nous les montre pour nous faire réfléchir. Seulement, comme les animaux ne sont que des ombres, Dieu ne les a point faits éducables dans le sens complet du mot; à quoi bon? Au contraire, nos âmes étant des réalités et ayant une fin qui leur est propre, Dieu leur a donné l'intelligence, c'est-à-dire l'éducation possible. L'éducation sociale bien faite peut toujours tirer d'une âme, quelle qu'elle soit, l'utilité qu'elle contient.

Ceci soit dit, bien entendu, au point de vue restreint de la vie terrestre apparente, et sans préjuger la question profonde de la personnalité antérieure et ultérieure des êtres qui ne sont pas l'homme. Le moi visible n'autorise en aucune façon le penseur à nier le moi latent. Cette réserve faite, passons.

Maintenant, si l'on admet un moment avec nous que dans tout homme il y a une des espèces animales de la création, il nous sera facile de dire ce que c'était que l'officier de paix Javert.

Les paysans asturiens sont convaincus que dans toute portée de louve il y a un chien, lequel est tué par la mère, sans quoi en grandissant il dévorerait les autres petits.

Donnez une face humaine à ce chien fils d'une louve, et ce sera Javert.

Javert était né dans une prison d'une tireuse de cartes dont le mari était aux galères. En grandissant, il pensa qu'il était en dehors de la société et désespéra d'y rentrer jamais. Il remarqua que la société maintient irrémissiblement en dehors d'elle deux classes d'hommes, ceux qui l'attaquent et ceux qui la gardent; il n'avait le choix qu'entre ces deux classes; en même temps il se sentait je ne sais quel fond de rigidité, de régularité et de probité, compliqué d'une inexprimable haine pour cette race de bohèmes dont il était. Il entra dans la police.

Il y réussit. À quarante ans il était inspecteur.

Il avait dans sa jeunesse été employé dans les chiourmes du midi.

Avant d'aller plus loin, entendons-nous sur ce mot face humaine que nous appliquions tout à l'heure à Javert.

La face humaine de Javert consistait en un nez camard, avec deux profondes narines vers lesquelles montaient sur ses deux joues d'énormes favoris. On se sentait mal à l'aise la première fois qu'on voyait ces deux forêts et ces deux cavernes. Quand Javert riait, ce qui était rare et terrible, ses lèvres minces s'écartaient, et laissaient voir, non seulement ses dents, mais ses gencives, et il se faisait autour de son nez un plissement épaté et sauvage comme sur un mufle de bête fauve. Javert sérieux était un dogue; lorsqu'il riait, c'était un tigre. Du reste, peu de crâne, beaucoup de mâchoire, les cheveux cachant le front et tombant sur les sourcils, entre les deux yeux un froncement central permanent comme une étoile de colère, le regard obscur, la bouche pincée et redoutable, l'air du commandement féroce.

Cet homme était composé de deux sentiments très simples, et relativement très bons, mais qu'il faisait presque mauvais à force de les exagérer: le respect de l'autorité, la haine de la rébellion; et à ses yeux le vol, le meurtre, tous les crimes, n'étaient que des formes de la rébellion. Il enveloppait dans une sorte de foi aveugle et profonde tout ce qui a une fonction dans l'État, depuis le premier ministre jusqu'au garde champêtre. Il couvrait de mépris, d'aversion et de dégoût tout ce qui avait franchi une fois le seuil légal du mal. Il était absolu et n'admettait pas d'exceptions. D'une part il disait:

—Le fonctionnaire ne peut se tromper; le magistrat n'a jamais tort.

D'autre part il disait:

—Ceux-ci sont irrémédiablement perdus. Rien de bon n'en peut sortir.

Il partageait pleinement l'opinion de ces esprits extrêmes qui attribuent à la loi humaine je ne sais quel pouvoir de faire ou, si l'on veut, de constater des damnés, et qui mettent un Styx au bas de la société. Il était stoïque, sérieux, austère; rêveur triste; humble et hautain comme les fanatiques. Son regard était une vrille. Cela était froid et cela perçait. Toute sa vie tenait dans ces deux mots: veiller et surveiller. Il avait introduit la ligne droite dans ce qu'il y a de plus tortueux au monde; il avait la conscience de son utilité, la religion de ses fonctions, et il était espion comme on est prêtre. Malheur à qui tombait sous sa main! Il eût arrêté son père s'évadant du bagne et dénoncé sa mère en rupture de ban. Et il l'eût fait avec cette sorte de satisfaction intérieure que donne la vertu. Avec cela une vie de privations, l'isolement, l'abnégation, la chasteté, jamais une distraction. C'était le devoir implacable, la police comprise comme les Spartiates comprenaient Sparte, un guet impitoyable, une honnêteté farouche, un mouchard marmoréen, Brutus dans Vidocq.

Toute la personne de Javert exprimait l'homme qui épie et qui se dérobe. L'école mystique de Joseph de Maistre, laquelle à cette époque assaisonnait de haute cosmogonie ce qu'on appelait les journaux ultras, n'eût pas manqué de dire que Javert était un symbole. On ne voyait pas son front qui disparaissait sous son chapeau, on ne voyait pas ses yeux qui se perdaient sous ses sourcils, on ne voyait pas son menton qui plongeait dans sa cravate, on ne voyait pas ses mains qui rentraient dans ses manches, on ne voyait pas sa canne qu'il portait sous sa redingote. Mais l'occasion venue, on voyait tout à coup sortir de toute cette ombre, comme d'une embuscade, un front anguleux et étroit, un regard funeste, un menton menaçant, des mains énormes; et un gourdin monstrueux.

À ses moments de loisir, qui étaient peu fréquents, tout en haïssant les livres, il lisait; ce qui fait qu'il n'était pas complètement illettré. Cela se reconnaissait à quelque emphase dans la parole.

Il n'avait aucun vice, nous l'avons dit. Quand il était content de lui, il s'accordait une prise de tabac. Il tenait à l'humanité par là.

On comprendra sans peine que Javert était l'effroi de toute cette classe que la statistique annuelle du ministère de la justice désigne sous la rubrique: *Gens sans aveu.* Le nom de Javert prononcé les mettait en déroute; la face de Javert apparaissant les pétrifiait.

Tel était cet homme formidable.

Javert était comme un œil toujours fixé sur M. Madeleine. Œil plein de soupçon et de conjectures. M. Madeleine avait fini par s'en apercevoir, mais il sembla que cela fût insignifiant pour lui. Il ne fit pas même une question à Javert, il ne le cherchait ni ne l'évitait, et il portait, sans paraître y faire attention, ce regard gênant et presque pesant. Il traitait Javert comme tout le monde, avec aisance et bonté.

À quelques paroles échappées à Javert, on devinait qu'il avait recherché secrètement, avec cette curiosité qui tient à la race et où il entre autant d'instinct que de volonté, toutes les traces antérieures que le père Madeleine avait pu laisser ailleurs. Il paraissait savoir, et il disait parfois à mots couverts, que quelqu'un avait pris certaines informations dans un certain pays sur une certaine famille disparue. Une fois il lui arriva de dire, se parlant à lui-même:

—Je crois que je le tiens!

Puis il resta trois jours pensif sans prononcer une parole. Il paraît que le fil qu'il croyait tenir s'était rompu. Du reste, et ceci est le correctif nécessaire à ce que le sens de certains mots pourrait présenter de trop absolu, il ne peut y avoir rien de vraiment infaillible dans une créature humaine, et le propre de l'instinct est précisément de pouvoir être troublé, dépisté et dérouté. Sans quoi il serait supérieur à l'intelligence, et la bête se trouverait avoir une meilleure lumière que l'homme.

Javert était évidemment quelque peu déconcerté par le complet naturel et la tranquillité de M. Madeleine.

Un jour pourtant son étrange manière d'être parut faire impression sur M. Madeleine. Voici à quelle occasion.

Chapitre VI
Le père Fauchelevent

M. Madeleine passait un matin dans une ruelle non pavée de Montreuil-sur-mer. Il entendit du bruit et vit un groupe à quelque distance. Il y alla. Un vieux homme, nommé le père Fauchelevent, venait de tomber sous sa charrette dont le cheval s'était abattu.

Ce Fauchelevent était un des rares ennemis qu'eût encore M. Madeleine à cette époque. Lorsque Madeleine était arrivé dans le pays, Fauchelevent, ancien tabellion et paysan presque lettré, avait un commerce qui commençait à aller mal. Fauchelevent avait vu ce simple ouvrier qui s'enrichissait, tandis que lui, maître, se ruinait. Cela l'avait rempli de jalousie, et il avait fait ce qu'il avait pu en toute occasion pour nuire à Madeleine. Puis la faillite était venue, et, vieux, n'ayant plus à lui qu'une charrette et un cheval, sans famille et sans enfants du reste, pour vivre il s'était fait charretier.

Le cheval avait les deux cuisses cassées et ne pouvait se relever. Le vieillard était engagé entre les roues. La chute avait été tellement malheureuse que toute la voiture pesait sur sa poitrine. La charrette était assez lourdement chargée. Le père Fauchelevent poussait des râles lamentables. On avait essayé de le tirer, mais en vain. Un effort désordonné, une aide maladroite, une secousse à faux pouvaient l'achever. Il était impossible de le dégager autrement qu'en soulevant la voiture par-dessous. Javert, qui était survenu au moment de l'accident, avait envoyé chercher un cric.

M. Madeleine arriva. On s'écarta avec respect.

—À l'aide! criait le vieux Fauchelevent. Qui est-ce qui est bon enfant pour sauver le vieux?

M. Madeleine se tourna vers les assistants:

—A-t-on un cric?

—On en est allé quérir un, répondit un paysan.

—Dans combien de temps l'aura-t-on?

—On est allé au plus près, au lieu Flachot, où il y a un maréchal; mais c'est égal, il faudra bien un bon quart d'heure.

—Un quart d'heure! s'écria Madeleine.

Il avait plu la veille, le sol était détrempé, la charrette s'enfonçait dans la terre à chaque instant et comprimait de plus en plus la poitrine du vieux charretier. Il était évident qu'avant cinq minutes il aurait les côtes brisées.

—Il est impossible d'attendre un quart d'heure, dit Madeleine aux paysans qui regardaient.

—Il faut bien!

—Mais il ne sera plus temps! Vous ne voyez donc pas que la charrette s'enfonce?

—Dame!

—Écoutez, reprit Madeleine, il y a encore assez de place sous la voiture pour qu'un homme s'y glisse et la soulève avec son dos. Rien qu'une demi-minute, et l'on tirera le pauvre homme. Y a-t-il ici quelqu'un qui ait des reins et du cœur? Cinq louis d'or à gagner!

Personne ne bougea dans le groupe.

—Dix louis, dit Madeleine.

Les assistants baissaient les yeux. Un d'eux murmura:

—Il faudrait être diablement fort. Et puis, on risque de se faire écraser!

—Allons! recommença Madeleine, vingt louis! Même silence.

—Ce n'est pas la bonne volonté qui leur manque, dit une voix.

M. Madeleine se retourna, et reconnut Javert. Il ne l'avait pas aperçu en arrivant. Javert continua:

—C'est la force. Il faudrait être un terrible homme pour faire la chose de lever une voiture comme cela sur son dos.

Puis, regardant fixement M. Madeleine, il poursuivit en appuyant sur chacun des mots qu'il prononçait:

—Monsieur Madeleine, je n'ai jamais connu qu'un seul homme capable de faire ce que vous demandez là.

Madeleine tressaillit.

Javert ajouta avec un air d'indifférence, mais sans quitter des yeux Madeleine:

—C'était un forçat.

—Ah! dit Madeleine.

—Du bagne de Toulon.

Madeleine devint pâle.

Cependant la charrette continuait à s'enfoncer lentement. Le père Fauchelevent râlait et hurlait:

—J'étouffe! Ça me brise les côtes! Un cric! quelque chose! Ah!

Madeleine regarda autour de lui:

—Il n'y a donc personne qui veuille gagner vingt louis et sauver la vie à ce pauvre vieux?

Aucun des assistants ne remua. Javert reprit:

—Je n'ai jamais connu qu'un homme qui pût remplacer un cric. C'était ce forçat.

—Ah! voilà que ça m'écrase! cria le vieillard.

Madeleine leva la tête, rencontra l'œil de faucon de Javert toujours attaché sur lui, regarda les paysans immobiles, et sourit tristement. Puis, sans dire une parole, il tomba à genoux, et avant même que la foule eût eu le temps de jeter un cri, il était sous la voiture.

Il y eut un affreux moment d'attente et de silence.

On vit Madeleine presque à plat ventre sous ce poids effrayant essayer deux fois en vain de rapprocher ses coudes de ses genoux. On lui cria:

—Père Madeleine! retirez-vous de là!

Le vieux Fauchelevent lui-même lui dit:

—Monsieur Madeleine! allez-vous-en! C'est qu'il faut que je meure, voyez-vous! Laissez-moi! Vous allez vous faire écraser aussi!

Madeleine ne répondit pas.

Les assistants haletaient. Les roues avaient continué de s'enfoncer, et il était déjà devenu presque impossible que Madeleine sortît de dessous la voiture.

Tout à coup on vit l'énorme masse s'ébranler, la charrette se soulevait lentement, les roues sortaient à demi de l'ornière. On entendit une voix étouffée qui criait:

—Dépêchez-vous! aidez!

C'était Madeleine qui venait de faire un dernier effort.

Ils se précipitèrent. Le dévouement d'un seul avait donné de la force et du courage à tous. La charrette fut enlevée par vingt bras. Le vieux Fauchelevent était sauvé.

Madeleine se releva. Il était blême, quoique ruisselant de sueur. Ses habits étaient déchirés et couverts de boue. Tous pleuraient. Le vieillard lui baisait les genoux et l'appelait le bon Dieu. Lui, il avait sur le visage je ne sais quelle expression de souffrance heureuse et céleste, et il fixait son œil tranquille sur Javert qui le regardait toujours.

Chapitre VII
Fauchelevent devient jardinier à Paris

Fauchelevent s'était démis la rotule dans sa chute. Le père Madeleine le fit transporter dans une infirmerie qu'il avait établie pour ses ouvriers dans le bâtiment même de sa fabrique et qui était desservie par deux sœurs de charité. Le lendemain matin, le vieillard trouva un billet de mille francs sur sa table de nuit, avec ce mot de la main du père Madeleine: *Je vous achète votre charrette et votre cheval.* La charrette était brisée et le cheval était mort. Fauchelevent guérit, mais son genou resta ankylosé. M. Madeleine, par les recommandations des sœurs et de son curé, fit placer le bonhomme comme jardinier dans un couvent de femmes du quartier Saint-Antoine à Paris.

Quelque temps après, M. Madeleine fut nommé maire. La première fois que Javert vit M. Madeleine revêtu de l'écharpe qui lui donnait toute autorité sur la ville, il éprouva cette sorte de frémissement qu'éprouverait un dogue qui flairerait un loup sous les habits de son maître. À partir de ce moment, il l'évita le plus qu'il put. Quand les besoins du service l'exigeaient impérieusement et qu'il ne pouvait faire autrement que de se trouver avec M. le maire, il lui parlait avec un respect profond.

Cette prospérité créée à Montreuil-sur-mer par le père Madeleine avait, outre les signes visibles que nous avons indiqués, un autre symptôme qui, pour n'être pas visible, n'était pas moins significatif. Ceci ne trompe jamais.

Quand la population souffre, quand le travail manque, quand le commerce est nul, le contribuable résiste à l'impôt par pénurie, épuise et dépasse les délais, et l'état dépense beaucoup d'argent en frais de contrainte et de rentrée. Quand le travail abonde, quand le pays est heureux et riche, l'impôt se paye aisément et coûte peu à l'état. On peut dire que la misère et la richesse publiques ont un thermomètre infaillible, les frais de perception de l'impôt. En sept ans, les frais de perception de l'impôt s'étaient réduits des trois quarts dans l'arrondissement de Montreuil-sur-mer, ce qui faisait fréquemment citer cet arrondissement entre tous par M. de Villèle, alors ministre des finances.

Telle était la situation du pays, lorsque Fantine y revint. Personne ne se souvenait plus d'elle. Heureusement la porte de la fabrique de M. Madeleine était comme un visage ami. Elle s'y présenta, et fut admise dans l'atelier des femmes. Le métier était tout nouveau pour Fantine, elle n'y pouvait être bien adroite, elle ne tirait donc de sa journée de travail que peu de chose, mais enfin cela suffisait, le problème était résolu, elle gagnait sa vie.

Chapitre VIII
Madame Victurnien dépense trente-cinq francs pour la morale

Quand Fantine vit qu'elle vivait, elle eut un moment de joie. Vivre honnêtement de son travail, quelle grâce du ciel! Le goût du travail lui revint vraiment. Elle acheta un miroir, se réjouit d'y regarder sa jeunesse, ses beaux cheveux et ses belles dents, oublia beaucoup de choses, ne songea plus qu'à sa Cosette et à l'avenir possible, et fut presque heureuse. Elle loua une petite chambre et la meubla à crédit sur son travail futur; reste de ses habitudes de désordre.
Ne pouvant pas dire qu'elle était mariée, elle s'était bien gardée, comme nous l'avons déjà fait entrevoir, de parler de sa petite fille.
En ces commencements, on l'a vu, elle payait exactement les Thénardier. Comme elle ne savait que signer, elle était obligée de leur écrire par un écrivain public.
Elle écrivait souvent. Cela fut remarqué. On commença à dire tout bas dans l'atelier des femmes que Fantine «écrivait des lettres» et qu'«elle avait des allures».
Il n'y a rien de tel pour épier les actions des gens que ceux qu'elles ne regardent pas.
—Pourquoi ce monsieur ne vient-il jamais qu'à la brune? pourquoi monsieur un tel n'accroche-t-il jamais sa clef au clou le jeudi? pourquoi prend-il toujours les petites rues? pourquoi madame descend-elle toujours de son fiacre avant d'arriver à la maison? pourquoi envoie-t-elle acheter un cahier de papier à lettres, quand elle en a «plein sa papeterie?» etc., etc.—Il existe des êtres qui, pour connaître le mot de ces énigmes, lesquelles leur sont du reste parfaitement indifférentes, dépensent plus d'argent, prodiguent plus de temps, se donnent plus de peine qu'il n'en faudrait pour dix bonnes actions; et cela, gratuitement, pour le plaisir, sans être payés de la curiosité autrement que par la curiosité. Ils suivront celui-ci ou celle-là des jours entiers, feront faction des heures à des coins de rue, sous des portes d'allées, la nuit, par le froid et par la pluie, corrompront des commissionnaires, griseront des cochers de fiacre et des laquais, achèteront une femme de chambre, feront acquisition d'un portier. Pourquoi? pour rien. Pur acharnement de voir, de savoir et de pénétrer. Pure démangeaison de dire. Et souvent ces secrets connus, ces mystères publiés, ces énigmes éclairées du grand jour, entraînent des catastrophes, des duels, des faillites, des familles ruinées, des existences brisées, à la grande joie de ceux qui ont «tout découvert» sans intérêt et par pur instinct. Chose triste.
Certaines personnes sont méchantes uniquement par besoin de parler. Leur conversation, causerie dans le salon, bavardage dans l'antichambre, est comme ces

cheminées qui usent vite le bois; il leur faut beaucoup de combustible; et le combustible, c'est le prochain.

On observa donc Fantine.

Avec cela, plus d'une était jalouse de ses cheveux blonds et de ses dents blanches. On constata que dans l'atelier, au milieu des autres, elle se détournait souvent pour essuyer une larme. C'étaient les moments où elle songeait à son enfant; peut-être aussi à l'homme qu'elle avait aimé.

C'est un douloureux labeur que la rupture des sombres attaches du passé.

On constata qu'elle écrivait, au moins deux fois par mois, toujours à la même adresse, et qu'elle affranchissait la lettre. On parvint à se procurer l'adresse: *Monsieur, Monsieur Thénardier, aubergiste, à Montfermeil*. On fit jaser au cabaret l'écrivain public, vieux bonhomme qui ne pouvait pas emplir son estomac de vin rouge sans vider sa poche aux secrets. Bref, on sut que Fantine avait un enfant. «Ce devait être une espèce de fille.» Il se trouva une commère qui fit le voyage de Montfermeil, parla aux Thénardier, et dit à son retour: «Pour mes trente-cinq francs, j'en ai eu le cœur net. J'ai vu l'enfant!»

La commère qui fit cela était une gorgone appelée madame Victurnien, gardienne et portière de la vertu de tout le monde. Madame Victurnien avait cinquante-six ans, et doublait le masque de la laideur du masque de la vieillesse. Voix chevrotante, esprit capricant. Cette vieille femme avait été jeune, chose étonnante. Dans sa jeunesse, en plein 93, elle avait épousé un moine échappé du cloître en bonnet rouge et passé des bernardins aux jacobins. Elle était sèche, rêche, revêche, pointue, épineuse, presque venimeuse; tout en se souvenant de son moine dont elle était veuve, et qui l'avait fort domptée et pliée. C'était une ortie où l'on voyait le froissement du froc. À la restauration, elle s'était faite bigote, et si énergiquement que les prêtres lui avaient pardonné son moine. Elle avait un petit bien qu'elle léguait bruyamment à une communauté religieuse. Elle était fort bien vue à l'évêché d'Arras. Cette madame Victurnien donc alla à Montfermeil, et revint en disant: «J'ai vu l'enfant».

Tout cela prit du temps. Fantine était depuis plus d'un an à la fabrique, lorsqu'un matin la surveillante de l'atelier lui remit, de la part de M. le maire, cinquante francs, en lui disant qu'elle ne faisait plus partie de l'atelier et en l'engageant, de la part de M. le maire, à quitter le pays.

C'était précisément dans ce même mois que les Thénardier, après avoir demandé douze francs au lieu de six, venaient d'exiger quinze francs au lieu de douze.

Fantine fut atterrée. Elle ne pouvait s'en aller du pays, elle devait son loyer et ses meubles. Cinquante francs ne suffisaient pas pour acquitter cette dette. Elle balbutia quelques mots suppliants. La surveillante lui signifia qu'elle eût à sortir sur-le-champ de l'atelier. Fantine n'était du reste qu'une ouvrière médiocre. Accablée de honte plus encore que de désespoir, elle quitta l'atelier et rentra dans sa chambre. Sa faute était donc maintenant connue de tous!

Elle ne se sentit plus la force de dire un mot. On lui conseilla de voir M. le maire; elle n'osa pas. M. le maire lui donnait cinquante francs, parce qu'il était bon, et la chassait, parce qu'il était juste. Elle plia sous cet arrêt.

Chapitre IX
Succès de Madame Victurnien

La veuve du moine fut donc bonne à quelque chose.

Du reste, M. Madeleine n'avait rien su de tout cela. Ce sont là de ces combinaisons d'événements dont la vie est pleine. M. Madeleine avait pour habitude de n'entrer presque jamais dans l'atelier des femmes. Il avait mis à la tête de cet atelier une vieille fille, que le curé lui avait donnée, et il avait toute confiance dans cette surveillante, personne vraiment respectable, ferme, équitable, intègre, remplie de la charité qui consiste à donner, mais n'ayant pas au même degré la charité qui consiste à comprendre et à pardonner. M. Madeleine se remettait de tout sur elle. Les meilleurs hommes sont souvent forcés de déléguer leur autorité. C'est dans cette pleine puissance et avec la conviction qu'elle faisait bien, que la surveillante avait instruit le procès, jugé, condamné et exécuté Fantine.

Quant aux cinquante francs, elle les avait donnés sur une somme que M. Madeleine lui confiait pour aumônes et secours aux ouvrières et dont elle ne rendait pas compte.

Fantine s'offrit comme servante dans le pays; elle alla d'une maison à l'autre. Personne ne voulut d'elle. Elle n'avait pu quitter la ville. Le marchand fripier auquel elle devait ses meubles, quels meubles! lui avait dit: «Si vous vous en allez, je vous fais arrêter comme voleuse.» Le propriétaire auquel elle devait son loyer, lui avait dit:

«Vous êtes jeune et jolie, vous pouvez payer.» Elle partagea les cinquante francs entre le propriétaire et le fripier, rendit au marchand les trois quarts de son mobilier, ne garda que le nécessaire, et se trouva sans travail, sans état, n'ayant plus que son lit, et devant encore environ cent francs.

Elle se mit à coudre de grosses chemises pour les soldats de la garnison, et gagnait douze sous par jour. Sa fille lui en coûtait dix. C'est en ce moment qu'elle commença à mal payer les Thénardier.

Cependant une vieille femme qui lui allumait sa chandelle quand elle rentrait le soir, lui enseigna l'art de vivre dans la misère. Derrière vivre de peu, il y a vivre de rien. Ce sont deux chambres; la première est obscure, la seconde est noire.

Fantine apprit comment on se passe tout à fait de feu en hiver, comment on renonce à un oiseau qui vous mange un liard de millet tous les deux jours, comment on fait de son jupon sa couverture et de sa couverture son jupon, comment on ménage sa chandelle en prenant son repas à la lumière de la fenêtre d'en face. On ne sait pas tout ce que certains êtres faibles, qui ont vieilli dans le dénûment et l'honnêteté, savent tirer d'un sou. Cela finit par être un talent. Fantine acquit ce sublime talent et reprit un peu de courage.

À cette époque, elle disait à une voisine:

—Bah! je me dis: en ne dormant que cinq heures et en travaillant tout le reste à mes coutures, je parviendrai bien toujours à gagner à peu près du pain. Et puis, quand on est triste, on mange moins. Eh bien! des souffrances, des inquiétudes, un peu de pain d'un côté, des chagrins de l'autre, tout cela me nourrira.

Dans cette détresse, avoir sa petite fille eût été un étrange bonheur. Elle songea à la faire venir. Mais quoi! lui faire partager son dénûment! Et puis, elle devait aux Thénardier! comment s'acquitter? Et le voyage! comment le payer?

La vieille qui lui avait donné ce qu'on pourrait appeler des leçons de vie indigente était une sainte fille nommée Marguerite, dévote de la bonne dévotion, pauvre, et charitable pour les pauvres et même pour les riches, sachant tout juste assez écrire pour signer *Margueritte*, et croyant en Dieu, ce qui est la science.

Il y a beaucoup de ces vertus-là en bas; un jour elles seront en haut. Cette vie a un lendemain.

Dans les premiers temps, Fantine avait été si honteuse qu'elle n'avait pas osé sortir. Quand elle était dans la rue, elle devinait qu'on se retournait derrière elle et qu'on la montrait du doigt; tout le monde la regardait et personne ne la saluait; le mépris âcre et froid des passants lui pénétrait dans la chair et dans l'âme comme une bise.

Dans les petites villes, il semble qu'une malheureuse soit nue sous les sarcasmes et la curiosité de tous. À Paris, du moins, personne ne vous connaît, et cette obscurité est un vêtement. Oh! comme elle eût souhaité venir à Paris! Impossible.

Il fallut bien s'accoutumer à la déconsidération, comme elle s'était accoutumée à l'indigence. Peu à peu elle en prit son parti. Après deux ou trois mois elle secoua la honte et se remit à sortir comme si de rien n'était.

—Cela m'est bien égal, dit-elle.

Elle alla et vint, la tête haute, avec un sourire amer, et sentit qu'elle devenait effrontée.

Madame Victurnien quelquefois la voyait passer de sa fenêtre, remarquait la détresse de «cette créature», grâce à elle "remise à sa place", et se félicitait. Les méchants ont un bonheur noir.

L'excès du travail fatiguait Fantine, et la petite toux sèche qu'elle avait augmenta. Elle disait quelquefois à sa voisine Marguerite: «Tâtez donc comme mes mains sont chaudes.»

Cependant le matin, quand elle peignait avec un vieux peigne cassé ses beaux cheveux qui ruisselaient comme de la soie floche, elle avait une minute de coquetterie heureuse

Chapitre X
Suite du succès

Elle avait été congédiée vers la fin de l'hiver; l'été se passa, mais l'hiver revint. Jours courts, moins de travail. L'hiver, point de chaleur, point de lumière, point de midi, le soir touche au matin, brouillard, crépuscule, la fenêtre est grise, on n'y voit pas clair. Le ciel est un soupirail. Toute la journée est une cave. Le soleil a l'air d'un pauvre. L'affreuse saison! L'hiver change en pierre l'eau du ciel et le cœur de l'homme. Ses créanciers la harcelaient.

Fantine gagnait trop peu. Ses dettes avaient grossi. Les Thénardier, mal payés, lui écrivaient à chaque instant des lettres dont le contenu la désolait et dont le port la ruinait. Un jour ils lui écrivirent que sa petite Cosette était toute nue par le froid qu'il faisait, qu'elle avait besoin d'une jupe de laine, et qu'il fallait au moins que la mère envoyât dix francs pour cela. Elle reçut la lettre, et la froissa dans ses mains tout le jour. Le soir elle entra chez un barbier qui habitait le coin de la rue, et défit son peigne. Ses admirables cheveux blonds lui tombèrent jusqu'aux reins.

—Les beaux cheveux! s'écria le barbier.
—Combien m'en donneriez-vous? dit-elle.
—Dix francs.
—Coupez-les.

Elle acheta une jupe de tricot et l'envoya aux Thénardier.

Cette jupe fit les Thénardier furieux. C'était de l'argent qu'ils voulaient. Ils donnèrent la jupe à Eponine. La pauvre Alouette continua de frissonner.

Fantine pensa: «Mon enfant n'a plus froid. Je l'ai habillée de mes cheveux.» Elle mettait de petits bonnets ronds qui cachaient sa tête tondue et avec lesquels elle était encore jolie.

Un travail ténébreux se faisait dans le cœur de Fantine. Quand elle vit qu'elle ne pouvait plus se coiffer, elle commença à tout prendre en haine autour d'elle. Elle avait longtemps partagé la vénération de tous pour le père Madeleine; cependant, à force de se répéter que c'était lui qui l'avait chassée, et qu'il était la cause de son malheur, elle en vint à le haïr lui aussi, lui surtout. Quand elle passait devant la fabrique aux heures où les ouvriers sont sur la porte, elle affectait de rire et de chanter.

Une vieille ouvrière qui la vit une fois chanter et rire de cette façon dit:

—Voilà une fille qui finira mal.

Elle prit un amant, le premier venu, un homme qu'elle n'aimait pas, par bravade, avec la rage dans le cœur. C'était un misérable, une espèce de musicien mendiant, un oisif gueux, qui la battait, et qui la quitta comme elle l'avait pris, avec dégoût. Elle adorait son enfant.

Plus elle descendait, plus tout devenait sombre autour d'elle plus ce doux petit ange rayonnait dans le fond de son âme. Elle disait. Quand je serai riche, j'aurai ma Cosette avec moi; et elle riait. La toux ne la quittait pas, et elle avait des sueurs dans le dos.

Un jour elle reçut des Thénardier une lettre ainsi conçue:

«Cosette est malade d'une maladie qui est dans le pays. Une fièvre miliaire, qu'ils appellent. Il faut des drogues chères. Cela nous ruine et nous ne pouvons plus payer. Si vous ne nous envoyez pas quarante francs avant huit jours, la petite est morte.»

Elle se mit à rire aux éclats, et elle dit à sa vieille voisine:

—Ah! ils sont bons! quarante francs! que ça! ça fait deux napoléons! Où veulent-ils que je les prenne? Sont-ils bêtes, ces paysans!

Cependant elle alla dans l'escalier près d'une lucarne et relut la lettre.

Puis elle descendit l'escalier et sortit en courant et en sautant, riant toujours.

Quelqu'un qui la rencontra lui dit:

—Qu'est-ce que vous avez donc à être si gaie?

Elle répondit:

—C'est une bonne bêtise que viennent de m'écrire des gens de la campagne. Ils me demandent quarante francs. Paysans, va!

Comme elle passait sur la place, elle vit beaucoup de monde qui entourait une voiture de forme bizarre sur l'impériale de laquelle pérorait tout debout un homme vêtu de rouge. C'était un bateleur dentiste en tournée, qui offrait au public des râteliers complets, des opiats, des poudres et des élixirs.

Fantine se mêla au groupe et se mit à rire comme les autres de cette harangue où il y avait de l'argot pour la canaille et du jargon pour les gens comme il faut. L'arracheur de dents vit cette belle fille qui riait, et s'écria tout à coup:

—Vous avez de jolies dents, la fille qui riez là. Si vous voulez me vendre vos deux palettes, je vous donne de chaque un napoléon d'or.

—Qu'est-ce que c'est que ça, mes palettes? demanda Fantine.

—Les palettes, reprit le professeur dentiste, c'est les dents de devant, les deux d'en haut.

—Quelle horreur! s'écria Fantine.

—Deux napoléons! grommela une vieille édentée qui était là. Qu'en voilà une qui est heureuse!

Fantine s'enfuit, et se boucha les oreilles pour ne pas entendre la voix enrouée de l'homme qui lui criait: Réfléchissez, la belle! deux napoléons, ça peut servir. Si le cœur vous en dit, venez ce soir à l'auberge du *Tillac d'argent*, vous m'y trouverez.

Fantine rentra, elle était furieuse et conta la chose à sa bonne voisine Marguerite:
—Comprenez-vous cela? ne voilà-t-il pas un abominable homme? comment laisse-t-on des gens comme cela aller dans le pays! M'arracher mes deux dents de devant! mais je serais horrible! Les cheveux repoussent, mais les dents! Ah! le monstre d'homme! j'aimerais mieux me jeter d'un cinquième la tête la première sur le pavé! Il m'a dit qu'il serait ce soir au *Tillac d'argent*.
—Et qu'est-ce qu'il offrait? demanda Marguerite.
—Deux napoléons.
—Cela fait quarante francs.
—Oui, dit Fantine, cela fait quarante francs.
Elle resta pensive, et se mit à son ouvrage. Au bout d'un quart d'heure, elle quitta sa couture et alla relire la lettre des Thénardier sur l'escalier.
En rentrant, elle dit à Marguerite qui travaillait près d'elle:
—Qu'est-ce que c'est donc que cela, une fièvre miliaire? Savez-vous?
—Oui, répondit la vieille fille, c'est une maladie.
—Ça a donc besoin de beaucoup de drogues?
—Oh! des drogues terribles.
—Où ça vous prend-il?
—C'est une maladie qu'on a comme ça.
—Cela attaque donc les enfants?
—Surtout les enfants.
—Est-ce qu'on en meurt?
—Très bien, dit Marguerite.
Fantine sortit et alla encore une fois relire la lettre sur l'escalier.
Le soir elle descendit, et on la vit qui se dirigeait du côté de la rue de Paris où sont les auberges.
Le lendemain matin, comme Marguerite entrait dans la chambre de Fantine avant le jour, car elles travaillaient toujours ensemble et de cette façon n'allumaient qu'une chandelle pour deux, elle trouva Fantine assise sur son lit, pâle, glacée. Elle ne s'était pas couchée. Son bonnet était tombé sur ses genoux. La chandelle avait brûlé toute la nuit et était presque entièrement consumée.
Marguerite s'arrêta sur le seuil, pétrifiée de cet énorme désordre, et s'écria:
—Seigneur! la chandelle qui est toute brûlée! il s'est passé des événements!
Puis elle regarda Fantine qui tournait vers elle sa tête sans cheveux.
Fantine depuis la veille avait vieilli de dix ans.
—Jésus! fit Marguerite, qu'est-ce que vous avez, Fantine?
—Je n'ai rien, répondit Fantine. Au contraire. Mon enfant ne mourra pas de cette affreuse maladie, faute de secours. Je suis contente.
En parlant ainsi, elle montrait à la vieille fille deux napoléons qui brillaient sur la table.
—Ah, Jésus Dieu! dit Marguerite. Mais c'est une fortune! Où avez-vous eu ces louis d'or?

—Je les ai eus, répondit Fantine.

En même temps elle sourit. La chandelle éclairait son visage. C'était un sourire sanglant. Une salive rougeâtre lui souillait le coin des lèvres, et elle avait un trou noir dans la bouche.

Les deux dents étaient arrachées.

Elle envoya les quarante francs à Montfermeil.

Du reste c'était une ruse des Thénardier pour avoir de l'argent. Cosette n'était pas malade.

Fantine jeta son miroir par la fenêtre. Depuis longtemps elle avait quitté sa cellule du second pour une mansarde fermée d'un loquet sous le toit; un de ces galetas dont le plafond fait angle avec le plancher et vous heurte à chaque instant la tête. Le pauvre ne peut aller au fond de sa chambre comme au fond de sa destinée qu'en se courbant de plus en plus. Elle n'avait plus de lit, il lui restait une loque qu'elle appelait sa couverture, un matelas à terre et une chaise dépaillée. Un petit rosier qu'elle avait s'était désséché dans un coin, oublié. Dans l'autre coin, il y avait un pot à beurre à mettre l'eau, qui gelait l'hiver, et où les différents niveaux de l'eau restaient longtemps marqués par des cercles de glace. Elle avait perdu la honte, elle perdit la coquetterie. Dernier signe. Elle sortait avec des bonnets sales. Soit faute de temps, soit indifférence, elle ne raccommodait plus son linge. À mesure que les talons s'usaient, elle tirait ses bas dans ses souliers. Cela se voyait à de certains plis perpendiculaires. Elle rapiéçait son corset, vieux et usé, avec des morceaux de calicot qui se déchiraient au moindre mouvement. Les gens auxquels elle devait, lui faisaient «des scènes», et ne lui laissaient aucun repos. Elle les trouvait dans la rue, elle les retrouvait dans son escalier. Elle passait des nuits à pleurer et à songer. Elle avait les yeux très brillants, et elle sentait une douleur fixe dans l'épaule, vers le haut de l'omoplate gauche. Elle toussait beaucoup. Elle haïssait profondément le père Madeleine, et ne se plaignait pas. Elle cousait dix-sept heures par jour; mais un entrepreneur du travail des prisons, qui faisait travailler les prisonnières au rabais, fit tout à coup baisser les prix, ce qui réduisit la journée des ouvrières libres à neuf sous. Dix-sept heures de travail, et neuf sous par jour! Ses créanciers étaient plus impitoyables que jamais. Le fripier, qui avait repris presque tous les meubles, lui disait sans cesse: Quand me payeras-tu, coquine? Que voulait-on d'elle, bon Dieu! Elle se sentait traquée et il se développait en elle quelque chose de la bête farouche. Vers le même temps, le Thénardier lui écrivit que décidément il avait attendu avec beaucoup trop de bonté, et qu'il lui fallait cent francs, tout de suite; sinon qu'il mettrait à la porte la petite Cosette, toute convalescente de sa grande maladie, par le froid, par les chemins, et qu'elle deviendrait ce qu'elle pourrait, et qu'elle crèverait, si elle voulait. «Cent francs, songea Fantine! Mais où y a-t-il un état à gagner cent sous par jour?»

—Allons! dit-elle, vendons le reste.

L'infortunée se fit fille publique.

Chapitre XI
Christus nos liberavit

Qu'est-ce que c'est que cette histoire de Fantine? C'est la société achetant une esclave.

À qui? À la misère.

À la faim, au froid, à l'isolement, à l'abandon, au dénûment. Marché douloureux. Une âme pour un morceau de pain. La misère offre, la société accepte.

La sainte loi de Jésus-Christ gouverne notre civilisation, mais elle ne la pénètre pas encore. On dit que l'esclavage a disparu de la civilisation européenne. C'est une erreur. Il existe toujours, mais il ne pèse plus que sur la femme, et il s'appelle prostitution.

Il pèse sur la femme, c'est-à-dire sur la grâce, sur la faiblesse, sur la beauté, sur la maternité. Ceci n'est pas une des moindres hontes de l'homme.

Au point de ce douloureux drame où nous sommes arrivés, il ne reste plus rien à Fantine de ce qu'elle a été autrefois. Elle est devenue marbre en devenant boue. Qui la touche a froid. Elle passe, elle vous subit et elle vous ignore; elle est la figure déshonorée et sévère. La vie et l'ordre social lui ont dit leur dernier mot. Il lui est arrivé tout ce qui lui arrivera. Elle a tout ressenti, tout supporté, tout éprouvé, tout souffert, tout perdu, tout pleuré. Elle est résignée de cette résignation qui ressemble à l'indifférence comme la mort ressemble au sommeil. Elle n'évite plus rien. Elle ne craint plus rien. Tombe sur elle toute la nuée et passe sur elle tout l'océan! que lui importe! c'est une éponge imbibée.

Elle le croit du moins, mais c'est une erreur de s'imaginer qu'on épuise le sort et qu'on touche le fond de quoi que ce soit.

Hélas! qu'est-ce que toutes ces destinées ainsi poussées pêle-mêle? où vont-elles? pourquoi sont-elles ainsi?

Celui qui sait cela voit toute l'ombre.

Il est seul. Il s'appelle Dieu.

Chapitre XII
Le désœuvrement de M. Bamatabois

Il y a dans toutes les petites villes, et il y avait à Montreuil-sur-mer en particulier, une classe de jeunes gens qui grignotent quinze cents livres de rente en province du même air dont leurs pareils dévorent à Paris deux cent mille francs par an. Ce sont des êtres de la grande espèce neutre; hongres, parasites, nuls, qui ont un peu de terre, un peu de sottise et un peu d'esprit, qui seraient des rustres dans un salon et se croient des gentilshommes au cabaret, qui disent: mes prés, mes bois, mes paysans, sifflent les actrices du théâtre pour prouver qu'ils sont gens de goût, querellent les officiers de la garnison pour montrer qu'ils sont gens de guerre, chassent, fument, bâillent, boivent, sentent le tabac, jouent au billard, regardent les voyageurs descendre de diligence, vivent au café, dînent à l'auberge, ont un chien qui mange les os sous la table et une maîtresse qui pose les plats dessus, tiennent à un sou, exagèrent les modes, admirent la tragédie, méprisent les femmes, usent leurs vieilles bottes, copient Londres à travers Paris et Paris à travers Pont-à-Mousson, vieillissent hébétés, ne travaillent pas, ne servent à rien et ne nuisent pas à grand'chose.

M. Félix Tholomyès, resté dans sa province et n'ayant jamais vu Paris, serait un de ces hommes-là.

S'ils étaient plus riches, on dirait: ce sont des élégants; s'ils étaient plus pauvres, on dirait: ce sont des fainéants. Ce sont tout simplement des désœuvrés. Parmi ces désœuvrés, il y a des ennuyeux, des ennuyés, des rêvasseurs, et quelques drôles.

Dans ce temps-là, un élégant se composait d'un grand col, d'une grande cravate, d'une montre à breloques, de trois gilets superposés de couleurs différentes, le bleu et le rouge en dedans, d'un habit couleur olive à taille courte, à queue de morue, à double rangée de boutons d'argent serrés les uns contre les autres et montant jusque sur l'épaule, et d'un pantalon olive plus clair, orné sur les deux coutures d'un nombre de côtes indéterminé, mais toujours impair, variant de une à onze, limite qui n'était jamais franchie. Ajoutez à cela des souliers-bottes avec de petits fers au talon, un chapeau à haute forme et à bords étroits, des cheveux en touffe, une énorme canne, et une conversation rehaussée des calembours de Potier. Sur le tout des éperons et des moustaches. À cette époque, des moustaches voulaient dire bourgeois et des éperons voulaient dire piéton.

L'élégant de province portait les éperons plus longs et les moustaches plus farouches. C'était le temps de la lutte des républiques de l'Amérique méridionale contre le roi d'Espagne, de Bolivar contre Morillo. Les chapeaux à petits bords étaient royalistes et se nommaient des morillos; les libéraux portaient des chapeaux à larges bords qui s'appelaient des bolivars.

Huit ou dix mois donc après ce qui a été raconté dans les pages précédentes, vers les premiers jours de janvier 1823, un soir qu'il avait neigé, un de ces élégants, un de ces désœuvrés, un "bien pensant", car il avait un morillo, de plus chaudement enveloppé d'un de ces grands manteaux qui complétaient dans les temps froids le costume à la mode, se divertissait à harceler une créature qui rôdait en robe de bal et toute décolletée avec des fleurs sur la tête devant la vitre du café des officiers. Cet élégant fumait, car c'était décidément la mode.

Chaque fois que cette femme passait devant lui, il lui jetait, avec une bouffée de la fumée de son cigare, quelque apostrophe qu'il croyait spirituelle et gaie, comme:—Que tu es laide!—Veux-tu te cacher!—Tu n'as pas de dents! etc., etc. —Ce monsieur s'appelait monsieur Bamatabois. La femme, triste spectre paré qui allait et venait sur la neige, ne lui répondait pas, ne le regardait même pas, et n'en accomplissait pas moins en silence et avec une régularité sombre sa promenade qui la ramenait de cinq minutes en cinq minutes sous le sarcasme, comme le soldat condamné qui revient sous les verges. Ce peu d'effet piqua sans doute l'oisif qui, profitant d'un moment où elle se retournait, s'avança derrière elle à pas de loup et en étouffant son rire, se baissa, prit sur le pavé une poignée de neige et la lui plongea brusquement dans le dos entre ses deux épaules nues. La fille poussa un rugissement, se tourna, bondit comme une panthère, et se rua sur l'homme, lui enfonçant ses ongles dans le visage, avec les plus effroyables paroles qui puissent tomber du corps de garde dans le ruisseau. Ces injures, vomies d'une voix enrouée par l'eau-de-vie, sortaient hideusement d'une bouche à laquelle manquaient en effet les deux dents de devant. C'était la Fantine.

Au bruit que cela fit, les officiers sortirent en foule du café, les passants s'amassèrent, et il se forma un grand cercle riant, huant et applaudissant, autour de ce tourbillon composé de deux êtres où l'on avait peine à reconnaître un homme et une femme, l'homme se débattant, son chapeau à terre, la femme frappant des pieds et des poings, décoiffée, hurlant, sans dents et sans cheveux, livide de colère, horrible. Tout à coup un homme de haute taille sortit vivement de la foule, saisit la femme à son corsage de satin couvert de boue, et lui dit: Suis-moi!

La femme leva la tête; sa voix furieuse s'éteignit subitement. Ses yeux étaient vitreux, de livide elle était devenue pâle, et elle tremblait d'un tremblement de terreur. Elle avait reconnu Javert.

L'élégant avait profité de l'incident pour s'esquiver.

Chapitre XIII
Solution de quelques questions de police municipale

Javert écarta les assistants, rompit le cercle et se mit à marcher à grands pas vers le bureau de police qui est à l'extrémité de la place, traînant après lui la misérable. Elle se laissait faire machinalement. Ni lui ni elle ne disaient un mot. La nuée des spectateurs, au paroxysme de la joie, suivait avec des quolibets. La suprême misère, occasion d'obscénités. Arrivé au bureau de police qui était une salle basse chauffée par un poêle et gardée par un poste, avec une porte vitrée et grillée sur la rue, Javert ouvrit la porte, entra avec Fantine, et referma la porte derrière lui, au grand désappointement des curieux qui se haussèrent sur la pointe du pied et allongèrent le cou devant la vitre trouble du corps de garde, cherchant à voir. La curiosité est une gourmandise. Voir, c'est dévorer.

En entrant, la Fantine alla tomber dans un coin, immobile et muette, accroupie comme une chienne qui a peur.

Le sergent du poste apporta une chandelle allumée sur une table. Javert s'assit, tira de sa poche une feuille de papier timbré et se mit à écrire.

Ces classes de femmes sont entièrement remises par nos lois à la discrétion de la police. Elle en fait ce qu'elle veut, les punit comme bon lui semble, et confisque à son gré ces deux tristes choses qu'elles appellent leur industrie et leur liberté. Javert était impassible; son visage sérieux ne trahissait aucune émotion. Pourtant il était gravement et profondément préoccupé. C'était un de ces moments où il exerçait sans contrôle, mais avec tous les scrupules d'une conscience sévère, son redoutable pouvoir discrétionnaire. En cet instant, il le sentait, son escabeau d'agent de police était un tribunal. Il jugeait. Il jugeait, et il condamnait. Il appelait tout ce qu'il pouvait avoir d'idées dans l'esprit autour de la grande chose qu'il faisait. Plus il examinait le fait de cette fille, plus il se sentait révolté. Il était évident qu'il venait de voir commettre un crime. Il venait de voir, là dans la rue, la société, représentée par un propriétaire-électeur, insultée et attaquée par une créature en dehors de tout. Une prostituée avait attenté à un bourgeois. Il avait vu cela, lui Javert. Il écrivait en silence.

Quand il eut fini, il signa, plia le papier et dit au sergent du poste, en le lui remettant:

—Prenez trois hommes, et menez cette fille au bloc.

Puis se tournant vers la Fantine:

—Tu en as pour six mois.

La malheureuse tressaillit.

—Six mois! six mois de prison! Six mois à gagner sept sous par jour! Mais que deviendra Cosette? ma fille! ma fille! Mais je dois encore plus de cent francs aux Thénardier, monsieur l'inspecteur, savez-vous cela?

Elle se traîna sur la dalle mouillée par les bottes boueuses de tous ces hommes, sans se lever, joignant les mains, faisant de grands pas avec ses genoux.

—Monsieur Javert, dit-elle, je vous demande grâce. Je vous assure que je n'ai pas eu tort. Si vous aviez vu le commencement, vous auriez vu! je vous jure le bon Dieu que je n'ai pas eu tort. C'est ce monsieur le bourgeois que je ne connais pas qui m'a mis de la neige dans le dos. Est-ce qu'on a le droit de nous mettre de la neige dans le dos quand nous passons comme cela tranquillement sans faire de mal à personne? Cela m'a saisie. Je suis un peu malade, voyez-vous! Et puis il y avait déjà un peu de temps qu'il me disait des raisons. Tu es laide! tu n'as pas de dents! Je le sais bien que je n'ai plus mes dents. Je ne faisais rien, moi; je disais: c'est un monsieur qui s'amuse. J'étais honnête avec lui, je ne lui parlais pas. C'est à cet instant-là qu'il m'a mis de la neige. Monsieur Javert, mon bon monsieur l'inspecteur! est-ce qu'il n'y a personne là qui ait vu pour vous dire que c'est bien vrai? J'ai peut-être eu tort de me fâcher. Vous savez, dans le premier moment, on n'est pas maître. On a des vivacités. Et puis, quelque chose de si froid qu'on vous met dans le dos à l'heure que vous ne vous y attendez pas! J'ai eu tort d'abîmer le chapeau de ce monsieur. Pourquoi s'est-il en allé? Je lui demanderais pardon. Oh! mon Dieu, cela me serait bien égal de lui demander pardon. Faites-moi grâce pour aujourd'hui cette fois, monsieur Javert. Tenez, vous ne savez pas ça, dans les prisons on ne gagne que sept sous, ce n'est pas la faute du gouvernement, mais on gagne sept sous, et figurez-vous que j'ai cent francs à payer, ou autrement on me renverra ma petite. Ô mon Dieu! je ne peux pas l'avoir avec moi. C'est si vilain ce que je fais! Ô ma Cosette, ô mon petit ange de la bonne sainte Vierge, qu'est-ce qu'elle deviendra, pauvre loup! Je vais vous dire, c'est les Thénardier, des aubergistes, des paysans, ça n'a pas de raisonnement. Il leur faut de l'argent. Ne me mettez pas en prison! Voyez-vous, c'est une petite qu'on mettrait à même sur la grande route, va comme tu pourras, en plein cœur d'hiver, il faut avoir pitié de cette chose-là, mon bon monsieur Javert. Si c'était plus grand, ça gagnerait sa vie, mais ça ne peut pas, à ces âges-là. Je ne suis pas une mauvaise femme au fond. Ce n'est pas la lâcheté et la gourmandise qui ont fait de moi ça. J'ai bu de l'eau-de-vie, c'est par misère. Je ne l'aime pas, mais cela étourdit. Quand j'étais plus heureuse, on n'aurait eu qu'à regarder dans mes armoires, on aurait bien vu que je n'étais pas une femme coquette qui a du désordre. J'avais du linge, beaucoup de linge. Ayez pitié de moi, monsieur Javert!

Elle parlait ainsi, brisée en deux, secouée par les sanglots, aveuglée par les larmes, la gorge nue, se tordant les mains, toussant d'une toux sèche et courte, balbutiant tout doucement avec la voix de l'agonie. La grande douleur est un rayon divin et terrible qui transfigure les misérables. À ce moment-là, la Fantine était redevenue belle. À de certains instants, elle s'arrêtait et baisait tendrement le bas de la redingote du mouchard. Elle eût attendri un cœur de granit, mais on n'attendrit pas un cœur de bois.

—Allons! dit Javert, je t'ai écoutée. As-tu bien tout dit? Marche à présent! Tu as tes six mois; *le Père éternel en personne n'y pourrait plus rien.*

À cette solennelle parole, Le Père éternel en personne n'y pourrait plus rien, elle comprit que l'arrêt était prononcé. Elle s'affaissa sur elle-même en murmurant:

—Grâce!

Javert tourna le dos.

Les soldats la saisirent par les bras.

Depuis quelques minutes, un homme était entré sans qu'on eût pris garde à lui. Il avait refermé la porte, s'y était adossé, et avait entendu les prières désespérées de la Fantine. Au moment où les soldats mirent la main sur la malheureuse, qui ne voulait pas se lever, il fit un pas, sortit de l'ombre, et dit:

—Un instant, s'il vous plaît!

Javert leva les yeux et reconnut M. Madeleine. Il ôta son chapeau, et saluant avec une sorte de gaucherie fâchée:

—Pardon, monsieur le maire....

Ce mot, monsieur le maire, fit sur la Fantine un effet étrange. Elle se dressa debout tout d'une pièce comme un spectre qui sort de terre, repoussa les soldats des deux bras, marcha droit à M. Madeleine avant qu'on eût pu la retenir, et le regardant fixement, l'air égaré, elle cria:

—Ah! c'est donc toi qui es monsieur le maire!

Puis elle éclata de rire et lui cracha au visage.

M. Madeleine s'essuya le visage, et dit:

—Inspecteur Javert, mettez cette femme en liberté.

Javert se sentit au moment de devenir fou. Il éprouvait en cet instant, coup sur coup, et presque mêlées ensemble, les plus violentes émotions qu'il eût ressenties de sa vie. Voir une fille publique cracher au visage d'un maire, cela était une chose si monstrueuse que, dans ses suppositions les plus effroyables, il eût regardé comme un sacrilège de le croire possible. D'un autre côté, dans le fond de sa pensée, il faisait confusément un rapprochement hideux entre ce qu'était cette femme et ce que pouvait être ce maire, et alors il entrevoyait avec horreur je ne sais quoi de tout simple dans ce prodigieux attentat. Mais quand il vit ce maire, ce magistrat, s'essuyer tranquillement le visage et dire : *mettez cette femme en liberté*, il eut comme un éblouissement de stupeur ; la pensée et la parole lui manquèrent également ; la somme de l'étonnement possible était dépassée pour lui. Il resta muet.

Ce mot n'avait pas porté un coup moins étrange à la Fantine. Elle leva son bras nu et se cramponna à la clef du poêle comme une personne qui chancelle. Cependant elle regardait tout autour d'elle et elle se mit à parler à voix basse, comme si elle se parlait à elle-même.

—En liberté ! qu'on me laisse aller ! que je n'aille pas en prison six mois ! Qui est-ce qui a dit cela ? Il n'est pas possible qu'on ait dit cela. J'ai mal entendu. Ça ne peut pas être ce monstre de maire ! Est-ce que c'est vous, mon bon monsieur Javert, qui avez dit qu'on me mette en liberté ? Oh ! voyez-vous ! je vais vous dire et vous me laisserez aller. Ce monstre de maire, ce vieux gredin de maire, c'est lui qui est cause de tout. Figurez-vous, monsieur Javert, qu'il m'a chassée ! à cause d'un tas de gueuses qui tiennent des propos dans l'atelier. Si ce n'est pas là une horreur ! renvoyer une pauvre fille qui fait honnêtement son ouvrage ! Alors je n'ai plus gagné assez, et tout le malheur est venu. D'abord il y a une amélioration que ces messieurs de la police devraient bien faire, ce serait d'empêcher les entrepreneurs des prisons de faire du tort aux pauvres gens. Je vais vous expliquer cela, voyez-vous. Vous gagnez douze sous dans les chemises, cela tombe à neuf sous, il n'y a plus moyen de vivre. Il faut donc devenir ce qu'on peut. Moi, j'avais ma petite Cosette, j'ai bien été forcée de devenir une mauvaise femme. Vous comprenez à présent, que c'est ce gueux de maire qui a tout fait le mal. Après cela, j'ai piétiné le chapeau de ce monsieur bourgeois devant le café des officiers. Mais lui, il m'avait perdu toute ma robe avec sa neige. Nous autres, nous n'avons qu'une robe de soie, pour le soir. Voyez-vous, je n'ai jamais fait de mal exprès, vrai, monsieur Javert, et je vois partout des femmes bien plus méchantes que moi qui sont bien plus heureuses. Ô monsieur Javert, c'est vous qui avez dit qu'on me mette dehors, n'est-ce pas ? Prenez des informations, parlez à mon propriétaire, maintenant je paye mon terme, on vous dira bien que je suis honnête. Ah ! mon Dieu, je vous demande pardon, j'ai touché, sans faire attention, à la clef du poêle, et cela fait fumer.

M. Madeleine l'écoutait avec une attention profonde. Pendant qu'elle parlait, il avait fouillé dans son gilet, en avait tiré sa bourse et l'avait ouverte. Elle était vide. Il l'avait remise dans sa poche. Il dit à la Fantine :

—Combien avez-vous dit que vous deviez?

La Fantine, qui ne regardait que Javert, se retourna de son côté:

—Est-ce que je te parle à toi!

Puis s'adressant aux soldats:

—Dites donc, vous autres, avez-vous vu comme je te vous lui ai craché à la figure? Ah! vieux scélérat de maire, tu viens ici pour me faire peur, mais je n'ai pas peur de toi. J'ai peur de monsieur Javert. J'ai peur de mon bon monsieur Javert!

En parlant ainsi elle se retourna vers l'inspecteur:

—Avec ça, voyez-vous, monsieur l'inspecteur, il faut être juste. Je comprends que vous êtes juste, monsieur l'inspecteur. Au fait, c'est tout simple, un homme qui joue à mettre un peu de neige dans le dos d'une femme, ça les faisait rire, les officiers, il faut bien qu'on se divertisse à quelque chose, nous autres nous sommes là pour qu'on s'amuse, quoi! Et puis, vous, vous venez, vous êtes bien forcé de mettre l'ordre, vous emmenez la femme qui a tort, mais en y réfléchissant, comme vous êtes bon, vous dites qu'on me mette en liberté, c'est pour la petite, parce que six mois en prison, cela m'empêcherait de nourrir mon enfant. Seulement n'y reviens plus, coquine! Oh! je n'y reviendrai plus, monsieur Javert! on me fera tout ce qu'on voudra maintenant, je ne bougerai plus. Seulement, aujourd'hui, voyez-vous, j'ai crié parce que cela m'a fait mal, je ne m'attendais pas du tout à cette neige de ce monsieur, et puis, je vous ai dit, je ne me porte pas très bien, je tousse, j'ai là dans l'estomac comme une boule qui me brûle, que le médecin me dit: soignez-vous. Tenez, tâtez, donnez votre main, n'ayez pas peur, c'est ici.

Elle ne pleurait plus, sa voix était caressante, elle appuyait sur sa gorge blanche et délicate la grosse main rude de Javert, et elle le regardait en souriant.

Tout à coup elle rajusta vivement le désordre de ses vêtements, fit retomber les plis de sa robe qui en se traînant s'était relevée presque à la hauteur du genou, et marcha vers la porte en disant à demi-voix aux soldats avec un signe de tête amical:

—Les enfants, monsieur l'inspecteur a dit qu'on me lâche, je m'en vas.

Elle mit la main sur le loquet. Un pas de plus, elle était dans la rue.

Javert jusqu'à cet instant était resté debout, immobile, l'œil fixé à terre, posé de travers au milieu de cette scène comme une statue dérangée qui attend qu'on la mette quelque part.

Le bruit que fit le loquet le réveilla. Il releva la tête avec une expression d'autorité souveraine, expression toujours d'autant plus effrayante que le pouvoir se trouve placé plus bas, féroce chez la bête fauve, atroce chez l'homme de rien.

—Sergent, cria-t-il, vous ne voyez pas que cette drôlesse s'en va! Qui est-ce qui vous a dit de la laisser aller?

—Moi, dit Madeleine.

La Fantine à la voix de Javert avait tremblé et lâché le loquet comme un voleur pris lâche l'objet volé. À la voix de Madeleine, elle se retourna, et à partir de ce moment, sans qu'elle prononçât un mot, sans qu'elle osât même laisser sortir son souffle librement, son regard alla tour à tour de Madeleine à Javert et de Javert à Madeleine, selon que c'était l'un ou l'autre qui parlait.

Il était évident qu'il fallait que Javert eût été, comme on dit, «jeté hors des gonds» pour qu'il se fût permis d'apostropher le sergent comme il l'avait fait, après l'invitation du maire de mettre Fantine en liberté. En était-il venu à oublier la présence de monsieur le maire? Avait-il fini par se déclarer à lui-même qu'il était impossible qu'une «autorité» eût donné un pareil ordre, et que bien certainement monsieur le maire avait dû dire sans le vouloir une chose pour une autre? Ou bien, devant les énormités dont il était témoin depuis deux heures, se disait-il qu'il fallait revenir aux suprêmes résolutions, qu'il était nécessaire que le petit se fît grand, que le mouchard se transformât en magistrat, que l'homme de police devînt homme de justice, et qu'en cette extrémité prodigieuse l'ordre, la loi, la morale, le gouvernement, la société tout entière, se personnifiaient en lui Javert?

Quoi qu'il en soit, quand M. Madeleine eut dit ce moi qu'on vient d'entendre, on vit l'inspecteur de police Javert se tourner vers monsieur le maire, pâle, froid, les lèvres bleues, le regard désespéré, tout le corps agité d'un tremblement imperceptible, et, chose inouïe, lui dire, l'œil baissé, mais la voix ferme:

—Monsieur le maire, cela ne se peut pas.

—Comment? dit M. Madeleine.

—Cette malheureuse a insulté un bourgeois.

—Inspecteur Javert, repartit M. Madeleine avec un accent conciliant et calme, écoutez. Vous êtes un honnête homme, et je ne fais nulle difficulté de m'expliquer avec vous. Voici le vrai. Je passais sur la place comme vous emmeniez cette femme, il y avait encore des groupes, je me suis informé, j'ai tout su, c'est le bourgeois qui a eu tort et qui, en bonne police, eût dû être arrêté.

Javert reprit:

—Cette misérable vient d'insulter monsieur le maire.

—Ceci me regarde, dit M. Madeleine. Mon injure est à moi peut-être. J'en puis faire ce que je veux.

—Je demande pardon à monsieur le maire. Son injure n'est pas à lui, elle est à la justice.

—Inspecteur Javert, répliqua M. Madeleine, la première justice, c'est la conscience. J'ai entendu cette femme. Je sais ce que je fais.

—Et moi, monsieur le maire, je ne sais pas ce que je vois.

—Alors contentez-vous d'obéir.

—J'obéis à mon devoir. Mon devoir veut que cette femme fasse six mois de prison.

M. Madeleine répondit avec douceur:

—Écoutez bien ceci. Elle n'en fera pas un jour.

À cette parole décisive, Javert osa regarder le maire fixement, et lui dit, mais avec un son de voix toujours profondément respectueux:

—Je suis au désespoir de résister à monsieur le maire, c'est la première fois de ma vie, mais il daignera me permettre de lui faire observer que je suis dans la limite de mes attributions. Je reste, puisque monsieur le maire le veut, dans le fait du bourgeois. J'étais là. C'est cette fille qui s'est jetée sur monsieur Bamatabois, qui est électeur et propriétaire de cette belle maison à balcon qui fait le coin de l'esplanade, à trois étages et toute en pierre de taille. Enfin, il y a des choses dans ce monde! Quoi qu'il en soit, monsieur le maire, cela, c'est un fait de police de la rue qui me regarde, et je retiens la femme Fantine.

Alors M. Madeleine croisa les bras et dit avec une voix sévère que personne dans la ville n'avait encore entendue:

—Le fait dont vous parlez est un fait de police municipale. Aux termes des articles neuf, onze, quinze et soixante-six du code d'instruction criminelle, j'en suis juge. J'ordonne que cette femme soit mise en liberté.

Javert voulut tenter un dernier effort.

—Mais, monsieur le maire....

—Je vous rappelle, à vous, l'article quatre-vingt-un de la loi du 13 décembre 1799 sur la détention arbitraire.

—Monsieur le maire, permettez....

—Plus un mot.

—Pourtant....

—Sortez, dit M. Madeleine.

Javert reçut le coup, debout, de face, et en pleine poitrine comme un soldat russe. Il salua jusqu'à terre monsieur le maire, et sortit.

Fantine se rangea de la porte et le regarda avec stupeur passer devant elle.

Cependant elle aussi était en proie à un bouleversement étrange. Elle venait de se voir en quelque sorte disputée par deux puissances opposées. Elle avait vu lutter devant ses yeux deux hommes tenant dans leurs mains sa liberté, sa vie, son âme, son enfant; l'un de ces hommes la tirait du côté de l'ombre, l'autre la ramenait vers la lumière. Dans cette lutte, entrevue à travers les grossissements de l'épouvante, ces deux hommes lui étaient apparus comme deux géants; l'un parlait comme son démon, l'autre parlait comme son bon ange. L'ange avait vaincu le démon, et, chose qui la faisait frissonner de la tête aux pieds, cet ange, ce libérateur, c'était précisément l'homme qu'elle abhorrait, ce maire qu'elle avait si longtemps considéré comme l'auteur de tous ses maux, ce Madeleine! et au moment même où elle venait de l'insulter d'une façon hideuse, il la sauvait! S'était-elle donc

trompée? Devait-elle donc changer toute son âme?... Elle ne savait, elle tremblait. Elle écoutait

éperdue, elle regardait effarée, et à chaque parole que disait M. Madeleine, elle sentait fondre et s'écrouler en elle les affreuses ténèbres de la haine et naître dans son cœur je ne sais quoi de réchauffant et d'ineffable qui était de la joie, de la confiance et de l'amour.

Quand Javert fut sorti, M. Madeleine se tourna vers elle, et lui dit avec une voix lente, ayant peine à parler comme un homme sérieux qui ne veut pas pleurer:

—Je vous ai entendue. Je ne savais rien de ce que vous avez dit. Je crois que c'est vrai, et je sens que c'est vrai. J'ignorais même que vous eussiez quitté mes ateliers. Pourquoi ne vous êtes-vous pas adressée à moi? Mais voici: je payerai vos dettes, je ferai venir votre enfant, ou vous irez la rejoindre. Vous vivrez ici, à Paris, où vous voudrez. Je me charge de votre enfant et de vous. Vous ne travaillerez plus, si vous voulez. Je vous donnerai tout l'argent qu'il vous faudra. Vous redeviendrez honnête en redevenant heureuse. Et même, écoutez, je vous le déclare dès à présent, si tout est comme vous le dites, et je n'en doute pas, vous n'avez jamais cessé d'être vertueuse et sainte devant Dieu. Oh! pauvre femme!

C'en était plus que la pauvre Fantine n'en pouvait supporter. Avoir Cosette! sortir de cette vie infâme! vivre libre, riche, heureuse, honnête, avec Cosette! voir brusquement s'épanouir au milieu de sa misère toutes ces réalités du paradis! Elle regarda comme hébétée cet homme qui lui parlait, et ne put que jeter deux ou trois sanglots: oh! oh! oh! Ses jarrets plièrent, elle se mit à genoux devant M. Madeleine, et, avant qu'il eût pu l'en empêcher, il sentit qu'elle lui prenait la main et que ses lèvres s'y posaient.

Puis elle s'évanouit.

Livre sixième—Javert

Chapitre I
Commencement du repos

M. Madeleine fit transporter la Fantine à cette infirmerie qu'il avait dans sa propre maison. Il la confia aux sœurs qui la mirent au lit. Une fièvre ardente était survenue. Elle passa une partie de la nuit à délirer et à parler haut. Cependant elle finit par s'endormir.

Le lendemain vers midi Fantine se réveilla, elle entendit une respiration tout près de son lit, elle écarta son rideau et vit M. Madeleine debout qui regardait quelque chose au-dessus de sa tête. Ce regard était plein de pitié et d'angoisse et suppliait. Elle en suivit la direction et vit qu'il s'adressait à un crucifix cloué au mur.

M. Madeleine était désormais transfiguré aux yeux de Fantine. Il lui paraissait enveloppé de lumière. Il était absorbé dans une sorte de prière. Elle le considéra longtemps sans oser l'interrompre. Enfin elle lui dit timidement:

—Que faites-vous donc là?

M. Madeleine était à cette place depuis une heure. Il attendait que Fantine se réveillât. Il lui prit la main, lui tâta le pouls, et répondit:

—Comment êtes-vous?

—Bien, j'ai dormi, dit-elle, je crois que je vais mieux. Ce ne sera rien.

Lui reprit, répondant à la question qu'elle lui avait adressée d'abord, comme s'il ne faisait que de l'entendre:

—Je priais le martyr qui est là-haut.

Et il ajouta dans sa pensée: «Pour la martyre qui est ici-bas.»

M. Madeleine avait passé la nuit et la matinée à s'informer. Il savait tout maintenant. Il connaissait dans tous ses poignants détails l'histoire de Fantine. Il continua:

—Vous avez bien souffert, pauvre mère. Oh! ne vous plaignez pas, vous avez à présent la dot des élus. C'est de cette façon que les hommes font des anges. Ce n'est point leur faute; ils ne savent pas s'y prendre autrement. Voyez-vous, cet enfer dont vous sortez est la première forme du ciel. Il fallait commencer par là.

Il soupira profondément. Elle cependant lui souriait avec ce sublime sourire auquel il manquait deux dents.

Javert dans cette même nuit avait écrit une lettre. Il remit lui-même cette lettre le lendemain matin au bureau de poste de Montreuil-sur-mer. Elle était pour Paris, et la suscription portait: À *monsieur Chabouillet, secrétaire de monsieur le préfet de police*. Comme l'affaire du corps de garde s'était ébruitée, la directrice du bureau de poste et quelques autres personnes qui virent la lettre avant le départ et qui reconnurent l'écriture de Javert sur l'adresse, pensèrent que c'était sa démission qu'il envoyait.

M. Madeleine se hâta d'écrire aux Thénardier. Fantine leur devait cent vingt francs. Il leur envoya trois cents francs en leur disant de se payer sur cette somme, et d'amener tout de suite l'enfant à Montreuil-sur-mer où sa mère malade la réclamait.

Ceci éblouit le Thénardier.

—Diable! dit-il à sa femme, ne lâchons pas l'enfant. Voilà que cette mauviette va devenir une vache à lait. Je devine. Quelque jocrisse se sera amouraché de la mère.

Il riposta par un mémoire de cinq cents et quelques francs fort bien fait. Dans ce mémoire figuraient pour plus de trois cents francs deux notes incontestables, l'une d'un médecin, l'autre d'un apothicaire, lesquels avaient soigné et médicamenté dans deux longues maladies Éponine et Azelma. Cosette, nous l'avons dit, n'avait pas été malade. Ce fut l'affaire d'une toute petite substitution de noms. Thénardier mit au bas du mémoire: *reçu à compte trois cents francs*.

M. Madeleine envoya tout de suite trois cents autres francs et écrivit: Dépêchez-vous d'amener Cosette.

—Christi! dit le Thénardier, ne lâchons pas l'enfant.

Cependant Fantine ne se rétablissait point. Elle était toujours à l'infirmerie. Les sœurs n'avaient d'abord reçu et soigné «cette fille» qu'avec répugnance. Qui a vu les bas-reliefs de Reims se souvient du gonflement de la lèvre inférieure des vierges sages regardant les vierges folles. Cet antique mépris des vestales pour les ambulaïes est un des plus profonds instincts de la dignité féminine; les sœurs l'avaient éprouvé, avec le redoublement qu'ajoute la religion. Mais, en peu de jours, Fantine les avait désarmées. Elle avait toutes sortes de paroles humbles et douces, et la mère qui était en elle attendrissait. Un jour les sœurs l'entendirent qui disait à travers la fièvre:

—J'ai été une pécheresse, mais quand j'aurai mon enfant près de moi, cela voudra dire que Dieu m'a pardonné. Pendant que j'étais dans le mal, je n'aurais pas voulu avoir ma Cosette avec moi, je n'aurais pas pu supporter ses yeux étonnés et tristes. C'était pour elle pourtant que je faisais le mal, et c'est ce qui fait que Dieu me pardonne. Je sentirai la bénédiction du bon Dieu quand Cosette sera ici. Je la regarderai, cela me fera du bien de voir cette innocente. Elle ne sait rien du tout. C'est un ange, voyez-vous, mes sœurs. À cet âge-là, les ailes, ça n'est pas encore tombé.

M. Madeleine l'allait voir deux fois par jour, et chaque fois elle lui demandait:

—Verrai-je bientôt ma Cosette?

Il lui répondait:

—Peut-être demain matin. D'un moment à l'autre elle arrivera, je l'attends.

Et le visage pâle de la mère rayonnait.

—Oh! disait-elle, comme je vais être heureuse!

Nous venons de dire qu'elle ne se rétablissait pas. Au contraire, son état semblait s'aggraver de semaine en semaine. Cette poignée de neige appliquée à nu sur la peau entre les deux omoplates avait déterminé une suppression subite de transpiration à la suite de laquelle la maladie qu'elle couvait depuis plusieurs années finit par se déclarer violemment. On commençait alors à suivre pour l'étude et le traitement des maladies de poitrine les belles indications de Laennec. Le médecin ausculta Fantine et hocha la tête.

M. Madeleine dit au médecin:

—Eh bien?

—N'a-t-elle pas un enfant qu'elle désire voir? dit le médecin.

—Oui.

—Eh bien, hâtez-vous de le faire venir.

M. Madeleine eut un tressaillement.

Fantine lui demanda:

—Qu'a dit le médecin?

M. Madeleine s'efforça de sourire.

—Il a dit de faire venir bien vite votre enfant. Que cela vous rendra la santé.

—Oh! reprit-elle, il a raison! Mais qu'est-ce qu'ils ont donc ces Thénardier à me garder ma Cosette! Oh! elle va venir. Voici enfin que je vois le bonheur tout près de moi!

Le Thénardier cependant ne «lâchait pas l'enfant» et donnait cent mauvaises raisons. Cosette était un peu souffrante pour se mettre en route l'hiver. Et puis il y avait un reste de petites dettes criardes dans le pays dont il rassemblait les factures, etc., etc.

—J'enverrai quelqu'un chercher Cosette, dit le père Madeleine. S'il le faut, j'irai moi-même.

Il écrivit sous la dictée de Fantine cette lettre qu'il lui fit signer:

«Monsieur Thénardier,

«Vous remettrez Cosette à la personne.

«On vous payera toutes les petites choses.

«J'ai l'honneur de vous saluer avec considération.

«Fantine.»

Sur ces entrefaites, il survint un grave incident. Nous avons beau tailler de notre mieux le bloc mystérieux dont notre vie est faite, la veine noire de la destinée y reparaît toujours.

Chapitre II
Comment Jean peut devenir Champ

Un matin, M. Madeleine était dans son cabinet, occupé à régler d'avance quelques affaires pressantes de la mairie pour le cas où il se déciderait à ce voyage de Montfermeil, lorsqu'on vint lui dire que l'inspecteur de police Javert demandait à lui parler. En entendant prononcer ce nom, M. Madeleine ne put se défendre d'une impression désagréable. Depuis l'aventure du bureau de police, Javert l'avait plus que jamais évité, et M. Madeleine ne l'avait point revu.

—Faites entrer, dit-il.

Javert entra.

M. Madeleine était resté assis près de la cheminée, une plume à la main, l'œil sur un dossier qu'il feuilletait et qu'il annotait, et qui contenait des procès-verbaux de contraventions à la police de la voirie. Il ne se dérangea point pour Javert. Il ne pouvait s'empêcher de songer à la pauvre Fantine, et il lui convenait d'être glacial.

Javert salua respectueusement M. le maire qui lui tournait le dos. M. le maire ne le regarda pas et continua d'annoter son dossier.

Javert fit deux ou trois pas dans le cabinet, et s'arrêta sans rompre le silence. Un physionomiste qui eût été familier avec la nature de Javert, qui eût étudié depuis longtemps ce sauvage au service de la civilisation, ce composé bizarre du Romain, du Spartiate, du moine et du caporal, cet espion incapable d'un mensonge, ce mouchard vierge, un physionomiste qui eût su sa secrète et ancienne aversion pour M. Madeleine, son conflit avec le maire au sujet de la Fantine, et qui eût considéré Javert en ce moment, se fût dit: que s'est-il passé? Il était évident, pour qui eût connu cette conscience droite, claire, sincère, probe, austère et féroce, que Javert sortait de quelque grand événement intérieur. Javert n'avait rien dans l'âme qu'il ne l'eût aussi sur le visage. Il était, comme les gens violents, sujet aux revirements brusques. Jamais sa physionomie n'avait été plus étrange et plus inattendue. En entrant, il s'était incliné devant M. Madeleine avec un regard où il n'y avait ni rancune, ni colère, ni défiance, il s'était arrêté à quelques pas derrière le fauteuil du maire; et maintenant il se tenait là, debout, dans une attitude presque disciplinaire, avec la rudesse naïve et froide d'un homme qui n'a jamais été doux et qui a toujours été patient; il attendait, sans dire un mot, sans faire un mouvement, dans une humilité vraie et dans une résignation tranquille, qu'il plût à monsieur le maire de se retourner, calme, sérieux, le chapeau à la main, les yeux baissés, avec une expression qui tenait le milieu entre le soldat devant son officier et le coupable devant son juge. Tous les sentiments comme tous les souvenirs qu'on eût pu lui supposer avaient disparu. Il n'y avait plus rien sur ce visage impénétrable et simple comme le granit, qu'une morne tristesse. Toute sa personne respirait l'abaissement et la fermeté, et je ne sais quel accablement courageux.

Enfin M. le maire posa sa plume et se tourna à demi.

—Eh bien! qu'est-ce? qu'y a-t-il, Javert?

Javert demeura un instant silencieux comme s'il se recueillait, puis éleva la voix avec une sorte de solennité triste qui n'excluait pourtant pas la simplicité:

—Il y a, monsieur le maire, qu'un acte coupable a été commis.

—Quel acte?

—Un agent inférieur de l'autorité a manqué de respect à un magistrat de la façon la plus grave. Je viens, comme c'est mon devoir, porter le fait à votre connaissance.

—Quel est cet agent? demanda M. Madeleine.

—Moi, dit Javert.

—Vous?

—Moi.

—Et quel est le magistrat qui aurait à se plaindre de l'agent?

—Vous, monsieur le maire.

M. Madeleine se dressa sur son fauteuil. Javert poursuivit, l'air sévère et les yeux toujours baissés:

—Monsieur le maire, je viens vous prier de vouloir bien provoquer près de l'autorité ma destitution.

M. Madeleine stupéfait ouvrit la bouche. Javert l'interrompit.

—Vous direz, j'aurais pu donner ma démission, mais cela ne suffit pas. Donner sa démission, c'est honorable. J'ai failli, je dois être puni. Il faut que je sois chassé.

Et après une pause, il ajouta:

—Monsieur le maire, vous avez été sévère pour moi l'autre jour injustement. Soyez-le aujourd'hui justement.

—Ah çà! pourquoi? s'écria M. Madeleine. Quel est ce galimatias? qu'est-ce que cela veut dire? où y a-t-il un acte coupable commis contre moi par vous? qu'est-ce que vous m'avez fait? quels torts avez-vous envers moi? Vous vous accusez, vous voulez être remplacé....

—Chassé, dit Javert.

—Chassé, soit. C'est fort bien. Je ne comprends pas.

—Vous allez comprendre, monsieur le maire.

Javert soupira du fond de sa poitrine et reprit toujours froidement et tristement:

—Monsieur le maire, il y a six semaines, à la suite de cette scène pour cette fille, j'étais furieux, je vous ai dénoncé.

—Dénoncé!

—À la préfecture de police de Paris.

M. Madeleine, qui ne riait pas beaucoup plus souvent que Javert, se mit à rire.

—Comme maire ayant empiété sur la police?

—Comme ancien forçat.

Le maire devint livide.

Javert, qui n'avait pas levé les yeux, continua:

—Je le croyais. Depuis longtemps j'avais des idées. Une ressemblance, des renseignements que vous avez fait prendre à Faverolles, votre force des reins, l'aventure du vieux Fauchelevent, votre adresse au tir, votre jambe qui traîne un peu, est-ce que je sais, moi? des bêtises! mais enfin je vous prenais pour un nommé Jean Valjean.

—Un nommé?... Comment dites-vous ce nom-là?

—Jean Valjean. C'est un forçat que j'avais vu il y a vingt ans quand j'étais adjudant-garde-chiourme à Toulon. En sortant du bagne, ce Jean Valjean avait, à ce qu'il paraît, volé chez un évêque, puis il avait commis un autre vol à main armée, dans un chemin public, sur un petit savoyard. Depuis huit ans il s'était dérobé, on ne sait comment, et on le cherchait. Moi je m'étais figuré... Enfin, j'ai fait cette chose! La colère m'a décidé, je vous ai dénoncé à la préfecture.

M. Madeleine, qui avait ressaisi le dossier depuis quelques instants, reprit avec un accent de parfaite indifférence:

—Et que vous a-t-on répondu?

—Que j'étais fou.

—Eh bien?

—Eh bien, on avait raison.

—C'est heureux que vous le reconnaissiez!

—Il faut bien, puisque le véritable Jean Valjean est trouvé.

La feuille que tenait M. Madeleine lui échappa des mains, il leva la tête, regarda fixement Javert, et dit avec un accent inexprimable:

—Ah!

Javert poursuivit:

—Voilà ce que c'est, monsieur le maire. Il paraît qu'il y avait dans le pays, du côté d'Ailly-le-Haut-Clocher, une espèce de bonhomme qu'on appelait le père Champmathieu. C'était très misérable. On n'y faisait pas attention. Ces gens-là, on ne sait pas de quoi cela vit. Dernièrement, cet automne, le père Champmathieu a été arrêté pour un vol de pommes à cidre, commis chez...— enfin n'importe! Il y a eu vol, mur escaladé, branches de l'arbre cassées. On a arrêté mon Champmathieu. Il avait encore la branche de pommier à la main. On coffre le drôle. Jusqu'ici ce n'est pas beaucoup plus qu'une affaire correctionnelle. Mais voici qui est de la providence. La geôle étant en mauvais état, monsieur le juge d'instruction trouve à propos de faire transférer Champmathieu à Arras où est la prison départementale. Dans cette prison d'Arras, il y a un ancien forçat nommé Brevet qui est détenu pour je ne sais quoi et qu'on a fait guichetier de chambrée parce qu'il se conduit bien. Monsieur le maire, Champmathieu n'est pas plus tôt débarqué que voilà Brevet qui s'écrie: «Eh mais! je connais cet homme-là. C'est un fagot. Regardez-moi donc, bonhomme! Vous êtes Jean Valjean!— Jean Valjean! qui ça Jean Valjean? Le Champmathieu joue l'étonné.—Ne fais donc pas le sinvre, dit Brevet. Tu es Jean Valjean! Tu as été au bagne de Toulon. Il y a vingt ans. Nous y étions ensemble.—Le Champmathieu nie. Parbleu! vous comprenez. On approfondit. On me fouille cette aventure-là. Voici ce qu'on trouve: ce Champmathieu, il y a une trentaine d'années, a été ouvrier émondeur d'arbres dans plusieurs pays, notamment à Faverolles. Là on perd sa trace. Longtemps après, on le revoit en Auvergne, puis à Paris, où il dit avoir été charron et avoir eu une fille blanchisseuse, mais cela n'est pas prouvé; enfin dans ce pays-ci. Or, avant d'aller au bagne pour vol qualifié, qu'était Jean Valjean? émondeur. Où? à Faverolles. Autre fait. Ce Valjean s'appelait de son nom de baptême Jean et sa mère se nommait de son nom de famille Mathieu. Quoi de plus naturel que de penser qu'en sortant du bagne il aura pris le nom de sa mère pour se cacher et se sera fait appeler Jean Mathieu? Il va en Auvergne. De *Jean* la prononciation du pays fait *Chan*, on l'appelle Chan Mathieu. Notre homme se laisse faire et le voilà transformé en Champmathieu. Vous me suivez, n'est-ce pas? On s'informe à Faverolles. La famille de Jean Valjean n'y est plus. On ne sait plus où elle est. Vous savez, dans ces classes-là, il y a souvent de ces évanouissements d'une famille. On cherche, on ne trouve plus rien. Ces gens-là, quand ce n'est pas de la boue, c'est de la poussière. Et puis, comme le commencement de ces histoires date de trente ans, il n'y a plus personne à Faverolles qui ait connu Jean Valjean. On s'informe à Toulon. Avec Brevet, il n'y a plus que deux forçats qui aient vu Jean Valjean. Ce sont les condamnés à vie Cochepaille et Chenildieu. On les extrait du bagne et on les fait venir. On les confronte au prétendu Champmathieu. Ils n'hésitent pas. Pour eux comme pour Brevet, c'est Jean Valjean. Même âge, il a cinquante-quatre ans, même taille, même air, même homme enfin, c'est lui. C'est en ce moment-là même que j'envoyais ma dénonciation à la préfecture de Paris. On me répond que je perds l'esprit et que Jean Valjean est à Arras au pouvoir de la justice. Vous concevez si cela m'étonne, moi qui croyais tenir ici ce même Jean Valjean! J'écris à monsieur le juge d'instruction. Il me fait venir, on m'amène le Champmathieu....

—Eh bien? interrompit M. Madeleine.

Javert répondit avec son visage incorruptible et triste:

—Monsieur le maire, la vérité est la vérité. J'en suis fâché, mais c'est cet homme-là qui est Jean Valjean. Moi aussi je l'ai reconnu.

M. Madeleine reprit d'une voix très basse:

—Vous êtes sûr?

Javert se mit à rire de ce rire douloureux qui échappe à une conviction profonde:

—Oh, sûr!

Il demeura un moment pensif, prenant machinalement des pincées de poudre de bois dans la sébille à sécher l'encre qui était sur la table, et il ajouta:

—Et même, maintenant que je vois le vrai Jean Valjean, je ne comprends pas comment j'ai pu croire autre chose. Je vous demande pardon, monsieur le maire.

En adressant cette parole suppliante et grave à celui qui, six semaines auparavant, l'avait humilié en plein corps de garde et lui avait dit: «sortez!» Javert, cet homme hautain, était à son insu plein de simplicité et de dignité. M. Madeleine ne répondit à sa prière que par cette question brusque:

—Et que dit cet homme?

—Ah, dame! monsieur le maire, l'affaire est mauvaise. Si c'est Jean Valjean, il y a récidive. Enjamber un mur, casser une branche, chiper des pommes, pour un enfant, c'est une polissonnerie; pour un homme, c'est un délit; pour un forçat, c'est un crime. Escalade et vol, tout y est. Ce n'est plus la police correctionnelle, c'est la cour d'assises. Ce n'est plus quelques jours de prison, ce sont les galères à perpétuité. Et puis, il y a l'affaire du petit savoyard que j'espère bien qui reviendra. Diable! il y a de quoi se débattre, n'est-ce pas? Oui, pour un autre que Jean Valjean. Mais Jean Valjean est un sournois. C'est encore là que je le reconnais. Un autre sentirait que cela chauffe; il se démènerait, il crierait, la bouilloire chante devant le feu, il ne voudrait pas être Jean Valjean, et caetera. Lui, il n'a pas l'air de comprendre, il dit: Je suis Champmathieu, je ne sors pas de là! Il a l'air étonné, il fait la brute, c'est bien mieux. Oh! le drôle est habile. Mais c'est égal, les preuves sont là. Il est reconnu par quatre personnes, le vieux coquin sera condamné. C'est porté aux assises, à Arras. Je vais y aller pour témoigner. Je suis cité.

M. Madeleine s'était remis à son bureau, avait ressaisi son dossier, et le feuilletait tranquillement, lisant et écrivant tour à tour comme un homme affairé. Il se tourna vers Javert:

—Assez, Javert. Au fait, tous ces détails m'intéressent fort peu. Nous perdons notre temps, et nous avons des affaires pressées. Javert, vous allez vous rendre sur-le-champ chez la bonne femme Buseaupied qui vend des herbes là-bas au coin de la rue Saint-Saulve. Vous lui direz de déposer sa plainte contre le charretier Pierre Chesnelong. Cet homme est un brutal qui a failli écraser cette femme et son enfant. Il faut qu'il soit puni. Vous irez ensuite chez M. Charcellay, rue Montre-de-Champigny. Il se plaint qu'il y a une gouttière de la maison voisine qui verse l'eau de la pluie chez lui, et qui affouille les fondations de sa maison. Après vous constaterez des contraventions de police qu'on me signale rue Guibourg chez la veuve Doris, et rue du Garraud-Blanc chez madame Renée Le Bossé, et vous dresserez procès-verbal. Mais je vous donne là beaucoup de besogne. N'allez-vous pas être absent? ne m'avez-vous pas dit que vous allez à Arras pour cette affaire dans huit ou dix jours?...

—Plus tôt que cela, monsieur le maire.

—Quel jour donc?

—Mais je croyais avoir dit à monsieur le maire que cela se jugeait demain et que je partais par la diligence cette nuit.

M. Madeleine fit un mouvement imperceptible.

—Et combien de temps durera l'affaire?

—Un jour tout au plus. L'arrêt sera prononcé au plus tard demain dans la nuit. Mais je n'attendrai pas l'arrêt, qui ne peut manquer. Sitôt ma déposition faite, je reviendrai ici.

—C'est bon, dit M. Madeleine.

Et il congédia Javert d'un signe de main. Javert ne s'en alla pas.

—Pardon, monsieur le maire, dit-il.

—Qu'est-ce encore? demanda M. Madeleine.

—Monsieur le maire, il me reste une chose à vous rappeler.

—Laquelle?

—C'est que je dois être destitué.

M. Madeleine se leva.

—Javert, vous êtes un homme d'honneur, et je vous estime. Vous vous exagérez votre faute. Ceci d'ailleurs est encore une offense qui me concerne. Javert, vous êtes digne de monter et non de descendre. J'entends que vous gardiez votre place.

Javert regarda M. Madeleine avec sa prunelle candide au fond de laquelle il semblait qu'on vit cette conscience peu éclairée, mais rigide et chaste, et il dit d'une voix tranquille:

—Monsieur le maire, je ne puis vous accorder cela.

—Je vous répète, répliqua M. Madeleine, que la chose me regarde.

Mais Javert, attentif à sa seule pensée, continua:

—Quant à exagérer, je n'exagère point. Voici comment je raisonne. Je vous ai soupçonné injustement. Cela, ce n'est rien. C'est notre droit à nous autres de soupçonner, quoiqu'il y ait pourtant abus à soupçonner au-dessus de soi. Mais, sans preuves, dans un accès de colère, dans le but de me venger, je vous ai dénoncé comme forçat, vous, un homme respectable, un maire, un magistrat! ceci est grave. Très grave. J'ai offensé l'autorité dans votre personne, moi, agent de l'autorité! Si l'un de mes subordonnés avait fait ce que j'ai fait, je l'aurais déclaré indigne du service, et chassé. Eh bien?

Tenez, monsieur le maire, encore un mot. J'ai souvent été sévère dans ma vie. Pour les autres. C'était juste. Je faisais bien. Maintenant, si je n'étais pas sévère pour moi, tout ce que j'ai fait de juste deviendrait injuste.

Est-ce que je dois m'épargner plus que les autres? Non. Quoi! je n'aurais été bon qu'à châtier autrui, et pas moi! mais je serais un misérable! mais ceux qui disent: ce gueux de Javert! auraient raison! Monsieur le maire, je ne souhaite pas que vous me traitiez avec bonté, votre bonté m'a fait faire assez de mauvais sang quand elle était pour les autres. Je n'en veux pas pour moi. La bonté qui consiste à donner raison à la fille publique contre le bourgeois, à l'agent de police contre le maire, à celui qui est en bas contre celui qui est en haut, c'est ce que j'appelle de la mauvaise bonté. C'est avec cette bonté-là que la société se désorganise. Mon Dieu! c'est bien facile d'être bon, le malaisé c'est d'être juste. Allez! si vous aviez été ce que je croyais, je n'aurais pas été bon pour vous, moi! vous auriez vu! Monsieur le maire, je dois me traiter comme je traiterais tout autre. Quand je réprimais des malfaiteurs, quand je sévissais sur des gredins, je me suis souvent dit à moi-même: toi, si tu bronches, si jamais je te prends en faute, sois tranquille!—J'ai bronché, je me prends en faute, tant pis! Allons, renvoyé, cassé, chassé! c'est bon. J'ai des bras, je travaillerai à la terre, cela m'est égal. Monsieur le maire, le bien du service veut un exemple. Je demande simplement la destitution de l'inspecteur Javert.

Tout cela était prononcé d'un accent humble, fier, désespéré et convaincu qui donnait je ne sais quelle grandeur bizarre à cet étrange honnête homme.

—Nous verrons, fit M. Madeleine.

Et il lui tendit la main.

Javert recula, et dit d'un ton farouche:

—Pardon, monsieur le maire, mais cela ne doit pas être. Un maire ne donne pas la main à un mouchard.

Il ajouta entre ses dents:

—Mouchard, oui; du moment où j'ai médusé de la police, je ne suis plus qu'un mouchard. Puis il salua profondément, et se dirigea vers la porte. Là il se retourna, et, les yeux toujours baissés:

—Monsieur le maire, dit-il, je continuerai le service jusqu'à ce que je sois remplacé.

Il sortit. M. Madeleine resta rêveur, écoutant ce pas ferme et assuré qui s'éloignait sur le pavé du corridor.

Livre septième—L'affaire Champmathieu

Chapitre I
La sœur Simplice

Les incidents qu'on va lire n'ont pas tous été connus à Montreuil-sur-mer, mais le peu qui en a percé a laissé dans cette ville un tel souvenir, que ce serait une grave lacune dans ce livre si nous ne les racontions dans leurs moindres détails.

Dans ces détails, le lecteur rencontrera deux ou trois circonstances invraisemblables que nous maintenons par respect pour la vérité.

Dans l'après-midi qui suit la visite de Javert, M. Madeleine alla voir la Fantine comme d'habitude.

Avant de pénétrer près de Fantine, il fit demander la sœur Simplice. Les deux religieuses qui faisaient le service de l'infirmerie, dames lazaristes comme toutes les sœurs de charité, s'appelaient sœur Perpétue et sœur Simplice.

La sœur Perpétue était la première villageoise venue, grossièrement sœur de charité, entrée chez Dieu comme on entre en place. Elle était religieuse comme on est cuisinière. Ce type n'est point très rare. Les ordres monastiques acceptent volontiers cette lourde poterie paysanne, aisément façonnée en capucin ou en ursuline. Ces rusticités s'utilisent pour les grosses besognes de la dévotion. La transition d'un bouvier à un carme n'a rien de heurté; l'un devient l'autre sans grand travail; le fond commun d'ignorance du village et du cloître est une préparation toute faite, et met tout de suite le campagnard de plain-pied avec le moine. Un peu d'ampleur au sarrau, et voilà un froc. La sœur Perpétue était une forte religieuse, de Marines, près Pontoise, patoisant, psalmodiant, bougonnant, sucrant la tisane selon le bigotisme ou l'hypocrisie du grabataire, brusquant les malades, bourrue avec les mourants, leur jetant presque Dieu au visage, lapidant l'agonie avec des prières en colère, hardie, honnête et rougeaude.

La sœur Simplice était blanche d'une blancheur de cire. Près de sœur Perpétue, c'était le cierge à côté de la chandelle. Vincent de Paul a divinement fixé la figure de la sœur de charité dans ces admirables paroles où il mêle tant de liberté à tant de servitude: «Elles n'auront pour monastère que la maison des malades, pour cellule qu'une chambre de louage, pour chapelle que l'église de leur paroisse, pour cloître que les rues de la ville ou les salles des hôpitaux, pour clôture que l'obéissance, pour grille que la crainte de Dieu, pour voile que la modestie.» Cet idéal était vivant dans la sœur Simplice. Personne n'eût pu dire l'âge de la sœur Simplice; elle n'avait jamais été jeune et semblait ne devoir jamais être vieille. C'était une personne—nous n'osons dire une femme—calme, austère, de bonne compagnie, froide, et qui n'avait jamais menti. Elle était si douce qu'elle paraissait fragile; plus solide d'ailleurs que le granit. Elle touchait aux malheureux avec de charmants doigts fins et purs. Il y avait, pour ainsi dire, du silence dans sa parole; elle parlait juste le nécessaire, et elle avait un son de voix qui eût tout à la fois édifié un confessionnal et enchanté un salon. Cette délicatesse s'accommodait de la robe de bure, trouvant à ce rude contact un rappel continuel du ciel et de Dieu. Insistons sur un détail. N'avoir jamais menti, n'avoir jamais dit, pour un intérêt quelconque, même indifféremment, une chose qui ne fût la vérité, la sainte vérité, c'était le trait distinctif de la sœur Simplice; c'était l'accent de sa vertu. Elle était presque célèbre dans la congrégation pour cette véracité imperturbable. L'abbé Sicard parle de la sœur Simplice dans une lettre au sourd-muet Massieu. Si sincères, si loyaux et si purs que nous soyons, nous avons tous sur notre candeur au moins la fêlure du petit mensonge innocent. Elle, point. Petit mensonge, mensonge innocent, est-ce que cela existe? Mentir, c'est l'absolu du mal. Peu mentir n'est pas possible; celui qui ment, ment tout le mensonge; mentir, c'est la face même du démon; Satan a deux noms, il s'appelle Satan et il s'appelle Mensonge. Voilà ce qu'elle pensait. Et comme elle pensait, elle pratiquait. Il en résultait cette blancheur dont nous avons parlé, blancheur qui couvrait de son rayonnement même ses lèvres et ses yeux. Son sourire était blanc, son regard était blanc. Il n'y avait pas une toile d'araignée, pas un grain de poussière à la vitre de cette conscience. En entrant dans l'obédience de saint Vincent de Paul, elle avait pris le nom de Simplice par choix spécial. Simplice de Sicile, on le sait, est cette sainte qui aima mieux se laisser arracher les deux seins que de répondre, étant née à Syracuse, qu'elle était née à Ségeste, mensonge qui la sauvait. Cette patronne convenait à cette âme.

La sœur Simplice, en entrant dans l'ordre, avait deux défauts dont elle s'était peu à peu corrigée; elle avait eu le goût des friandises et elle avait aimé à recevoir des lettres. Elle ne lisait jamais qu'un livre de prières en gros caractères et en latin. Elle ne comprenait pas le latin, mais elle comprenait le livre.

La pieuse fille avait pris en affection Fantine, y sentant probablement de la vertu latente, et s'était dévouée à la soigner presque exclusivement.

M. Madeleine emmena à part la sœur Simplice et lui recommanda Fantine avec un accent singulier dont la sœur se souvint plus tard.

En quittant la sœur, il s'approcha de Fantine.

Fantine attendait chaque jour l'apparition de M. Madeleine comme on attend un rayon de chaleur et de joie. Elle disait aux sœurs:

—Je ne vis que lorsque monsieur le maire est là.

Elle avait ce jour-là beaucoup de fièvre. Dès qu'elle vit M. Madeleine, elle lui demanda:

—Et Cosette?

Il répondit en souriant:

—Bientôt.

M. Madeleine fut avec Fantine comme à l'ordinaire. Seulement il resta une heure au lieu d'une demi-heure, au grand contentement de Fantine. Il fit mille instances à tout le monde pour que rien ne manquât à la malade. On remarqua qu'il y eut un moment où son visage devint très sombre. Mais cela s'expliqua quand on sut que le médecin s'était penché à son oreille et lui avait dit:

—Elle baisse beaucoup.

Puis il rentra à la mairie, et le garçon de bureau le vit examiner avec attention une carte routière de France qui était suspendue dans son cabinet. Il écrivit quelques chiffres au crayon sur un papier.

Chapitre II
Perspicacité de maître Scaufflaire

De la mairie il se rendit au bout de la ville chez un Flamand, maître Scaufflaër, francisé Scaufflaire, qui louait des chevaux et des «cabriolets à volonté».

Pour aller chez ce Scaufflaire, le plus court était de prendre une rue peu fréquentée où était le presbytère de la paroisse que M. Madeleine habitait. Le curé était, disait-on, un homme digne et respectable, et de bon conseil. À l'instant où M. Madeleine arriva devant le presbytère, il n'y avait dans la rue qu'un passant, et ce passant remarqua ceci: M. le maire, après avoir dépassé la maison curiale, s'arrêta, demeura immobile, puis revint sur ses pas et rebroussa chemin jusqu'à la porte du presbytère, qui était une porte bâtarde avec marteau de fer. Il mit vivement la main au marteau, et le souleva; puis il s'arrêta de nouveau, et resta court, et comme pensif, et, après quelques secondes, au lieu de laisser bruyamment retomber le marteau, il le reposa doucement et reprit son chemin avec une sorte de hâte qu'il n'avait pas auparavant.

M. Madeleine trouva maître Scaufflaire chez lui occupé à repiquer un harnais.

—Maître Scaufflaire, demanda-t-il, avez-vous un bon cheval?

—Monsieur le maire, dit le Flamand, tous mes chevaux sont bons. Qu'entendez-vous par un bon cheval?

—J'entends un cheval qui puisse faire vingt lieues en un jour.

—Diable! fit le Flamand, vingt lieues!

—Oui.

—Attelé à un cabriolet?

—Oui.

—Et combien de temps se reposera-t-il après la course?

—Il faut qu'il puisse au besoin repartir le lendemain.

—Pour refaire le même trajet?

—Oui.

—Diable! diable! et c'est vingt lieues? M. Madeleine tira de sa poche le papier où il avait crayonné des chiffres. Il les montra au Flamand. C'étaient les chiffres 5, 6, 8-1/2.

—Vous voyez, dit-il. Total, dix-neuf et demi, autant dire vingt lieues.

—Monsieur le maire, reprit le Flamand, j'ai votre affaire. Mon petit cheval blanc. Vous avez dû le voir passer quelquefois. C'est une petite bête du bas Boulonnais. C'est plein de feu. On a voulu d'abord en faire un cheval de selle. Bah! il ruait, il flanquait tout le monde par terre. On le croyait vicieux, on ne savait qu'en faire. Je l'ai acheté. Je l'ai mis au cabriolet. Monsieur, c'est cela qu'il voulait; il est doux comme une fille, il va le vent. Ah! par exemple, il ne faudrait pas lui monter sur le dos. Ce n'est pas son idée d'être cheval de selle. Chacun a son ambition. Tirer, oui, porter, non; il faut croire qu'il s'est dit ça.

—Et il fera la course?

—Vos vingt lieues. Toujours au grand trot, et en moins de huit heures. Mais voici à quelles conditions.

—Dites.

—Premièrement, vous le ferez souffler une heure à moitié chemin; il mangera, et on sera là pendant qu'il mangera pour empêcher le garçon de l'auberge de lui voler son avoine; car j'ai remarqué que dans les auberges l'avoine est plus souvent bue par les garçons d'écurie que mangée par les chevaux.

—On sera là.

—Deuxièmement.... Est-ce pour monsieur le maire le cabriolet?

—Oui.

—Monsieur le maire sait conduire?

—Oui.

—Eh bien, monsieur le maire voyagera seul et sans bagage afin de ne point charger le cheval.

—Convenu.

—Mais monsieur le maire, n'ayant personne avec lui, sera obligé de prendre la peine de surveiller lui-même l'avoine.

—C'est dit.

—Il me faudra trente francs par jour. Les jours de repos payés. Pas un liard de moins, et la nourriture de la bête à la charge de monsieur le maire.

M. Madeleine tira trois napoléons de sa bourse et les mit sur la table.

—Voilà deux jours d'avance.

—Quatrièmement, pour une course pareille sur cabriolet serait trop lourd et fatiguerait le cheval. Il faudrait que monsieur le maire consentît à voyager dans un petit tilbury que j'ai.

—J'y consens.

—C'est léger, mais c'est découvert.

—Cela m'est égal.

—Monsieur le maire a-t-il réfléchi que nous sommes en hiver?...

M. Madeleine ne répondit pas. Le Flamand reprit:
—Qu'il fait très froid?
M. Madeleine garda le silence. Maître Scaufflaire continua:
—Qu'il peut pleuvoir?
M. Madeleine leva la tête et dit:
—Le tilbury et le cheval seront devant ma porte demain à quatre heures et demie du matin.
—C'est entendu, monsieur le maire, répondit Scaufflaire, puis, grattant avec l'ongle de son pouce une tache qui était dans le bois de la table, il reprit de cet air insouciant que les Flamands savent si bien mêler à leur finesse:
—Mais voilà que j'y songe à présent! monsieur le maire ne me dit pas où il va. Où est-ce que va monsieur le maire?
Il ne songeait pas à autre chose depuis le commencement de la conversation, mais il ne savait pourquoi il n'avait pas osé faire cette question.
—Votre cheval a-t-il de bonnes jambes de devant? dit M. Madeleine.
—Oui, monsieur le maire. Vous le soutiendrez un peu dans les descentes. Y a-t-il beaucoup de descentes d'ici où vous allez?
—N'oubliez pas d'être à ma porte à quatre heures et demie du matin, très précises, répondit M. Madeleine; et il sortit.
Le Flamand resta «tout bête», comme il disait lui-même quelque temps après.
Monsieur le maire était sorti depuis deux ou trois minutes, lorsque la porte se rouvrit; c'était M. le maire. Il avait toujours le même air impassible et préoccupé.
—Monsieur Scaufflaire, dit-il, à quelle somme estimez-vous le cheval et le tilbury que vous me louerez, l'un portant l'autre?
—L'un traînant l'autre, monsieur le maire, dit le Flamand avec un gros rire.
—Soit. Eh bien!
—Est-ce que monsieur le maire veut me les acheter?
—Non, mais à tout événement, je veux vous les garantir. À mon retour vous me rendrez la somme. Combien estimez-vous cabriolet et cheval?
—À cinq cents francs, monsieur le maire.
—Les voici.
M. Madeleine posa un billet de banque sur la table, puis sortit et cette fois ne rentra plus.
Maître Scaufflaire regretta affreusement de n'avoir point dit mille francs. Du reste le cheval et le tilbury, en bloc, valaient cent écus.
Le Flamand appela sa femme, et lui conta la chose. Où diable monsieur le maire peut-il aller? Ils tinrent conseil.
—Il va à Paris, dit la femme.

—Je ne crois pas, dit le mari.

M. Madeleine avait oublié sur la cheminée le papier où il avait tracé des chiffres. Le Flamand le prit et l'étudia.

—Cinq, six, huit et demi? cela doit marquer des relais de poste.

Il se tourna vers sa femme.

—J'ai trouvé.

—Comment?

—Il y a cinq lieues d'ici à Hesdin, six de Hesdin à Saint-Pol, huit et demie de Saint-Pol à Arras. Il va à Arras.

Cependant M. Madeleine était rentré chez lui.

Pour revenir de chez maître Scaufflaire, il avait pris le plus long, comme si la porte du presbytère avait été pour lui une tentation, et qu'il eût voulu l'éviter. Il était monté dans sa chambre et s'y était enfermé, ce qui n'avait rien que de simple, car il se couchait volontiers de bonne heure. Pourtant la concierge de la fabrique, qui était en même temps l'unique servante de M. Madeleine, observa que sa lumière s'éteignit à huit heures et demie, et elle le dit au caissier qui rentrait, en ajoutant:

—Est-ce que monsieur le maire est malade? je lui ai trouvé l'air un peu singulier.

Ce caissier habitait une chambre située précisément au-dessous de la chambre de M. Madeleine. Il ne prit point garde aux paroles de la portière, se coucha et s'endormit. Vers minuit, il se réveilla brusquement; il avait entendu à travers son sommeil un bruit au-dessus de sa tête. Il écouta. C'était un pas qui allait et venait, comme si l'on marchait dans la chambre en haut. Il écouta plus attentivement, et reconnut le pas de M. Madeleine. Cela lui parut étrange; habituellement aucun bruit ne se faisait dans la chambre de M. Madeleine avant l'heure de son lever. Un moment après le caissier entendit quelque chose qui ressemblait à une armoire qu'on ouvre et qu'on referme. Puis on dérangea un meuble, il y eut un silence, et le pas recommença. Le caissier se dressa sur son séant, s'éveilla tout à fait, regarda, et à travers les vitres de sa croisée aperçut sur le mur d'en face la réverbération rougeâtre d'une fenêtre éclairée. À la direction des rayons, ce ne pouvait être que la fenêtre de la chambre de M. Madeleine. La réverbération tremblait comme si elle venait plutôt d'un feu allumé que d'une lumière. L'ombre des châssis vitrés ne s'y dessinait pas, ce qui indiquait que la fenêtre était toute grande ouverte. Par le froid qu'il faisait, cette fenêtre ouverte était surprenante. Le caissier se rendormit. Une heure ou deux après, il se réveilla encore. Le même pas, lent et régulier, allait et venait toujours au-dessus de sa tête.

La réverbération se dessinait toujours sur le mur, mais elle était maintenant pâle et paisible comme le reflet d'une lampe ou d'une bougie. La fenêtre était toujours ouverte. Voici ce qui se passait dans la chambre de M. Madeleine.

Chapitre III
Une tempête sous un crâne

Le lecteur a sans doute deviné que M. Madeleine n'est autre que Jean Valjean.

Nous avons déjà regardé dans les profondeurs de cette conscience; le moment est venu d'y regarder encore. Nous ne le faisons pas sans émotion et sans tremblement. Il n'existe rien de plus terrifiant que cette sorte de contemplation. L'œil de l'esprit ne peut trouver nulle part plus d'éblouissements ni plus de ténèbres que dans l'homme; il ne peut se fixer sur aucune chose qui soit plus redoutable, plus compliquée, plus mystérieuse et plus infinie. Il y a un spectacle plus grand que la mer, c'est le ciel; il y a un spectacle plus grand que le ciel, c'est l'intérieur de l'âme.

Faire le poème de la conscience humaine, ne fût-ce qu'à propos d'un seul homme, ne fût-ce qu'à propos du plus infime des hommes, ce serait fondre toutes les épopées dans une épopée supérieure et définitive. La conscience, c'est le chaos des chimères, des convoitises et des tentatives, la fournaise des rêves, l'antre des idées dont on a honte; c'est le pandémonium des sophismes, c'est le champ de bataille des passions. À de certaines heures, pénétrez à travers la face livide d'un être humain qui réfléchit, et regardez derrière, regardez dans cette âme, regardez dans cette obscurité. Il y a là, sous le silence extérieur, des combats de géants comme dans Homère, des mêlées de dragons et d'hydres et des nuées de fantômes comme dans Milton, des spirales visionnaires comme chez Dante. Chose sombre que cet infini que tout homme porte en soi et auquel il mesure avec désespoir les volontés de son cerveau et les actions de sa vie!

Alighieri rencontra un jour une sinistre porte devant laquelle il hésita. En voici une aussi devant nous, au seuil de laquelle nous hésitons. Entrons pourtant.

Nous n'avons que peu de chose à ajouter à ce que le lecteur connaît déjà de ce qui était arrivé à Jean Valjean depuis l'aventure de Petit-Gervais. À partir de ce moment, on l'a vu, il fut un autre homme. Ce que l'évêque avait voulu faire de lui, il l'exécuta. Ce fut plus qu'une transformation, ce fut une transfiguration.

Il réussit à disparaître, vendit l'argenterie de l'évêque, ne gardant que les flambeaux, comme souvenir, se glissa de ville en ville, traversa la France, vint à Montreuil-sur-mer, eut l'idée que nous avons dite, accomplit ce que nous avons raconté, parvint à se faire insaisissable et inaccessible, et désormais, établi à Montreuil-sur-mer, heureux de sentir sa conscience attristée par son passé et la première moitié de son existence démentie par la dernière, il vécut paisible, rassuré et espérant, n'ayant plus que deux pensées: cacher son nom, et sanctifier sa vie; échapper aux hommes, et revenir à Dieu.

Ces deux pensées étaient si étroitement mêlées dans son esprit qu'elles n'en formaient qu'une seule; elles étaient toutes deux également absorbantes et impérieuses, et dominaient ses moindres actions. D'ordinaire elles étaient d'accord pour régler la conduite de sa vie; elles le tournaient vers l'ombre; elles le faisaient bienveillant et simple; elles lui conseillaient les mêmes choses. Quelquefois cependant il y avait conflit entre elles. Dans ce cas-là, on s'en souvient, l'homme que tout le pays de Montreuil-sur-mer appelait M. Madeleine ne balançait pas à sacrifier la première à la seconde, sa sécurité à sa vertu. Ainsi, en dépit de toute réserve et de toute prudence, il avait gardé les chandeliers de l'évêque, porté son deuil, appelé et interrogé tous les petits savoyards qui passaient, pris des renseignements sur les familles de Faverolles, et sauvé la vie au vieux Fauchelevent, malgré les inquiétantes insinuations de Javert. Il semblait, nous l'avons déjà remarqué, qu'il pensât, à l'exemple de tous ceux qui ont été sages, saints et justes, que son premier devoir n'était pas envers lui.

Toutefois, il faut le dire, jamais rien de pareil ne s'était encore présenté. Jamais les deux idées qui gouvernaient le malheureux homme dont nous racontons les souffrances n'avaient engagé une lutte si sérieuse. Il le comprit confusément, mais profondément, dès les premières paroles que prononça Javert, en entrant dans son cabinet.

Au moment où fut si étrangement articulé ce nom qu'il avait enseveli sous tant d'épaisseurs, il fut saisi de stupeur et comme enivré par la sinistre bizarrerie de sa destinée, et, à travers cette stupeur, il eut ce tressaillement qui précède les grandes secousses; il se courba comme un chêne à l'approche d'un orage, comme un soldat à l'approche d'un assaut. Il sentit venir sur sa tête des ombres pleines de foudres et d'éclairs. Tout en écoutant parler Javert, il eut une première pensée d'aller, de courir, de se dénoncer, de tirer ce Champmathieu de prison et de s'y mettre; cela fut douloureux et poignant comme une incision dans la chair vive, puis cela passa, et il se dit: «Voyons! voyons!» Il réprima ce premier mouvement généreux et recula devant l'héroïsme.

Sans doute, il serait beau qu'après les saintes paroles de l'évêque, après tant d'années de repentir et d'abnégation, au milieu d'une pénitence admirablement commencée, cet homme, même en présence d'une si terrible conjoncture, n'eût pas bronché un instant et eût continué de marcher du même pas vers ce précipice ouvert au fond duquel était le ciel; cela serait beau, mais cela ne fut pas ainsi. Il faut bien que nous rendions compte des choses qui s'accomplissaient dans cette âme, et nous ne pouvons dire que ce qui y était. Ce qui l'emporta tout d'abord, ce fut l'instinct de la conservation; il rallia en hâte ses idées, étouffa ses émotions, considéra la présence de Javert, ce grand péril, ajourna toute résolution avec la fermeté de l'épouvante, s'étourdit sur ce qu'il y avait à faire, et reprit son calme comme un lutteur ramasse son bouclier.

Le reste de la journée il fut dans cet état, un tourbillon au dedans, une tranquillité profonde au dehors; il ne prit que ce qu'on pourrait appeler «les mesures conservatoires». Tout était encore confus et se heurtait dans son cerveau; le trouble y était tel qu'il ne voyait distinctement la forme d'aucune idée; et lui-même n'aurait pu rien dire de lui-même, si ce n'est qu'il venait de recevoir un grand coup. Il se rendit comme d'habitude près du lit de douleur de Fantine et prolongea sa visite, par un instinct de bonté, se disant qu'il fallait agir ainsi et la bien recommander aux sœurs pour le cas où il arriverait qu'il eût à s'absenter. Il sentit vaguement qu'il faudrait peut-être aller à Arras, et, sans être le moins du monde décidé à ce voyage, il se dit qu'à l'abri de tout soupçon comme il l'était, il n'y avait point d'inconvénient à être témoin de ce qui se passerait, et il retint le tilbury de Scaufflaire, afin d'être préparé à tout événement.

Il dîna avec assez d'appétit.

Rentré dans sa chambre il se recueillit.

Il examina la situation et la trouva inouïe; tellement inouïe qu'au milieu de sa rêverie, par je ne sais quelle impulsion d'anxiété presque inexplicable, il se leva de sa chaise et ferma sa porte au verrou. Il craignait qu'il n'entrât encore quelque chose. Il se barricadait contre le possible.

Un moment après il souffla sa lumière. Elle le gênait.

Il lui semblait qu'on pouvait le voir.

Qui, on?

Hélas! ce qu'il voulait mettre à la porte était entré ce qu'il voulait aveugler, le regardait. Sa conscience.

Sa conscience, c'est-à-dire Dieu.

Pourtant, dans le premier moment, il se fit illusion; il eut un sentiment de sûreté et de solitude; le verrou tiré, il se crut imprenable; la chandelle éteinte, il se sentit invisible. Alors il prit possession de lui-même; il posa ses coudes sur la table, appuya la tête sur sa main, et se mit à songer dans les ténèbres.

—Où en suis-je?—Est-ce que je ne rêve pas? Que m'a-t-on dit?—Est-il bien vrai que j'aie vu ce Javert et qu'il m'ait parlé ainsi?—Que peut être ce Champmathieu?—Il me ressemble donc?—Est-ce possible?—Quand je pense qu'hier j'étais si tranquille et si loin de me douter de rien!—Qu'est-ce que je faisais donc hier à pareille heure?—Qu'y a-t-il dans cet incident?—Comment se dénouera-t-il?—Que faire?

Voilà dans quelle tourmente il était. Son cerveau avait perdu la force de retenir ses idées, elles passaient comme des ondes, et il prenait son front dans ses deux mains pour les arrêter.

De ce tumulte qui bouleversait sa volonté et sa raison, et dont il cherchait à tirer une évidence et une résolution, rien ne se dégageait que l'angoisse.

Sa tête était brûlante. Il alla à la fenêtre et l'ouvrit toute grande. Il n'y avait pas d'étoiles au ciel. Il revint s'asseoir près de la table.

La première heure s'écoula ainsi.

Peu à peu cependant des linéaments vagues commencèrent à se former et à se fixer dans sa méditation, et il put entrevoir avec la précision de la réalité, non l'ensemble de la situation, mais quelques détails.

Il commença par reconnaître que, si extraordinaire et si critique que fût cette situation, il en était tout à fait le maître.

Sa stupeur ne fit que s'en accroître.

Indépendamment du but sévère et religieux que se proposaient ses actions, tout ce qu'il avait fait jusqu'à ce jour n'était autre chose qu'un trou qu'il creusait pour y enfouir son nom. Ce qu'il avait toujours le plus redouté, dans ses heures de repli sur lui-même, dans ses nuits d'insomnie, c'était d'entendre jamais prononcer ce nom; il se disait que ce serait là pour lui la fin de tout; que le jour où ce nom reparaîtrait, il ferait évanouir autour de lui sa vie nouvelle, et qui sait même peut-être? au dedans de lui sa nouvelle âme. Il frémissait de la seule pensée que c'était possible. Certes, si quelqu'un lui eût dit en ces moments-là qu'une heure viendrait où ce nom retentirait à son oreille, où ce hideux mot, Jean Valjean, sortirait tout à coup de la nuit et se dresserait devant lui, où cette lumière formidable faite pour dissiper le mystère dont il s'enveloppait resplendirait subitement sur sa tête; et que ce nom ne le menacerait pas, que cette lumière ne produirait qu'une obscurité plus épaisse, que ce voile déchiré accroîtrait le mystère; que ce tremblement de terre consoliderait son édifice, que ce prodigieux incident n'aurait d'autre résultat, si bon lui semblait, à lui, que de rendre son existence à la fois plus claire et plus impénétrable, et que, de sa confrontation avec le fantôme de Jean Valjean, le bon et digne bourgeois monsieur Madeleine sortirait plus honoré, plus paisible et plus respecté que jamais,—si quelqu'un lui eût dit cela, il eût hoché la tête et regardé ces paroles comme insensées. Eh bien! tout cela venait précisément d'arriver, tout cet entassement de l'impossible était un fait, et Dieu avait permis que ces choses folles devinssent des choses réelles!

Sa rêverie continuait de s'éclaircir. Il se rendait de plus en plus compte de sa position. Il lui semblait qu'il venait de s'éveiller de je ne sais quel sommeil, et qu'il se trouvait glissant sur une pente au milieu de la nuit, debout, frissonnant, reculant en vain, sur le bord extrême d'un abîme. Il entrevoyait distinctement dans l'ombre un inconnu, un étranger, que la destinée prenait pour lui et poussait dans le gouffre à sa place. Il fallait, pour que le gouffre se refermât, que quelqu'un y tombât, lui ou l'autre.

Il n'avait qu'à laisser faire.

La clarté devint complète, et il s'avoua ceci:—Que sa place était vide aux galères, qu'il avait beau faire, qu'elle l'y attendait toujours, que le vol de Petit-Gervais l'y ramenait, que cette place vide l'attendrait et l'attirerait jusqu'à ce qu'il y fût, que cela était inévitable et fatal.—Et puis il se dit:—Qu'en ce moment il avait un remplaçant, qu'il paraissait qu'un nommé Champmathieu avait cette mauvaise chance, et que, quant à lui, présent désormais au bagne dans la personne de ce Champmathieu, présent dans la société sous le nom de M. Madeleine, il n'avait plus rien à redouter, pourvu qu'il n'empêchât pas les hommes de sceller sur la tête de ce Champmathieu cette pierre de l'infamie qui, comme la pierre du sépulcre, tombe une fois et ne se relève jamais.

Tout cela était si violent et si étrange qu'il se fit soudain en lui cette espèce de mouvement indescriptible qu'aucun homme n'éprouve plus de deux ou trois fois dans sa vie, sorte de convulsion de la conscience qui remue tout ce que le cœur a de douteux, qui se compose d'ironie, de joie et de désespoir, et qu'on pourrait appeler un éclat de rire intérieur.

Il ralluma brusquement sa bougie.

—Eh bien quoi! se dit-il, de quoi est-ce que j'ai peur? qu'est-ce que j'ai à songer comme cela? Me voilà sauvé. Tout est fini. Je n'avais plus qu'une porte entr'ouverte par laquelle mon passé pouvait faire irruption dans ma vie; cette porte, la voilà murée! à jamais! Ce Javert qui me trouble depuis si longtemps, ce redoutable instinct qui semblait m'avoir deviné, qui m'avait deviné, pardieu! et qui me suivait partout, cet affreux chien de chasse toujours en arrêt sur moi, le voilà dérouté, occupé ailleurs, absolument dépisté! Il est satisfait désormais, il me laissera tranquille, il tient son Jean Valjean! Qui sait même, il est probable qu'il voudra quitter la ville! Et tout cela s'est fait sans moi! Et je n'y suis pour rien! Ah çà, mais! qu'est-ce qu'il y a de malheureux dans ceci? Des gens qui me verraient, parole d'honneur! croiraient qu'il m'est arrivé une catastrophe! Après tout, s'il y a du mal pour quelqu'un, ce n'est aucunement de ma faute. C'est la providence qui a tout fait. C'est qu'elle veut cela apparemment!

Ai-je le droit de déranger ce qu'elle arrange? Qu'est-ce que je demande à présent? De quoi est-ce que je vais me mêler? Cela ne me regarde pas. Comment! je ne suis pas content! Mais qu'est-ce qu'il me faut donc? Le but auquel j'aspire depuis tant d'années, le songe de mes nuits, l'objet de mes prières au ciel, la sécurité, je l'atteins! C'est Dieu qui le veut. Je n'ai rien à faire contre la volonté de Dieu. Et pourquoi Dieu le veut-il? Pour que je continue ce que j'ai commencé, pour que je fasse le bien, pour que je sois un jour un grand et encourageant exemple, pour qu'il soit dit qu'il y a eu enfin un peu de bonheur attaché à cette pénitence que j'ai subie et à cette vertu où je suis revenu! Vraiment je ne comprends pas pourquoi j'ai eu peur tantôt d'entrer chez ce brave curé et de tout lui raconter comme à un confesseur, et de lui demander conseil, c'est évidemment là ce qu'il m'aurait dit. C'est décidé, laissons aller les choses! laissons faire le bon Dieu!

Il se parlait ainsi dans les profondeurs de sa conscience, penché sur ce qu'on pourrait appeler son propre abîme. Il se leva de sa chaise, et se mit à marcher dans la chambre.—Allons, dit-il, n'y pensons plus. Voilà une résolution prise!—Mais il ne sentit aucune joie.

Au contraire.

On n'empêche pas plus la pensée de revenir à une idée que la mer de revenir à un rivage. Pour le matelot, cela s'appelle la marée; pour le coupable, cela s'appelle le remords. Dieu soulève l'âme comme l'océan.

Au bout de peu d'instants, il eut beau faire, il reprit ce sombre dialogue dans lequel c'était lui qui parlait et lui qui écoutait, disant ce qu'il eût voulu taire, écoutant ce qu'il n'eût pas voulu entendre, cédant à cette puissance mystérieuse qui lui disait: pense! comme elle disait il y a deux mille ans à un autre condamné, marche!

Avant d'aller plus loin et pour être pleinement compris, insistons sur une observation nécessaire.

Il est certain qu'on se parle à soi-même, il n'est pas un être pensant qui ne l'ait éprouvé. On peut dire même que le verbe n'est jamais un plus magnifique mystère que lorsqu'il va, dans l'intérieur d'un homme, de la pensée à la conscience et qu'il retourne de la conscience à la pensée. C'est dans ce sens seulement qu'il faut entendre les mots souvent employés dans ce chapitre, il dit, il s'écria. On se dit, on se parle, on s'écrie en soi-même, sans que le silence extérieur soit rompu. Il y a un grand tumulte; tout parle en nous, excepté la bouche. Les réalités de l'âme, pour n'être point visibles et palpables, n'en sont pas moins des réalités.

Il se demanda donc où il en était. Il s'interrogea sur cette «résolution prise». Il se confessa à lui-même que tout ce qu'il venait d'arranger dans son esprit était monstrueux, que «laisser aller les choses, laisser faire le bon Dieu», c'était tout simplement horrible. Laisser s'accomplir cette méprise de la destinée et des hommes, ne pas l'empêcher, s'y prêter par son silence, ne rien faire enfin, c'était faire tout! c'était le dernier degré de l'indignité hypocrite! c'était un crime bas, lâche, sournois, abject, hideux!

Pour la première fois depuis huit années, le malheureux homme venait de sentir la saveur amère d'une mauvaise pensée et d'une mauvaise action.

Il la recracha avec dégoût.

Il continua de se questionner. Il se demanda sévèrement ce qu'il avait entendu par ceci: "Mon but est atteint!" Il se déclara que sa vie avait un but en effet. Mais quel but? cacher son nom? tromper la police? Était-ce pour une chose si petite qu'il avait fait tout ce qu'il avait fait? Est-ce qu'il n'avait pas un autre but, qui était le grand, qui était le vrai? Sauver, non sa personne, mais son âme. Redevenir honnête et bon. Être un juste! est-ce que ce n'était pas là surtout, là uniquement, ce qu'il avait toujours voulu, ce que l'évêque lui avait ordonné?—Fermer la porte à son passé? Mais il ne la fermait pas, grand Dieu! il la rouvrait en faisant une action infâme! mais il redevenait un voleur, et le plus odieux des voleurs! il volait à un autre son existence, sa vie, sa paix, sa place au soleil! il devenait un assassin! il tuait, il tuait moralement un misérable homme, il lui infligeait cette affreuse mort vivante, cette mort à ciel ouvert, qu'on appelle le bagne! Au contraire, se livrer, sauver cet homme frappé d'une si lugubre erreur, reprendre son nom, redevenir par devoir le forçat Jean Valjean, c'était là vraiment achever sa résurrection, et fermer à jamais l'enfer d'où il sortait! Y retomber en apparence, c'était en sortir en réalité! Il fallait faire cela! il n'avait rien fait s'il ne faisait pas cela! toute sa vie était inutile, toute sa pénitence était perdue, et il n'y avait plus qu'à dire: à quoi bon? Il sentait que l'évêque était là, que l'évêque était d'autant plus présent qu'il était mort, que l'évêque le regardait fixement, que désormais le maire Madeleine avec toutes ses vertus lui serait abominable, et que le galérien Jean Valjean serait admirable et pur devant lui. Que les hommes voyaient son masque, mais que l'évêque voyait sa face. Que les hommes voyaient sa vie, mais que l'évêque voyait sa conscience. Il fallait donc aller à Arras, délivrer le faux Jean Valjean, dénoncer le véritable! Hélas! c'était là le plus grand des sacrifices, la plus poignante des victoires, le dernier pas à franchir; mais il le fallait. Douloureuse destinée! il n'entrerait dans la sainteté aux yeux de Dieu que s'il rentrait dans l'infamie aux yeux des hommes!

—Eh bien, dit-il, prenons ce parti! faisons notre devoir! sauvons cet homme!

Il prononça ces paroles à haute voix, sans s'apercevoir qu'il parlait tout haut.

Il prit ses livres, les vérifia et les mit en ordre. Il jeta au feu une liasse de créances qu'il avait sur de petits commerçants gênés. Il écrivit une lettre qu'il cacheta et sur l'enveloppe de laquelle on aurait pu lire, s'il y avait eu quelqu'un dans sa chambre en cet instant: *À Monsieur Laffitte, banquier, rue d'Artois, à Paris.*

Il tira d'un secrétaire un portefeuille qui contenait quelques billets de banque et le passeport dont il s'était servi cette même année pour aller aux élections.

Qui l'eût vu pendant qu'il accomplissait ces divers actes auxquels se mêlait une méditation si grave, ne se fût pas douté de ce qui se passait en lui. Seulement par moments ses lèvres remuaient; dans d'autres instants il relevait la tête et fixait son regard sur un point quelconque de la muraille, comme s'il y avait précisément là quelque chose qu'il voulait éclaircir ou interroger.

La lettre à M. Laffitte terminée, il la mit dans sa poche ainsi que le portefeuille, et recommença à marcher.

Sa rêverie n'avait point dévié. Il continuait de voir clairement son devoir écrit en lettres lumineuses qui flamboyaient devant ses yeux et se déplaçaient avec son regard:—*Va! nomme-toi! dénonce-toi!*

Il voyait de même, et comme si elles se fussent mues devant lui avec des formes sensibles, les deux idées qui avaient été jusque-là la double règle de sa vie: cacher son nom, sanctifier son âme. Pour la première fois, elles lui apparaissaient absolument distinctes, et il voyait la différence qui les séparait. Il reconnaissait que l'une de ces idées était nécessairement bonne, tandis que l'autre pouvait devenir mauvaise; que celle-là était le dévouement et que celle-ci était la personnalité; que l'une disait: le *prochain*, et que l'autre disait: *moi*; que l'une venait de la lumière et que l'autre venait de la nuit.

Elles se combattaient, il les voyait se combattre. À mesure qu'il songeait, elles avaient grandi devant l'œil de son esprit; elles avaient maintenant des statures colossales; et il lui semblait qu'il voyait lutter au dedans de lui-même, dans cet infini dont nous parlions tout à l'heure, au milieu des obscurités et des lueurs, une déesse et une géante.

Il était plein d'épouvante, mais il lui semblait que la bonne pensée l'emportait.

Il sentait qu'il touchait à l'autre moment décisif de sa conscience et de sa destinée; que l'évêque avait marqué la première phase de sa vie nouvelle, et que ce Champmathieu en marquait la seconde. Après la grande crise, la grande épreuve.

Cependant la fièvre, un instant apaisée, lui revenait peu à peu. Mille pensées le traversaient, mais elles continuaient de le fortifier dans sa résolution.

Un moment il s'était dit:—qu'il prenait peut-être la chose trop vivement, qu'après tout ce Champmathieu n'était pas intéressant, qu'en somme il avait volé.

Il se répondit:—Si cet homme a en effet volé quelques pommes, c'est un mois de prison. Il y a loin de là aux galères. Et qui sait même? a-t-il volé? est-ce prouvé? Le nom de Jean Valjean l'accable et semble dispenser de preuves. Les procureurs du roi n'agissent-ils pas habituellement ainsi? On le croit voleur, parce qu'on le sait forçat.

Dans un autre instant, cette idée lui vint que, lorsqu'il se serait dénoncé, peut-être on considérerait l'héroïsme de son action, et sa vie honnête depuis sept ans, et ce qu'il avait fait pour le pays, et qu'on lui ferait grâce.

Mais cette supposition s'évanouit bien vite, et il sourit amèrement en songeant que le vol des quarante sous à Petit-Gervais le faisait récidiviste, que cette affaire reparaîtrait certainement et, aux termes précis de la loi, le ferait passible des travaux forcés à perpétuité.

Il se détourna de toute illusion, se détacha de plus en plus de la terre et chercha la consolation et la force ailleurs. Il se dit qu'il fallait faire son devoir; que peut-être même ne serait-il pas plus malheureux après avoir fait son devoir qu'après l'avoir éludé; que s'il *laissait faire*, s'il restait à Montreuil-sur-mer, sa considération, sa bonne renommée, ses bonnes œuvres, la déférence, la vénération, sa charité, sa richesse, sa popularité, sa vertu, seraient assaisonnées d'un crime; et quel goût auraient toutes ces choses saintes liées à cette chose hideuse! tandis que, s'il accomplissait son sacrifice, au bagne, au poteau, au carcan, au bonnet vert, au travail sans relâche, à la honte sans pitié, il se mêlerait une idée céleste!

Enfin il se dit qu'il y avait nécessité, que sa destinée était ainsi faite, qu'il n'était pas maître de déranger les arrangements d'en haut, que dans tous les cas il fallait choisir: ou la vertu au dehors et l'abomination au dedans, ou la sainteté au dedans et l'infamie au dehors.

À remuer tant d'idées lugubres, son courage ne défaillait pas, mais son cerveau se fatiguait. Il commençait à penser malgré lui à d'autres choses, à des choses indifférentes. Ses artères battaient violemment dans ses tempes. Il allait et venait toujours. Minuit sonna d'abord à la paroisse, puis à la maison de ville. Il compta les douze coups aux deux horloges, et il compara le son des deux cloches. Il se rappela à cette occasion que quelques jours auparavant il avait vu chez un marchand de ferrailles une vieille cloche à vendre sur laquelle ce nom était écrit: *Antoine Albin de Romainville.*

Il avait froid. Il alluma un peu de feu. Il ne songea pas à fermer la fenêtre.

Cependant il était retombé dans sa stupeur. Il lui fallait faire un assez grand effort pour se rappeler à quoi il songeait avant que minuit sonnât. Il y parvint enfin.

—Ah! oui, se dit-il, j'avais pris la résolution de me dénoncer.

Et puis tout à coup il pensa à la Fantine.

—Tiens! dit-il, et cette pauvre femme!

Ici une crise nouvelle se déclara.

Fantine, apparaissant brusquement dans sa rêverie, y fut comme un rayon d'une lumière inattendue. Il lui sembla que tout changeait d'aspect autour de lui, il s'écria:

—Ah çà, mais! jusqu'ici je n'ai considéré que moi! je n'ai eu égard qu'à ma convenance! Il me convient de me taire ou de me dénoncer,—cacher ma personne ou sauver mon âme,—être un magistrat méprisable et respecté ou un galérien infâme et vénérable, c'est moi, c'est toujours moi, ce n'est que moi! Mais, mon Dieu, c'est de l'égoïsme tout cela! Ce sont des formes diverses de l'égoïsme, mais c'est de l'égoïsme! Si je songeais un peu aux autres? La première sainteté est de penser à autrui. Voyons, examinons. Moi excepté, moi effacé, moi oublié, qu'arrivera-t-il de tout ceci?—Si je me dénonce? on me prend. On lâche ce Champmathieu, on me remet aux galères, c'est bien. Et puis? Que se passe-t-il ici? Ah! ici, il y a un pays, une ville, des fabriques, une industrie, des ouvriers, des hommes, des femmes, des vieux grands-pères, des enfants, des pauvres gens! J'ai créé tout ceci, je fais vivre tout cela; partout où il y a une cheminée qui fume, c'est moi qui ai mis le tison dans le feu et la viande dans la marmite; j'ai fait l'aisance, la circulation, le crédit; avant moi il n'y avait rien; j'ai relevé, vivifié, animé, fécondé, stimulé, enrichi tout le pays; moi de moins, c'est l'âme de moins. Je m'ôte, tout meurt.—Et cette femme qui a tant souffert, qui a tant de mérites dans sa chute, dont j'ai causé sans le vouloir tout le malheur! Et cet enfant que je voulais aller chercher, que j'ai promis à la mère! Est-ce que je ne dois pas aussi quelque chose à cette femme, en réparation du mal que je lui ai fait? Si je disparais, qu'arrive-t-il? La mère meurt. L'enfant devient ce qu'il peut. Voilà ce qui se passe, si je me dénonce.—Si je ne me dénonce pas? Voyons, si je ne me dénonce pas? Après s'être fait cette question, il s'arrêta; il eut comme un moment d'hésitation et de tremblement; mais ce moment dura peu, et il se répondit avec calme:

—Eh bien, cet homme va aux galères, c'est vrai, mais, que diable! il a volé! J'ai beau me dire qu'il n'a pas volé, il a volé! Moi, je reste ici, je continue. Dans dix ans j'aurai gagné dix millions, je les répands dans le pays, je n'ai rien à moi, qu'est-ce que cela me fait? Ce n'est pas pour moi ce que je fais! La prospérité de tous va croissant, les industries s'éveillent et s'excitent, les manufactures et les usines se multiplient, les familles, cent familles, mille familles! sont heureuses; la contrée se peuple; il naît des villages où il n'y a que des fermes, il naît des fermes où il n'y a rien; la misère disparaît, et avec la misère disparaissent la débauche, la prostitution, le vol, le meurtre, tous les vices, tous les crimes! Et cette pauvre mère élève son enfant! et voilà tout un pays riche et honnête! Ah çà, j'étais fou, j'étais absurde, qu'est-ce que je parlais donc de me dénoncer? Il faut faire attention, vraiment, et ne rien précipiter. Quoi! parce qu'il m'aura plu de faire le grand et le généreux,—c'est du mélodrame, après tout!—parce que je n'aurai songé qu'à moi, qu'à moi seul, quoi! pour sauver d'une punition peut-être un peu exagérée, mais juste au fond, on ne sait qui, un voleur, un drôle évidemment, il faudra que tout un pays périsse! il faudra qu'une pauvre femme crève à l'hôpital! qu'une pauvre petite fille crève sur le pavé! comme des chiens! Ah! mais c'est abominable! Sans même que la mère ait revu son enfant! sans que l'enfant ait presque connu sa mère! Et tout ça pour ce vieux gredin de voleur de pommes qui, à coup sûr, a mérité les galères pour autre chose, si ce n'est pour cela! Beaux scrupules qui sauvent un coupable et qui sacrifient des innocents, qui sauvent un vieux vagabond, lequel n'a plus que quelques années à vivre au bout du compte et ne sera guère plus malheureux au bagne que dans sa masure, et qui sacrifient toute une population, mères, femmes, enfants! Cette pauvre petite Cosette qui n'a que moi au monde et qui est sans doute en ce moment toute bleue de froid dans le bouge de ces Thénardier! Voilà encore des canailles ceux-là! Et je manquerais à mes devoirs envers tous ces pauvres êtres! Et je m'en irais me dénoncer! Et je ferais cette inepte sottise! Mettons tout au pis. Supposons qu'il y ait une mauvaise action pour moi dans ceci et que ma conscience me la reproche un jour, accepter, pour le bien d'autrui, ces reproches qui ne chargent que moi, cette mauvaise action qui ne compromet que mon âme, c'est là qu'est le dévouement, c'est là qu'est la vertu.

Il se leva, il se remit à marcher. Cette fois il lui semblait qu'il était content. On ne trouve les diamants que dans les ténèbres de la terre; on ne trouve les vérités que dans les profondeurs de la pensée. Il lui semblait qu'après être descendu dans ces profondeurs, après avoir longtemps tâtonné au plus noir de ces ténèbres, il venait enfin de trouver un de ces diamants, une de ces vérités, et qu'il la tenait dans sa main; et il s'éblouissait à la regarder.

—Oui, pensa-t-il, c'est cela. Je suis dans le vrai. J'ai la solution. Il faut finir par s'en tenir à quelque chose. Mon parti est pris. Laissons faire! Ne vacillons plus, ne reculons plus. Ceci est dans l'intérêt de tous, non dans le mien. Je suis Madeleine, je reste Madeleine. Malheur à celui qui est Jean Valjean! Ce n'est plus moi. Je ne connais pas cet homme, je ne sais plus ce que c'est, s'il se trouve que quelqu'un est Jean Valjean à cette heure, qu'il s'arrange! cela ne me regarde pas. C'est un nom de fatalité qui flotte dans la nuit, s'il s'arrête et s'abat sur une tête, tant pis pour elle!

Il se regarda dans le petit miroir qui était sur sa cheminée, et dit:

—Tiens! cela m'a soulagé de prendre une résolution! Je suis tout autre à présent.

Il marcha encore quelques pas, puis il s'arrêta court:

—Allons! dit-il, il ne faut hésiter devant aucune des conséquences de la résolution prise. Il y a encore des fils qui m'attachent à ce Jean Valjean. Il faut les briser! Il y a ici, dans cette chambre même, des objets qui m'accuseraient, des choses muettes qui seraient des témoins, c'est dit, il faut que tout cela disparaisse.

Il fouilla dans sa poche, en tira sa bourse, l'ouvrit, et y prit une petite clef.

Il introduisit cette clef dans une serrure dont on voyait à peine le trou, perdu qu'il était dans les nuances les plus sombres du dessin qui couvrait le papier collé sur le mur. Une cachette s'ouvrit, une espèce de fausse armoire ménagée entre l'angle de la muraille et le manteau de la cheminée. Il n'y avait dans cette cachette que quelques guenilles, un sarrau de toile bleue, un vieux pantalon, un vieux havresac, et un gros bâton d'épine ferré aux deux bouts. Ceux qui avaient vu Jean Valjean à l'époque où il traversait Digne, en octobre 1815, eussent aisément reconnu toutes les pièces de ce misérable accoutrement.

Il les avait conservées comme il avait conservé les chandeliers d'argent, pour se rappeler toujours son point de départ. Seulement il cachait ceci qui venait du bagne, et il laissait voir les flambeaux qui venaient de l'évêque.

Il jeta un regard furtif vers la porte, comme s'il eût craint qu'elle ne s'ouvrît malgré le verrou qui la fermait; puis d'un mouvement vif et brusque et d'une seule brassée, sans même donner un coup d'œil à ces choses qu'il avait si religieusement et si périlleusement gardées pendant tant d'années, il prit tout, haillons, bâton, havresac, et jeta tout au feu. Il referma la fausse armoire, et, redoublant de précautions, désormais inutiles puisqu'elle était vide, en cacha la porte derrière un gros meuble qu'il y poussa.

Au bout de quelques secondes, la chambre et le mur d'en face furent éclairés d'une grande réverbération rouge et tremblante. Tout brûlait. Le bâton d'épine pétillait et jetait des étincelles jusqu'au milieu de la chambre.

Le havresac, en se consumant avec d'affreux chiffons qu'il contenait, avait mis à nu quelque chose qui brillait dans la cendre. En se penchant, on eût aisément reconnu une pièce d'argent. Sans doute la pièce de quarante sous volée au petit savoyard.

Lui ne regardait pas le feu et marchait, allant et venant toujours du même pas.

Tout à coup ses yeux tombèrent sur les deux flambeaux d'argent que la réverbération faisait reluire vaguement sur la cheminée.

—Tiens! pensa-t-il, tout Jean Valjean est encore là-dedans. Il faut aussi détruire cela.

Il prit les deux flambeaux.

Il y avait assez de feu pour qu'on pût les déformer promptement et en faire une sorte de lingot méconnaissable.

Il se pencha sur le foyer et s'y chauffa un instant. Il eut un vrai bien-être.—La bonne chaleur! dit-il.

Il remua le brasier avec un des deux chandeliers. Une minute de plus, et ils étaient dans le feu. En ce moment il lui sembla qu'il entendait une voix qui criait au dedans de lui:

—Jean Valjean! Jean Valjean!

Ses cheveux se dressèrent, il devint comme un homme qui écoute une chose terrible.

—Oui, c'est cela, achève! disait la voix. Complète ce que tu fais! détruis ces flambeaux! anéantis ce souvenir! oublie l'évêque! oublie tout! perds ce Champmathieu! va, c'est bien. Applaudis-toi! Ainsi, c'est convenu, c'est résolu, c'est dit, voilà un homme, voilà un vieillard qui ne sait ce qu'on lui veut, qui n'a rien fait peut-être, un innocent, dont ton nom fait tout le malheur, sur qui ton nom pèse comme un crime, qui va être pris pour toi, qui va être condamné, qui va finir ses jours dans l'abjection et dans l'horreur! c'est bien. Sois honnête homme, toi. Reste monsieur le maire, reste honorable et honoré, enrichis la ville, nourris des indigents, élève des orphelins, vis heureux, vertueux et admiré, et pendant ce temps-là, pendant que tu seras ici dans la joie et dans la lumière, il y aura quelqu'un qui aura ta casaque rouge, qui portera ton nom dans l'ignominie et qui traînera ta chaîne au bagne! Oui, c'est bien arrangé ainsi! Ah! misérable!

La sueur lui coulait du front. Il attachait sur les flambeaux un œil hagard. Cependant ce qui parlait en lui n'avait pas fini. La voix continuait:

—Jean Valjean! il y aura autour de toi beaucoup de voix qui feront un grand bruit, qui parleront bien haut, et qui te béniront, et une seule que personne n'entendra et qui te maudira dans les ténèbres. Eh bien! écoute, infâme! toutes ces bénédictions retomberont avant d'arriver au ciel, et il n'y aura que la malédiction qui montera jusqu'à Dieu! Cette voix, d'abord toute faible et qui s'était élevée du plus obscur de sa conscience, était devenue par degrés éclatante et formidable, et il l'entendait maintenant à son oreille. Il lui semblait qu'elle était sortie de lui-même et qu'elle parlait à présent en dehors de lui. Il crut entendre les dernières paroles si distinctement qu'il regarda dans la chambre avec une sorte de terreur.

—Y a-t-il quelqu'un ici? demanda-t-il à haute voix, et tout égaré.

Puis il reprit avec un rire qui ressemblait au rire d'un idiot:

—Que je suis bête! il ne peut y avoir personne.

Il y avait quelqu'un; mais celui qui y était n'était pas de ceux que l'œil humain peut voir.

Il posa les flambeaux sur la cheminée.

Alors il reprit cette marche monotone et lugubre qui troublait dans ses rêves et réveillait en sursaut l'homme endormi au-dessous de lui.

Cette marche le soulageait et l'enivrait en même temps. Il semble que parfois dans les occasions suprêmes on se remue pour demander conseil à tout ce qu'on peut rencontrer en se déplaçant. Au bout de quelques instants il ne savait plus où il en était.

Il reculait maintenant avec une égale épouvante devant les deux résolutions qu'il avait prises tour à tour. Les deux idées qui le conseillaient lui paraissaient aussi funestes l'une que l'autre.—Quelle fatalité! quelle rencontre que ce Champmathieu pris pour lui! Être précipité justement par le moyen que la providence paraissait d'abord avoir employé pour l'affermir!

Il y eut un moment où il considéra l'avenir. Se dénoncer, grand Dieu! se livrer! Il envisagea avec un immense désespoir tout ce qu'il faudrait quitter, tout ce qu'il faudrait reprendre. Il faudrait donc dire adieu à cette existence si bonne, si pure, si radieuse, à ce respect de tous, à l'honneur, à la liberté! Il n'irait plus se promener dans les champs, il n'entendrait plus chanter les oiseaux au mois de mai, il ne ferait plus l'aumône aux petits enfants! Il ne sentirait plus la douceur des regards de reconnaissance et d'amour fixés sur lui! Il quitterait cette maison qu'il avait bâtie, cette chambre, cette petite chambre! Tout lui paraissait charmant à cette heure. Il ne lirait plus dans ces livres, il n'écrirait plus sur cette petite table de bois blanc! Sa vieille portière, la seule servante qu'il eût, ne lui monterait plus son café le matin. Grand Dieu! au lieu de cela, la chiourme, le carcan, la veste rouge, la chaîne au pied, la fatigue, le cachot, le lit de camp, toutes ces horreurs connues! À son âge, après avoir été ce qu'il était! Si encore il était jeune! Mais, vieux, être tutoyé par le premier venu, être fouillé par le garde-chiourme, recevoir le coup de bâton de l'argousin! avoir les pieds nus dans des souliers ferrés! tendre matin et soir sa jambe au marteau du rondier qui visite la manille! subir la curiosité des étrangers auxquels on dirait: *Celui-là, c'est le fameux Jean Valjean, qui a été maire à Montreuil-sur-mer*! Le soir, ruisselant de sueur, accablé de lassitude, le bonnet vert sur les yeux, remonter deux à deux, sous le fouet du sergent, l'escalier-échelle du bagne flottant! Oh! quelle misère! La destinée peut-elle donc être méchante comme un être intelligent et devenir monstrueuse comme le cœur humain!

Et, quoi qu'il fît, il retombait toujours sur ce poignant dilemme qui était au fond de sa rêverie:—rester dans le paradis, et y devenir démon! rentrer dans l'enfer, et y devenir ange!

Que faire, grand Dieu! que faire?

La tourmente dont il était sorti avec tant de peine se déchaîna de nouveau en lui. Ses idées recommencèrent à se mêler. Elles prirent ce je ne sais quoi de stupéfié et de machinal qui est propre au désespoir. Ce nom de Romainville lui revenait sans cesse à l'esprit avec deux vers d'une chanson qu'il avait entendue autrefois. Il songeait que Romainville est un petit bois près Paris où les jeunes gens amoureux vont cueillir des lilas au mois d'avril.

Il chancelait au dehors comme au dedans. Il marchait comme un petit enfant qu'on laisse aller seul.

À de certains moments, luttant contre sa lassitude, il faisait effort pour ressaisir son intelligence. Il tâchait de se poser une dernière fois, et définitivement, le problème sur lequel il était en quelque sorte tombé d'épuisement. Faut-il se dénoncer? Faut-il se taire?—Il ne réussissait à rien voir de distinct. Les vagues aspects de tous les raisonnements ébauchés par sa rêverie tremblaient et se dissipaient l'un après l'autre en fumée. Seulement il sentait que, à quelque parti qu'il s'arrêtât, nécessairement, et sans qu'il fût possible d'y échapper, quelque chose de lui allait mourir; qu'il entrait dans un sépulcre à droite comme à gauche; qu'il accomplissait une agonie, l'agonie de son bonheur ou l'agonie de sa vertu.

Hélas! toutes ses irrésolutions l'avaient repris. Il n'était pas plus avancé qu'au commencement.

Ainsi se débattait sous l'angoisse cette malheureuse âme. Dix-huit cents ans avant cet homme infortuné, l'être mystérieux, en qui se résument toutes les saintetés et toutes les souffrances de l'humanité, avait aussi lui, pendant que les oliviers frémissaient au vent farouche de l'infini, longtemps écarté de la main l'effrayant calice qui lui apparaissait ruisselant d'ombre et débordant de ténèbres dans des profondeurs pleines d'étoiles.

Chapitre IV
Formes que prend la souffrance pendant le sommeil

Trois heures du matin venaient de sonner, et il y avait cinq heures qu'il marchait ainsi, presque sans interruption lorsqu'il se laissa tomber sur sa chaise.

Il s'y endormit et fit un rêve.

Ce rêve, comme la plupart des rêves, ne se rapportait à la situation que par je ne sais quoi de funeste et de poignant, mais il lui fit impression. Ce cauchemar le frappa tellement que plus tard il l'a écrit. C'est un des papiers écrits de sa main qu'il a laissés. Nous croyons devoir transcrire ici cette chose textuellement.

Quel que soit ce rêve, l'histoire de cette nuit serait incomplète si nous l'omettions. C'est la sombre aventure d'une âme malade.

Le voici. Sur l'enveloppe nous trouvons cette ligne écrite: *Le rêve que j'ai eu cette nuit-là.*

«J'étais dans une campagne. Une grande campagne triste où il n'y avait pas d'herbe. Il ne me semblait pas qu'il fît jour ni qu'il fît nuit.

«Je me promenais avec mon frère, le frère de mes années d'enfance, ce frère auquel je dois dire que je ne pense jamais et dont je ne me souviens presque plus.

«Nous causions, et nous rencontrions des passants. Nous parlions d'une voisine que nous avions eue autrefois, et qui, depuis qu'elle demeurait sur la rue, travaillait la fenêtre toujours ouverte. Tout en causant, nous avions froid à cause de cette fenêtre ouverte.

«Il n'y avait pas d'arbres dans la campagne.

«Nous vîmes un homme qui passa près de nous. C'était un homme tout nu, couleur de cendre, monté sur un cheval couleur de terre. L'homme n'avait pas de cheveux; on voyait son crâne et des veines sur son crâne. Il tenait à la main une baguette qui était souple comme un sarment de vigne et lourde comme du fer. Ce cavalier passa et ne nous dit rien.

«Mon frère me dit: Prenons par le chemin creux.

«Il y avait un chemin creux où l'on ne voyait pas une broussaille ni un brin de mousse. Tout était couleur de terre, même le ciel. Au bout de quelques pas, on ne me répondit plus quand je parlais. Je m'aperçus que mon frère n'était plus avec moi.

«J'entrai dans un village que je vis. Je songeai que ce devait être là Romainville (pourquoi Romainville?).

«La première rue où j'entrai était déserte. J'entrai dans une seconde rue. Derrière l'angle que faisaient les deux rues, il y avait un homme debout contre le mur. Je dis à cet homme:—Quel est ce pays? où suis-je? L'homme ne répondit pas. Je vis la porte d'une maison ouverte, j'y entrai.

«La première chambre était déserte. J'entrai dans la seconde. Derrière la porte de cette chambre, il y avait un homme debout contre le mur. Je demandai à cet homme:—À qui est cette maison? où suis-je? L'homme ne répondit pas. La maison avait un jardin.

«Je sortis de la maison et j'entrai dans le jardin. Le jardin était désert. Derrière le premier arbre, je trouvai un homme qui se tenait debout. Je dis à cet homme:—Quel est ce jardin? où suis-je? L'homme ne répondit pas.

«J'errai dans le village, et je m'aperçus que c'était une ville. Toutes les rues étaient désertes, toutes les portes étaient ouvertes. Aucun être vivant ne passait dans les rues, ne marchait dans les chambres ou ne se promenait dans les jardins. Mais il y avait derrière chaque angle de mur, derrière chaque porte, derrière chaque arbre, un homme debout qui se taisait. On n'en voyait jamais qu'un à la fois. Ces hommes me regardaient passer.

«Je sortis de la ville et je me mis à marcher dans les champs.

«Au bout de quelque temps, je me retournai, et je vis une grande foule qui venait derrière moi. Je reconnus tous les hommes que j'avais vus dans la ville. Ils avaient des têtes étranges. Ils ne semblaient pas se hâter, et cependant ils marchaient plus vite que moi. Ils ne faisaient aucun bruit en marchant. En un instant, cette foule me rejoignit et m'entoura. Les visages de ces hommes étaient couleur de terre.

«Alors le premier que j'avais vu et questionné en entrant dans la ville me dit:—Où allez-vous? Est-ce que vous ne savez pas que vous êtes mort depuis longtemps?

«J'ouvris la bouche pour répondre, et je m'aperçus qu'il n'y avait personne autour de moi.»

Il se réveilla. Il était glacé. Un vent qui était froid comme le vent du matin faisait tourner dans leurs gonds les châssis de la croisée restée ouverte. Le feu s'était éteint. La bougie touchait à sa fin. Il était encore nuit noire.

Il se leva, il alla à la fenêtre. Il n'y avait toujours pas d'étoiles au ciel.

De sa fenêtre on voyait la cour de la maison et la rue. Un bruit sec et dur qui résonna tout à coup sur le sol lui fit baisser les yeux.

Il vit au-dessous de lui deux étoiles rouges dont les rayons s'allongeaient et se raccourcissaient bizarrement dans l'ombre.

Comme sa pensée était encore à demi submergée dans la brume des rêves.—tiens! songea-t-il, il n'y en a pas dans le ciel. Elles sont sur la terre maintenant.

Cependant ce trouble se dissipa, un second bruit pareil au premier acheva de le réveiller; il regarda, et il reconnut que ces deux étoiles étaient les lanternes d'une voiture. À la clarté qu'elles jetaient, il put distinguer la forme de cette voiture. C'était un tilbury attelé d'un petit cheval blanc. Le bruit qu'il avait entendu, c'étaient les coups de pied du cheval sur le pavé.

—Qu'est-ce que c'est que cette voiture? se dit-il. Qui est-ce qui vient donc si matin? En ce moment on frappa un petit coup à la porte de sa chambre.

Il frissonna de la tête aux pieds, et cria d'une voix terrible:

—Qui est là?

Quelqu'un répondit:

—Moi, monsieur le maire.

Il reconnut la voix de la vieille femme, sa portière.

—Eh bien, reprit-il, qu'est-ce que c'est?

—Monsieur le maire, il est tout à l'heure cinq heures du matin.

—Qu'est-ce que cela me fait?

—Monsieur le maire, c'est le cabriolet.

—Quel cabriolet?

—Le tilbury.

—Quel tilbury?

—Est-ce que monsieur le maire n'a pas fait demander un tilbury?

—Non, dit-il.

—Le cocher dit qu'il vient chercher monsieur le maire.

—Quel cocher?

—Le cocher de M. Scaufflaire.

—M. Scaufflaire?

Ce nom le fit tressaillir comme si un éclair lui eût passé devant la face.

—Ah! oui! reprit-il, M. Scaufflaire.

Si la vieille femme l'eût pu voir en ce moment, elle eût été épouvantée.

Il se fit un assez long silence. Il examinait d'un air stupide la flamme de la bougie et prenait autour de la mèche de la cire brûlante qu'il roulait dans ses doigts.

La vieille attendait. Elle se hasarda pourtant à élever encore la voix:

—Monsieur le maire, que faut-il que je réponde?

—Dites que c'est bien, et que je descends.

Chapitre V
Bâtons dans les roues

Le service des postes d'Arras à Montreuil-sur-mer se faisait encore à cette époque par de petites malles du temps de l'empire. Ces malles étaient des cabriolets à deux roues, tapissés de cuir fauve au dedans, suspendus sur des ressorts à pompe, et n'ayant que deux places, l'une pour le courrier, l'autre pour le voyageur. Les roues étaient armées de ces longs moyeux offensifs qui tiennent les autres voitures à distance et qu'on voit encore sur les routes d'Allemagne. Le coffre aux dépêches, immense boîte oblongue, était placé derrière le cabriolet et faisait corps avec lui. Ce coffre était peint en noir et le cabriolet en jaune.

Ces voitures, auxquelles rien ne ressemble aujourd'hui, avaient je ne sais quoi de difforme et de bossu, et, quand on les voyait passer de loin et ramper dans quelque route à l'horizon, elles ressemblaient à ces insectes qu'on appelle, je crois, termites, et qui, avec un petit corsage, traînent un gros arrière-train. Elles allaient, du reste, fort vite. La malle partie d'Arras toutes les nuits à une heure, après le passage du courrier de Paris, arrivait à Montreuil-sur-mer un peu avant cinq heures du matin.

Cette nuit-là, la malle qui descendait à Montreuil-sur-mer par la route de Hesdin accrocha, au tournant d'une rue, au moment où elle entrait dans la ville, un petit tilbury attelé d'un cheval blanc, qui venait en sens inverse et dans lequel il n'y avait qu'une personne, un homme enveloppé d'un manteau. La roue du tilbury reçut un choc assez rude. Le courrier cria à cet homme d'arrêter, mais le voyageur n'écouta pas, et continua sa route au grand trot.

—Voilà un homme diablement pressé! dit le courrier.

L'homme qui se hâtait ainsi, c'est celui que nous venons de voir se débattre dans des convulsions dignes à coup sûr de pitié.

Où allait-il? Il n'eût pu le dire. Pourquoi se hâtait-il? Il ne savait. Il allait au hasard devant lui. Où? À Arras sans doute; mais il allait peut-être ailleurs aussi. Par moments il le sentait, et il tressaillait.

Il s'enfonçait dans cette nuit comme dans un gouffre. Quelque chose le poussait, quelque chose l'attirait. Ce qui se passait en lui, personne ne pourrait le dire, tous le comprendront. Quel homme n'est entré, au moins une fois en sa vie, dans cette obscure caverne de l'inconnu?

Du reste il n'avait rien résolu, rien décidé, rien arrêté, rien fait. Aucun des actes de sa conscience n'avait été définitif. Il était plus que jamais comme au premier moment. Pourquoi allait-il à Arras?

Il se répétait ce qu'il s'était déjà dit en retenant le cabriolet de Scaufflaire,—que, quel que dût être le résultat, il n'y avait aucun inconvénient à voir de ses yeux, à juger les choses par lui-même;—que cela même était prudent, qu'il fallait savoir ce qui se passerait; qu'on ne pouvait rien décider sans avoir observé et scruté;—que de loin on se faisait des montagnes de tout; qu'au bout du compte, lorsqu'il aurait vu ce Champmathieu, quelque misérable, sa conscience serait probablement fort soulagée de le laisser aller au bagne à sa place;—qu'à la vérité il y aurait là Javert, et ce Brevet, ce Chenildieu, ce Cochepaille, anciens forçats qui l'avaient connu; mais qu'à coup sûr ils ne le reconnaîtraient pas;—bah! quelle idée!—que Javert en était à cent lieues;—que toutes les conjectures et toutes les suppositions étaient fixées sur ce Champmathieu, et que rien n'est entêté comme les suppositions et les conjectures;—qu'il n'y avait donc aucun danger. Que sans doute c'était un moment noir, mais qu'il en sortirait;—qu'après tout il tenait sa destinée, si mauvaise qu'elle voulût être, dans sa main;—qu'il en était le maître. Il se cramponnait à cette pensée.

Au fond, pour tout dire, il eût mieux aimé ne point aller à Arras.

Cependant il y allait.

Tout en songeant, il fouettait le cheval, lequel trottait de ce bon trot réglé et sûr qui fait deux lieues et demie à l'heure.

À mesure que le cabriolet avançait, il sentait quelque chose en lui qui reculait.

Au point du jour il était en rase campagne; la ville de Montreuil-sur-mer était assez loin derrière lui. Il regarda l'horizon blanchir; il regarda, sans les voir, passer devant ses yeux toutes les froides figures d'une aube d'hiver. Le matin a ses spectres comme le soir. Il ne les voyait pas, mais, à son insu, et par une sorte de pénétration presque physique, ces noires silhouettes d'arbres et de collines ajoutaient à l'état violent de son âme je ne sais quoi de morne et de sinistre.

Chaque fois qu'il passait devant une de ces maisons isolées qui côtoient parfois les routes, il se disait: il y a pourtant là-dedans des gens qui dorment!

Le trot du cheval, les grelots du harnais, les roues sur le pavé, faisaient un bruit doux et monotone. Ces choses-là sont charmantes quand on est joyeux et lugubres quand on est triste. Il était grand jour lorsqu'il arriva à Hesdin. Il s'arrêta devant une auberge pour laisser souffler le cheval et lui faire donner l'avoine.

Ce cheval était, comme l'avait dit Scaufflaire, de cette petite race du Boulonnais qui a trop de tête, trop de ventre et pas assez d'encolure, mais qui a le poitrail ouvert, la croupe large, la jambe sèche et fine et le pied solide; race laide, mais robuste et saine. L'excellente bête avait fait cinq lieues en deux heures et n'avait pas une goutte de sueur sur la croupe.

Il n'était pas descendu du tilbury. Le garçon d'écurie qui apportait l'avoine se baissa tout à coup et examina la roue de gauche.

—Allez-vous loin comme cela? dit cet homme.

Il répondit, presque sans sortir de sa rêverie:

—Pourquoi?

—Venez-vous de loin? reprit le garçon.

—De cinq lieues d'ici.

—Ah!

—Pourquoi dites-vous: ah?

Le garçon se pencha de nouveau, resta un moment silencieux, l'œil fixé sur la roue, puis se redressa en disant:

—C'est que voilà une roue qui vient de faire cinq lieues, c'est possible, mais qui à coup sûr ne fera pas maintenant un quart de lieue.

Il sauta à bas du tilbury.

—Que dites-vous là, mon ami?

—Je dis que c'est un miracle que vous ayez fait cinq lieues sans rouler, vous et votre cheval, dans quelque fossé de la grande route. Regardez plutôt.

La roue en effet était gravement endommagée. Le choc de la malle-poste avait fendu deux rayons et labouré le moyeu dont l'écrou ne tenait plus.

—Mon ami, dit-il au garçon d'écurie, il y a un charron ici?

—Sans doute, monsieur.

—Rendez-moi le service de l'aller chercher.

—Il est là, à deux pas. Hé! maître Bourgaillard!

Maître Bourgaillard, le charron, était sur le seuil de sa porte. Il vint examiner la roue et fit la grimace d'un chirurgien qui considère une jambe cassée.

—Pouvez-vous raccommoder cette roue sur-le-champ?

—Oui, monsieur.

—Quand pourrai-je repartir?

—Demain.

—Demain!

—Il y a une grande journée d'ouvrage. Est-ce que monsieur est pressé?

—Très pressé. Il faut que je reparte dans une heure au plus tard.

—Impossible, monsieur.

—Je payerai tout ce qu'on voudra.

—Impossible.

—Eh bien! dans deux heures.

—Impossible pour aujourd'hui. Il faut refaire deux rais et un moyeu. Monsieur ne pourra repartir avant demain.

—L'affaire que j'ai ne peut attendre à demain. Si, au lieu de raccommoder cette roue, on la remplaçait?

—Comment cela?

—Vous êtes charron?

—Sans doute, monsieur.

—Est-ce que vous n'auriez pas une roue à me vendre? Je pourrais repartir tout de suite.

—Une roue de rechange?

—Oui.

—Je n'ai pas une roue toute faite pour votre cabriolet. Deux roues font la paire. Deux roues ne vont pas ensemble au hasard.

—En ce cas, vendez-moi une paire de roues.

—Monsieur, toutes les roues ne vont pas à tous les essieux.

—Essayez toujours.

—C'est inutile, monsieur. Je n'ai à vendre que des roues de charrette. Nous sommes un petit pays ici.

—Auriez-vous un cabriolet à me louer?

Le maître charron, du premier coup d'œil, avait reconnu que le tilbury était une voiture de louage. Il haussa les épaules.

—Vous les arrangez bien, les cabriolets qu'on vous loue! j'en aurais un que je ne vous le louerais pas.

—Eh bien, à me vendre?

—Je n'en ai pas.

—Quoi! pas une carriole? Je ne suis pas difficile, comme vous voyez.

—Nous sommes un petit pays. J'ai bien là sous la remise, ajouta le charron, une vieille calèche qui est à un bourgeois de la ville qui me l'a donnée en garde et qui s'en sert tous les trente-six du mois. Je vous la louerais bien, qu'est-ce que cela me fait? mais il ne faudrait pas que le bourgeois la vît passer; et puis, c'est une calèche, il faudrait deux chevaux.

—Je prendrai des chevaux de poste.

—Où va monsieur?

—À Arras.

—Et monsieur veut arriver aujourd'hui?

—Mais oui.

—En prenant des chevaux de poste?

—Pourquoi pas?

—Est-il égal à monsieur d'arriver cette nuit à quatre heures du matin?

—Non certes.

—C'est que, voyez-vous bien, il y a une chose à dire, en prenant des chevaux de poste....

—Monsieur a son passeport?

—Oui.

—Eh bien, en prenant des chevaux de poste, monsieur n'arrivera pas à Arras avant demain. Nous sommes un chemin de traverse. Les relais sont mal servis, les chevaux sont aux champs. C'est la saison des grandes charrues qui commence, il faut de forts attelages, et l'on prend les chevaux partout, à la poste comme ailleurs. Monsieur attendra au moins trois ou quatre heures à chaque relais. Et puis on va au pas. Il y a beaucoup de côtes à monter.

—Allons, j'irai à cheval. Dételez le cabriolet. On me vendra bien une selle dans le pays.

—Sans doute. Mais ce cheval-ci endure-t-il la selle?

—C'est vrai, vous m'y faites penser. Il ne l'endure pas.

—Alors....

—Mais je trouverai bien dans le village un cheval à louer?

—Un cheval pour aller à Arras d'une traite!

—Oui.

—Il faudrait un cheval comme on n'en a pas dans nos endroits. Il faudrait l'acheter d'abord, car on ne vous connaît pas. Mais ni à vendre ni à louer, ni pour cinq cents francs, ni pour mille, vous ne le trouveriez pas!

—Comment faire?

—Le mieux, là, en honnête homme, c'est que je raccommode la roue et que vous remettiez votre voyage à demain.

—Demain il sera trop tard.

—Dame!

—N'y a-t-il pas la malle-poste qui va à Arras? Quand passe-t-elle?

—La nuit prochaine. Les deux malles font le service la nuit, celle qui monte comme celle qui descend.

—Comment! il vous faut une journée pour raccommoder cette roue?

—Une journée, et une bonne!

—En mettant deux ouvriers?

—En en mettant dix!

—Si on liait les rayons avec des cordes?

—Les rayons, oui; le moyeu, non. Et puis la jante aussi est en mauvais état.

—Y a-t-il un loueur de voitures dans la ville?

—Non.

—Y a-t-il un autre charron?

Le garçon d'écurie et le maître charron répondirent en même temps en hochant la tête.

—Non.

Il sentit une immense joie.

Il était évident que la providence s'en mêlait. C'était elle qui avait brisé la roue du tilbury et qui l'arrêtait en route. Il ne s'était pas rendu à cette espèce de première sommation; il venait de faire tous les efforts possibles pour continuer son voyage; il avait loyalement et scrupuleusement épuisé tous les moyens; il n'avait reculé ni devant la saison, ni devant la fatigue, ni devant la dépense; il n'avait rien à se reprocher. S'il n'allait pas plus loin, cela ne le regardait plus. Ce n'était plus sa faute, c'était, non le fait de sa conscience, mais le fait de la providence.

Il respira. Il respira librement et à pleine poitrine pour la première fois depuis la visite de Javert. Il lui semblait que le poignet de fer qui lui serrait le cœur depuis vingt heures venait de le lâcher.

Il lui paraissait que maintenant Dieu était pour lui, et se déclarait.

Il se dit qu'il avait fait tout ce qu'il pouvait, et qu'à présent il n'avait qu'à revenir sur ses pas, tranquillement.

Si sa conversation avec le charron eût eu lieu dans une chambre de l'auberge, elle n'eût point eu de témoins, personne ne l'eût entendue, les choses en fussent restées là, et il est probable que nous n'aurions eu à raconter aucun des événements qu'on va lire; mais cette conversation s'était faite dans la rue. Tout colloque dans la rue produit inévitablement un cercle. Il y a toujours des gens qui ne demandent qu'à être spectateurs. Pendant qu'il questionnait le charron, quelques allants et venants s'étaient arrêtés autour d'eux. Après avoir écouté pendant quelques minutes, un jeune garçon, auquel personne n'avait pris garde, s'était détaché du groupe en courant.

Au moment où le voyageur, après la délibération intérieure que nous venons d'indiquer, prenait la résolution de rebrousser chemin, cet enfant revenait. Il était accompagné d'une vieille femme.

—Monsieur, dit la femme, mon garçon me dit que vous avez envie de louer un cabriolet. Cette simple parole, prononcée par une vieille femme que conduisait un enfant, lui fit ruisseler la sueur dans les reins. Il crut voir la main qui l'avait lâché reparaître dans l'ombre derrière lui, toute prête à le reprendre.

Il répondit:

—Oui, bonne femme, je cherche un cabriolet à louer.

Et il se hâta d'ajouter:

—Mais il n'y en a pas dans le pays.

—Si fait, dit la vieille.

—Où ça donc? reprit le charron.

—Chez moi, répliqua la vieille.

Il tressaillit. La main fatale l'avait ressaisi.

La vieille avait en effet sous un hangar une façon de carriole en osier. Le charron et le garçon d'auberge, désolés que le voyageur leur échappât, intervinrent.

—C'était une affreuse guimbarde,—cela était posé à cru sur l'essieu,—il est vrai que les banquettes étaient suspendues à l'intérieur avec des lanières de cuir,—il pleuvait dedans,—les roues étaient rouillées et rongées d'humidité,—cela n'irait pas beaucoup plus loin que le tilbury,—une vraie patache!—Ce monsieur aurait bien tort de s'y embarquer,—etc., etc.

Tout cela était vrai, mais cette guimbarde, cette patache, cette chose, quelle qu'elle fût, roulait sur ses deux roues et pouvait aller à Arras.

Il paya ce qu'on voulut, laissa le tilbury à réparer chez le charron pour l'y retrouver à son retour, fit atteler le cheval blanc à la carriole, y monta, et reprit la route qu'il suivait depuis le matin.

Au moment où la carriole s'ébranla, il s'avoua qu'il avait eu l'instant d'auparavant une certaine joie de songer qu'il n'irait point où il allait. Il examina cette joie avec une sorte de colère et la trouva absurde. Pourquoi de la joie à revenir en arrière? Après tout, il faisait ce voyage librement. Personne ne l'y forçait. Et, certainement, rien n'arriverait que ce qu'il voudrait bien.

Comme il sortait de Hesdin, il entendit une voix qui lui criait: arrêtez! arrêtez! Il arrêta la carriole d'un mouvement vif dans lequel il y avait encore je ne sais quoi de fébrile et de convulsif qui ressemblait à de l'espérance.

C'était le petit garçon de la vieille.

—Monsieur, dit-il, c'est moi qui vous ai procuré la carriole.

—Eh bien!

—Vous ne m'avez rien donné.

Lui qui donnait à tous et si facilement, il trouva cette prétention exorbitante et presque odieuse.

—Ah! c'est toi, drôle? dit-il, tu n'auras rien!

Il fouetta le cheval et repartit au grand trot.

Il avait perdu beaucoup de temps à Hesdin, il eût voulu le rattraper. Le petit cheval était courageux et tirait comme deux; mais on était au mois de février, il avait plu, les routes étaient mauvaises. Et puis, ce n'était plus le tilbury. La carriole était dure et très lourde. Avec cela force montées.

Il mit près de quatre heures pour aller de Hesdin à Saint-Pol. Quatre heures pour cinq lieues.

À Saint-Pol il détela à la première auberge venue, et fit mener le cheval à l'écurie. Comme il l'avait promis à Scaufflaire, il se tint près du râtelier pendant que le cheval mangeait. Il songeait à des choses tristes et confuses.

La femme de l'aubergiste entre dans l'écurie.

—Est-ce que monsieur ne veut pas déjeuner?

—Tiens, c'est vrai, dit-il, j'ai même bon appétit. Il suivit cette femme qui avait une figure fraîche et réjouie. Elle le conduisit dans une salle basse où il y avait des tables ayant pour nappes des toiles cirées.

—Dépêchez-vous, reprit-il, il faut que je reparte. Je suis pressé.

Une grosse servante flamande mit son couvert en toute hâte. Il regardait cette fille avec un sentiment de bien-être.

—C'est là ce que j'avais, pensa-t-il. Je n'avais pas déjeuné.

On le servit. Il se jeta sur le pain, mordit une bouchée, puis le reposa lentement sur la table et n'y toucha plus.

Un routier mangeait à une autre table. Il dit à cet homme:

—Pourquoi leur pain est-il donc si amer?

Le routier était allemand et n'entendit pas.

Il retourna dans l'écurie près du cheval.

Une heure après, il avait quitté Saint-Pol et se dirigeait vers Tinques qui n'est qu'à cinq lieues d'Arras.

Que faisait-il pendant ce trajet? À quoi pensait-il? Comme le matin, il regardait passer les arbres, les toits de chaume, les champs cultivés, et les évanouissements du paysage qui se disloque à chaque coude du chemin. C'est là une contemplation qui suffit quelquefois à l'âme et qui la dispense presque de penser. Voir mille objets pour la première et pour la dernière fois, quoi de plus mélancolique et de plus profond! Voyager, c'est naître et mourir à chaque instant. Peut-être, dans la région la plus vague de son esprit, faisait-il des rapprochements entre ces horizons changeants et l'existence humaine. Toutes les choses de la vie sont perpétuellement en fuite devant nous. Les obscurcissements et les clartés s'entremêlent: après un éblouissement, une éclipse; on regarde, on se hâte, on tend les mains pour saisir ce qui passe; chaque événement est un tournant de la route; et tout à coup on est vieux. On sent comme une secousse, tout est noir, on distingue une porte obscure, ce sombre cheval de la vie qui vous traînait s'arrête, et l'on voit quelqu'un de voilé et d'inconnu qui le détèle dans les ténèbres.

Le crépuscule tombait au moment où des enfants qui sortaient de l'école regardèrent ce voyageur entrer dans Tinques. Il est vrai qu'on était encore aux jours courts de l'année. Il ne s'arrêta pas à Tinques. Comme il débouchait du village, un cantonnier qui empierrait la route dressa la tête et dit:

—Voilà un cheval bien fatigué.

La pauvre bête en effet n'allait plus qu'au pas.

—Est-ce que vous allez à Arras? ajouta le cantonnier.

—Oui.

—Si vous allez de ce train, vous n'y arriverez pas de bonne heure.

Il arrêta le cheval et demanda au cantonnier:

—Combien y a-t-il encore d'ici à Arras?

—Près de sept grandes lieues.

—Comment cela? le livre de poste ne marque que cinq lieues et un quart.

—Ah! reprit le cantonnier, vous ne savez donc pas que la route est en réparation? Vous allez la trouver coupée à un quart d'heure d'ici. Pas moyen d'aller plus loin.

—Vraiment.

—Vous prendrez à gauche, le chemin qui va à Carency, vous passerez la rivière; et, quand vous serez à Camblin, vous tournerez à droite; c'est la route de Mont-Saint-Éloy qui va à Arras.

—Mais voilà la nuit, je me perdrai.

—Vous n'êtes pas du pays?

—Non.

—Avec ça, c'est tout chemins de traverse. Tenez, Monsieur, reprit le cantonnier, voulez-vous que je vous donne un conseil? Votre cheval est las, rentrez dans Tinques. Il y a une bonne auberge. Couchez-y. Vous irez demain à Arras.

—Il faut que j'y sois ce soir.

—C'est différent. Alors allez tout de même à cette auberge et prenez-y un cheval de renfort. Le garçon du cheval vous guidera dans la traverse.

Il suivit le conseil du cantonnier, rebroussa chemin, et une demi-heure après il repassait au même endroit, mais au grand trot, avec un bon cheval de renfort. Un garçon d'écurie qui s'intitulait postillon était assis sur le brancard de la carriole.

Cependant il sentait qu'il perdait du temps.

Il faisait tout à fait nuit.

Ils s'engagèrent dans la traverse. La route devint affreuse. La carriole tombait d'une ornière dans l'autre. Il dit au postillon:

—Toujours au trot, et double pourboire.

Dans un cahot le palonnier cassa.

—Monsieur, dit le postillon, voilà le palonnier cassé, je ne sais plus comment atteler mon cheval, cette route-ci est bien mauvaise la nuit; si vous vouliez revenir coucher à Tinques, nous pourrions être demain matin de bonne heure à Arras.

Il répondit:

—As-tu un bout de corde et un couteau?

—Oui, monsieur.

Il coupa une branche d'arbre et en fit un palonnier.

Ce fut encore une perte de vingt minutes; mais ils repartirent au galop.

La plaine était ténébreuse. Des brouillards bas, courts et noirs rampaient sur les collines et s'en arrachaient comme des fumées. Il y avait des lueurs blanchâtres dans les nuages. Un grand vent qui venait de la mer faisait dans tous les coins de l'horizon le bruit de quelqu'un qui remue des meubles. Tout ce qu'on entrevoyait avait des attitudes de terreur. Que de choses frissonnent sous ces vastes souffles de la nuit!

Le froid le pénétrait. Il n'avait pas mangé depuis la veille. Il se rappelait vaguement son autre course nocturne dans la grande plaine aux environs de Digne. Il y avait huit ans; et cela lui semblait hier.

Une heure sonna à quelque clocher lointain. Il demanda au garçon:

—Quelle est cette heure?

—Sept heures, monsieur. Nous serons à Arras à huit. Nous n'avons plus que trois lieues. En ce moment il fit pour la première fois cette réflexion—en trouvant étrange qu'elle ne lui fût pas venue plus tôt—que c'était peut-être inutile, toute la peine qu'il prenait; qu'il ne savait seulement pas l'heure du procès; qu'il aurait dû au moins s'en informer; qu'il était extravagant d'aller ainsi devant soi sans savoir si cela servirait à quelque chose.—Puis il ébaucha quelques calculs dans son esprit:—qu'ordinairement les séances des cours d'assises commençaient à neuf heures du matin;—que cela ne devait pas être long, cette affaire-là;—que le vol de pommes, ce serait très court;—qu'il n'y aurait plus ensuite qu'une question d'identité;—quatre ou cinq dépositions, peu de chose à dire pour les avocats;—qu'il allait arriver lorsque tout serait fini!

Le postillon fouettait les chevaux. Ils avaient passé la rivière et laissé derrière eux Mont-Saint-Éloy.

La nuit devenait de plus en plus profonde.

Chapitre VI
La sœur Simplice mise à l'épreuve

Cependant, en ce moment-là même, Fantine était dans la joie.

Elle avait passé une très mauvaise nuit. Toux affreuse, redoublement de fièvre; elle avait eu des songes. Le matin, à la visite du médecin, elle délirait. Il avait eu l'air alarmé et avait recommandé qu'on le prévînt dès que M. Madeleine viendrait.

Toute la matinée elle fut morne, parla peu, et fit des plis à ses draps en murmurant à voix basse des calculs qui avaient l'air d'être des calculs de distances. Ses yeux étaient caves et fixes. Ils paraissaient presque éteints, et puis, par moments, ils se rallumaient et resplendissaient comme des étoiles. Il semble qu'aux approches d'une certaine heure sombre, la clarté du ciel emplisse ceux que quitte la clarté de la terre.

Chaque fois que la sœur Simplice lui demandait comment elle se trouvait, elle répondait invariablement:

—Bien. Je voudrais voir monsieur Madeleine.

Quelques mois auparavant, à ce moment où Fantine venait de perdre sa dernière pudeur, sa dernière honte et sa dernière joie, elle était l'ombre d'elle-même; maintenant elle en était le spectre. Le mal physique avait complété l'œuvre du mal moral. Cette créature de vingt-cinq ans avait le front ridé, les joues flasques, les narines pincées, les dents déchaussées, le teint plombé, le cou osseux, les clavicules saillantes, les membres chétifs, la peau terreuse, et ses cheveux blonds poussaient mêlés de cheveux gris. Hélas! comme la maladie improvise la vieillesse! À midi, le médecin revint, il fit quelques prescriptions, s'informa si M. le maire avait paru à l'infirmerie, et branla la tête.

M. Madeleine venait d'habitude à trois heures voir la malade. Comme l'exactitude était de la bonté, il était exact.

Vers deux heures et demie, Fantine commença à s'agiter. Dans l'espace de vingt minutes, elle demanda plus de dix fois à la religieuse:

—Ma sœur, quelle heure est-il?

Trois heures sonnèrent. Au troisième coup, Fantine se dressa sur son séant, elle qui d'ordinaire pouvait à peine remuer dans son lit; elle joignit dans une sorte d'étreinte convulsive ses deux mains décharnées et jaunes, et la religieuse entendit sortir de sa poitrine un de ces soupirs profonds qui semblent soulever un accablement. Puis Fantine se tourna et regarda la porte.

Personne n'entra; la porte ne s'ouvrit point.

Elle resta ainsi un quart d'heure, l'œil attaché sur la porte, immobile et comme retenant son haleine. La sœur n'osait lui parler. L'église sonna trois heures un quart. Fantine se laissa retomber sur l'oreiller.

Elle ne dit rien et se remit à faire des plis à son drap. La demi-heure passa, puis l'heure. Personne ne vint.

Chaque fois que l'horloge sonnait, Fantine se dressait et regardait du côté de la porte, puis elle retombait.

On voyait clairement sa pensée, mais elle ne prononçait aucun nom, elle ne se plaignait pas, elle n'accusait pas. Seulement elle toussait d'une façon lugubre. On eût dit que quelque chose d'obscur s'abaissait sur elle. Elle était livide et avait les lèvres bleues. Elle souriait par moments.

Cinq heures sonnèrent. Alors la sœur l'entendit qui disait très bas et doucement:

—Mais puisque je m'en vais demain, il a tort de ne pas venir aujourd'hui!

La sœur Simplice elle-même était surprise du retard de M. Madeleine.

Cependant Fantine regardait le ciel de son lit. Elle avait l'air de chercher à se rappeler quelque chose. Tout à coup elle se mit à chanter d'une voix faible comme un souffle. La religieuse écouta. Voici ce que Fantine chantait:

Nous achèterons de bien belles choses
En nous promenant le long des faubourgs.
Les bleuets sont bleus, les roses sont roses,
Les bleuets sont bleus, j'aime mes amours.
La vierge Marie auprès de mon poêle
Est venue hier en manteau brodé,
Et m'a dit:—Voici, caché sous mon voile,
Le petit qu'un jour tu m'as demandé.
Courez à la ville, ayez de la toile,
Achetez du fil, achetez un dé.
Nous achèterons de bien belles choses

En nous promenant le long des faubourgs.
Bonne sainte Vierge, auprès de mon poêle
J'ai mis un berceau de rubans orné
Dieu me donnerait sa plus belle étoile,
J'aime mieux l'enfant que tu m'as donné.
—Madame, que faire avec cette toile?
—Faites un trousseau pour mon nouveau-né.
Les bleuets sont bleus, les roses sont roses,
Les bleuets sont bleus, j'aime mes amours.
—Lavez cette toile.
—Où?—Dans la rivière.
Faites-en, sans rien gâter ni salir,
Une belle jupe avec sa brassière
Que je veux broder et de fleurs emplir.
—L'enfant n'est plus là, madame, qu'en faire?
—Faites-en un drap pour m'ensevelir.
Nous achèterons de bien belles choses
En nous promenant le long des faubourgs.
Les bleuets sont bleus, les roses sont roses,
Les bleuets sont bleus, j'aime mes amours.

Cette chanson était une vieille romance de berceuse avec laquelle autrefois elle endormait sa petite Cosette, et qui ne s'était pas offerte à son esprit depuis cinq ans qu'elle n'avait plus son enfant. Elle chantait cela d'une voix si triste et sur un air si doux que c'était à faire pleurer, même une religieuse. La sœur, habituée aux choses austères, sentit une larme lui venir.

L'horloge sonna six heures. Fantine ne parut pas entendre. Elle semblait ne plus faire attention à aucune chose autour d'elle.

La sœur Simplice envoya une fille de service s'informer près de la portière de la fabrique si M. le maire était rentré et s'il ne monterait pas bientôt à l'infirmerie. La fille revint au bout de quelques minutes.

Fantine était toujours immobile et paraissait attentive à des idées qu'elle avait.

La servante raconta très bas à la sœur Simplice que M. le maire était parti le matin même avant six heures dans un petit tilbury attelé d'un cheval blanc, par le froid qu'il faisait, qu'il était parti seul, pas même de cocher, qu'on ne savait pas le chemin qu'il avait pris, que des personnes disaient l'avoir vu tourner par la route d'Arras, que d'autres assuraient l'avoir rencontré sur la route de Paris. Qu'en s'en allant il avait été comme à l'ordinaire très doux, et qu'il avait seulement dit à la portière qu'on ne l'attendît pas cette nuit.

Pendant que les deux femmes, le dos tourné au lit de la Fantine, chuchotaient, la sœur questionnant, la servante conjecturant, la Fantine, avec cette vivacité fébrile de certaines maladies organiques qui mêle les mouvements libres de la santé à l'effrayante maigreur de la mort, s'était mise à genoux sur son lit, ses deux poings crispés appuyés sur le traversin, et, la tête passée par l'intervalle des rideaux, elle écoutait. Tout à coup elle cria:

—Vous parlez là de monsieur Madeleine! pourquoi parlez-vous tout bas? Qu'est-ce qu'il fait? Pourquoi ne vient-il pas?

Sa voix était si brusque et si rauque que les deux femmes crurent entendre une voix d'homme; elles se retournèrent effrayées.

—Répondez donc! cria Fantine.

La servante balbutia:

—La portière m'a dit qu'il ne pourrait pas venir aujourd'hui.

—Mon enfant, dit la sœur, tenez-vous tranquille, recouchez-vous.

Fantine, sans changer d'attitude, reprit d'une voix haute et avec un accent tout à la fois impérieux et déchirant:

—Il ne pourra venir? Pourquoi cela? Vous savez la raison. Vous la chuchotiez là entre vous. Je veux la savoir.

La servante se hâta de dire à l'oreille de la religieuse:

—Répondez qu'il est occupé au conseil municipal.

La sœur Simplice rougit légèrement; c'était un mensonge que la servante lui proposait. D'un autre côté il lui semblait bien que dire la vérité à la malade ce serait sans doute lui porter un coup terrible et que cela était grave dans l'état où était Fantine. Cette rougeur dura peu. La sœur leva sur Fantine son œil calme et triste, et dit:

—Monsieur le maire est parti.

Fantine se redressa et s'assit sur ses talons. Ses yeux étincelèrent. Une joie inouïe rayonna sur cette physionomie douloureuse.

—Parti! s'écria-t-elle. Il est allé chercher Cosette!

Puis elle tendit ses deux mains vers le ciel et tout son visage devint ineffable. Ses lèvres remuaient; elle priait à voix basse.

Quand sa prière fut finie:

—Ma sœur, dit-elle, je veux bien me recoucher, je vais faire tout ce qu'on voudra; tout à l'heure j'ai été méchante, je vous demande pardon d'avoir parlé si haut, c'est très mal de parler haut, je le sais bien, ma bonne sœur, mais voyez-vous, je suis très contente. Le bon Dieu est bon, monsieur Madeleine est bon, figurez-vous qu'il est allé chercher ma petite Cosette à Montfermeil.

Elle se recoucha, aida la religieuse à arranger l'oreiller et baisa une petite croix d'argent qu'elle avait au cou et que la sœur Simplice lui avait donnée.

—Mon enfant, dit la sœur, tâchez de reposer maintenant, et ne parlez plus.

Fantine prit dans ses mains moites la main de la sœur, qui souffrait de lui sentir cette sueur.

—Il est parti ce matin pour aller à Paris. Au fait il n'a pas même besoin de passer par Paris. Montfermeil, c'est un peu à gauche en venant. Vous rappelez-vous comme il me disait hier quand je lui parlais de Cosette: bientôt, bientôt? C'est une surprise qu'il veut me faire. Vous savez? il m'avait fait signer une lettre pour la reprendre aux Thénardier. Ils n'auront rien à dire, pas vrai? Ils rendront Cosette. Puisqu'ils sont payés. Les autorités ne souffriraient pas qu'on garde un enfant quand on est payé. Ma sœur, ne me faites pas signe qu'il ne faut pas que je parle. Je suis extrêmement heureuse, je vais très bien, je n'ai plus de mal du tout, je vais revoir Cosette, j'ai même très faim. Il y a près de cinq ans que je ne l'ai vue. Vous ne vous figurez pas, vous, comme cela vous tient, les enfants! Et puis elle sera si gentille, vous verrez! Si vous saviez, elle a de si jolis petits doigts roses! D'abord elle aura de très belles mains. À un an, elle avait des mains ridicules. Ainsi!— Elle doit être grande à présent. Cela vous a sept ans. C'est une demoiselle. Je l'appelle Cosette, mais elle s'appelle Euphrasie. Tenez, ce matin, je regardais de la poussière qui était sur la cheminée et j'avais bien l'idée comme cela que je reverrais bientôt Cosette. Mon Dieu! comme on a tort d'être des années sans voir ses enfants! on devrait bien réfléchir que la vie n'est pas éternelle! Oh! comme il est bon d'être parti, monsieur le maire! C'est vrai ça, qu'il fait bien froid? avait-il son manteau au moins? Il sera ici demain, n'est-ce pas? Ce sera demain fête. Demain matin, ma sœur, vous me ferez penser à mettre mon petit bonnet qui a de la dentelle. Montfermeil, c'est un pays. J'ai fait cette route-là, à pied, dans le temps. Il y a eu bien loin pour moi. Mais les diligences vont très vite! Il sera ici demain avec Cosette. Combien y a-t-il d'ici Montfermeil?

La sœur, qui n'avait aucune idée des distances, répondit:

—Oh! je crois bien qu'il pourra être ici demain.

—Demain! demain! dit Fantine, je verrai Cosette demain! Voyez-vous, bonne sœur du bon Dieu, je ne suis plus malade. Je suis folle. Je danserais, si on voulait.

Quelqu'un qui l'eût vue un quart d'heure auparavant n'y eût rien compris. Elle était maintenant toute rose, elle parlait d'une voix vive et naturelle, toute sa figure n'était qu'un sourire. Par moments elle riait en se parlant tout bas. Joie de mère, c'est presque joie d'enfant.

—Eh bien, reprit la religieuse, vous voilà heureuse, obéissez-moi, ne parlez plus.

Fantine posa sa tête sur l'oreiller et dit à demi-voix:

—Oui, recouche-toi, sois sage puisque tu vas avoir ton enfant. Elle a raison, sœur Simplice. Tous ceux qui sont ici ont raison.

Et puis, sans bouger, sans remuer la tête, elle se mit à regarder partout avec ses yeux tout grands ouverts et un air joyeux, et elle ne dit plus rien.

La sœur referma ses rideaux, espérant qu'elle s'assoupirait.

Entre sept et huit heures le médecin vint. N'entendant aucun bruit, il crut que Fantine dormait, entra doucement et s'approcha du lit sur la pointe du pied. Il entrouvrit les rideaux, et à la lueur de la veilleuse il vit les grands yeux calmes de Fantine qui le regardaient.

Elle lui dit:

—Monsieur, n'est-ce pas, on me laissera la coucher à côté de moi dans un petit lit?

Le médecin crut qu'elle délirait. Elle ajouta:

—Regardez plutôt, il y a juste de la place.

Le médecin prit à part la sœur Simplice qui lui expliqua la chose, que M. Madeleine était absent pour un jour ou deux, et que, dans le doute, on n'avait pas cru devoir détromper la malade qui croyait monsieur le maire parti pour Montfermeil; qu'il était possible en somme qu'elle eût deviné juste. Le médecin approuva.

Il se rapprocha du lit de Fantine, qui reprit:

—C'est que, voyez-vous, le matin, quand elle s'éveillera, je lui dirai bonjour à ce pauvre chat, et la nuit, moi qui ne dors pas, je l'entendrai dormir. Sa petite respiration si douce, cela me fera du bien.

—Donnez-moi votre main, dit le médecin.

Elle tendit son bras, et s'écria en riant.

—Ah! tiens! au fait, c'est vrai, vous ne savez pas c'est que je suis guérie. Cosette arrive demain.

Le médecin fut surpris. Elle était mieux. L'oppression était moindre. Le pouls avait repris de la force. Une sorte de vie survenue tout à coup ranimait ce pauvre être épuisé.

—Monsieur le docteur, reprit-elle, la sœur vous a-t-elle dit que monsieur le maire était allé chercher le chiffon?

Le médecin recommanda le silence et qu'on évitât toute émotion pénible. Il prescrivit une infusion de quinquina pur, et, pour le cas où la fièvre reprendrait dans la nuit, une potion calmante. En s'en allant, il dit à la sœur:

—Cela va mieux. Si le bonheur voulait qu'en effet monsieur le maire arrivât demain avec l'enfant, qui sait? il y a des crises si étonnantes, on a vu de grandes joies arrêter court des maladies; je sais bien que celle-ci est une maladie organique, et bien avancée, mais c'est un tel mystère que tout cela! Nous la sauverions peut-être.

Chapitre VII
Le voyageur arrivé prend ses précautions pour repartir.

Il était près de huit heures du soir quand la carriole que nous avons laissée en route entra sous la porte cochère de l'hôtel de la Poste à Arras. L'homme que nous avons suivi jusqu'à ce moment en descendit, répondit d'un air distrait aux empressements des gens de l'auberge, renvoya le cheval de renfort, et conduisit lui-même le petit cheval blanc à l'écurie; puis il poussa la porte d'une salle de billard qui était au rez-de-chaussée, s'y assit, et s'accouda sur une table. Il avait mis quatorze heures à ce trajet qu'il comptait faire en six. Il se rendait la justice que ce n'était pas sa faute; mais au fond il n'en était pas fâché.

La maîtresse de l'hôtel entra.

—Monsieur couche-t-il? monsieur soupe-t-il?

Il fit un signe de tête négatif.

—Le garçon d'écurie dit que le cheval de monsieur est bien fatigué!

Ici il rompit le silence.

—Est-ce que le cheval ne pourra pas repartir demain matin?

—Oh! monsieur! il lui faut au moins deux jours de repos.

Il demanda:

—N'est-ce pas ici le bureau de poste?

—Oui, monsieur.

L'hôtesse le mena à ce bureau; il montra son passeport et s'informa s'il y avait moyen de revenir cette nuit même à Montreuil-sur-mer par la malle; la place à côté du courrier était justement vacante; il la retint et la paya.

—Monsieur, dit le buraliste, ne manquez pas d'être ici pour partir à une heure précise du matin.

Cela fait, il sortit de l'hôtel et se mit à marcher dans la ville.

Il ne connaissait pas Arras, les rues étaient obscures, et il allait au hasard. Cependant il semblait s'obstiner à ne pas demander son chemin aux passants. Il traversa la petite rivière Crinchon et se trouva dans un dédale de ruelles étroites où il se perdit. Un bourgeois cheminait avec un falot. Après quelque hésitation, il prit le parti de s'adresser à ce bourgeois, non sans avoir d'abord regardé devant et derrière lui, comme s'il craignait que quelqu'un n'entendît la question qu'il allait faire.

—Monsieur, dit-il, le palais de justice, s'il vous plaît?

—Vous n'êtes pas de la ville, monsieur? répondit le bourgeois qui était un assez vieux homme, eh bien, suivez-moi. Je vais précisément du côté du palais de justice, c'est-à-dire du côté de l'hôtel de la préfecture. Car on répare en ce moment le palais, et provisoirement les tribunaux ont leurs audiences à la préfecture.

—Est-ce là, demanda-t-il, qu'on tient les assises?

—Sans doute, monsieur. Voyez-vous, ce qui est la préfecture aujourd'hui était l'évêché avant la révolution. Monsieur de Conzié, qui était évêque en quatre-vingt-deux, y a fait bâtir une grande salle. C'est dans cette grande salle qu'on juge.

Chemin faisant, le bourgeois lui dit:

—Si c'est un procès que monsieur veut voir, il est un peu tard. Ordinairement les séances finissent à six heures.

Cependant, comme ils arrivaient sur la grande place, le bourgeois lui montra quatre longues fenêtres éclairées sur la façade d'un vaste bâtiment ténébreux.

—Ma foi, monsieur, vous arrivez à temps, vous avez du bonheur. Voyez-vous ces quatre fenêtres? c'est la cour d'assises. Il y a de la lumière. Donc ce n'est pas fini. L'affaire aura traîné en longueur et on fait une audience du soir. Vous vous intéressez à cette affaire? Est-ce que c'est un procès criminel? Est-ce que vous êtes témoin?

Il répondit:

—Je ne viens pour aucune affaire, j'ai seulement à parler à un avocat.

—C'est différent, dit le bourgeois. Tenez, monsieur, voici la porte. Où est le factionnaire. Vous n'aurez qu'à monter le grand escalier.

Il se conforma aux indications du bourgeois, et, quelques minutes après, il était dans une salle où il y avait beaucoup de monde et où des groupes mêlés d'avocats en robe chuchotaient çà et là.

C'est toujours une chose qui serre le cœur de voir ces attroupements d'hommes vêtus de noir qui murmurent entre eux à voix basse sur le seuil des chambres de justice. Il est rare que la charité et la pitié sortent de toutes ces paroles. Ce qui en sort le plus souvent, ce sont des condamnations faites d'avance. Tous ces groupes semblent à l'observateur qui passe et qui rêve autant de ruches sombres où des espèces d'esprits bourdonnants construisent en commun toutes sortes d'édifices ténébreux.

Cette salle, spacieuse et éclairée d'une seule lampe, était une ancienne antichambre de l'évêché et servait de salle des pas perdus. Une porte à deux battants, fermée en ce moment, la séparait de la grande chambre où siégeait la cour d'assises.

L'obscurité était telle qu'il ne craignit pas de s'adresser au premier avocat qu'il rencontra.

—Monsieur, dit-il, où en est-on?

—C'est fini, dit l'avocat.

—Fini!

Ce mot fut répété d'un tel accent que l'avocat se retourna.

—Pardon, monsieur, vous êtes peut-être un parent?

—Non. Je ne connais personne ici. Et y a-t-il eu condamnation?

—Sans doute. Cela n'était guère possible autrement.

—Aux travaux forcés?...

—À perpétuité.

Il reprit d'une voix tellement faible qu'on l'entendait à peine:

—L'identité a donc été constatée?

—Quelle identité? répondit l'avocat. Il n'y avait pas d'identité à constater. L'affaire était simple. Cette femme avait tué son enfant, l'infanticide a été prouvé, le jury a écarté la préméditation, on l'a condamnée à vie.

—C'est donc une femme? dit-il.

—Mais sûrement. La fille Limosin. De quoi me parlez-vous donc?

—De rien. Mais puisque c'est fini, comment se fait-il que la salle soit encore éclairée?

—C'est pour l'autre affaire qu'on a commencée il y a à peu près deux heures.

—Quelle autre affaire?

—Oh! celle-là est claire aussi. C'est une espèce de gueux, un récidiviste, un galérien, qui a volé. Je ne sais plus trop son nom. En voilà un qui vous a une mine de bandit. Rien que pour avoir cette figure-là, je l'enverrais aux galères.

—Monsieur, demanda-t-il, y a-t-il moyen de pénétrer dans la salle?

—Je ne crois vraiment pas. Il y a beaucoup de foule. Cependant l'audience est suspendue. Il y a des gens qui sont sortis, et, à la reprise de l'audience, vous pourrez essayer.

—Par où entre-t-on?

—Par cette grande porte.

L'avocat le quitta. En quelques instants, il avait éprouvé, presque en même temps, presque mêlées, toutes les émotions possibles. Les paroles de cet indifférent lui avaient tour à tour traversé le cœur comme des aiguilles de glace et comme des lames de feu. Quand il vit que rien n'était terminé, il respira; mais il n'eût pu dire si ce qu'il ressentait était du contentement ou de la douleur.

Il s'approcha de plusieurs groupes et il écouta ce qu'on disait. Le rôle de la session étant très chargé, le président avait indiqué pour ce même jour deux affaires simples et courtes. On avait commencé par l'infanticide, et maintenant on en était au forçat, au récidiviste, au "cheval de retour". Cet homme avait volé des pommes, mais cela ne paraissait pas bien prouvé; ce qui était prouvé, c'est qu'il avait été déjà aux galères à Toulon. C'est ce qui faisait son affaire mauvaise. Du reste, l'interrogatoire de l'homme était terminé et les dépositions des témoins; mais il y avait encore les plaidoiries de l'avocat et le réquisitoire du ministère public; cela ne devait guère finir avant minuit. L'homme serait probablement condamné; l'avocat général était très bon—et ne manquait pas ses accusés—c'était un garçon d'esprit qui faisait des vers.

Un huissier se tenait debout près de la porte qui communiquait avec la salle des assises. Il demanda à cet huissier:

—Monsieur, la porte va-t-elle bientôt s'ouvrir?

—Elle ne s'ouvrira pas, dit l'huissier.

—Comment! on ne l'ouvrira pas à la reprise de l'audience? est-ce que l'audience n'est pas suspendue?

—L'audience vient d'être reprise, répondit l'huissier, mais la porte ne se rouvrira pas.

—Pourquoi?

—Parce que la salle est pleine.

—Quoi? il n'y a plus une place?

—Plus une seule. La porte est fermée. Personne ne peut plus entrer.

L'huissier ajouta après un silence:

—Il y a bien encore deux ou trois places derrière monsieur le président, mais monsieur le président n'y admet que les fonctionnaires publics.

Cela dit, l'huissier lui tourna le dos.

Il se retira la tête baissée, traversa l'antichambre et redescendit l'escalier lentement, comme hésitant à chaque marche. Il est probable qu'il tenait conseil avec lui-même. Le violent combat qui se livrait en lui depuis la veille n'était pas fini; et, à chaque instant, il en traversait quelque nouvelle péripétie. Arrivé sur le palier de l'escalier, il s'adossa à la rampe et croisa les bras. Tout à coup il ouvrit sa redingote, prit son portefeuille, en tira un crayon, déchira une feuille, et écrivit rapidement sur cette feuille à la lueur du réverbère cette ligne:—*M. Madeleine, maire de Montreuil-sur-mer*. Puis il remonta l'escalier à grands pas, fendit la foule, marcha droit à l'huissier, lui remit le papier, et lui dit avec autorité:

—Portez ceci à monsieur le président.

L'huissier prit le papier, y jeta un coup d'œil et obéit.

Chapitre VIII
Entrée de faveur

Sans qu'il s'en doutât, le maire de Montreuil-sur-mer avait une sorte de célébrité. Depuis sept ans que sa réputation de vertu remplissait tout le bas Boulonnais, elle avait fini par franchir les limites d'un petit pays et s'était répandue dans les deux ou trois départements voisins. Outre le service considérable qu'il avait rendu au chef-lieu en y restaurant l'industrie des verroteries noires, il n'était pas une des cent quarante et une communes de l'arrondissement de Montreuil-sur-mer qui ne lui dût quelque bienfait. Il avait su même au besoin aider et féconder les industries des autres arrondissements. C'est ainsi qu'il avait dans l'occasion soutenu de son crédit et de ses fonds la fabrique de tulle de Boulogne, la filature de lin à la mécanique de Frévent et la manufacture hydraulique de toiles de Boubers-sur-Canche. Partout on prononçait avec vénération le nom de M. Madeleine. Arras et Douai enviaient son maire à l'heureuse petite ville de Montreuil-sur-mer.

Le conseiller à la cour royale de Douai, qui présidait cette session des assises à Arras, connaissait comme tout le monde ce nom si profondément et si universellement honoré. Quand l'huissier, ouvrant discrètement la porte qui communiquait de la chambre du conseil à l'audience, se pencha derrière le fauteuil du président et lui remit le papier où était écrite la ligne qu'on vient de lire, en ajoutant: *Ce monsieur désire assister à l'audience*, le président fit un vif mouvement de déférence, saisit une plume, écrivit quelques mots au bas du papier, et le rendit à l'huissier en lui disant: Faites entrer.

L'homme malheureux dont nous racontons l'histoire était resté près de la porte de la salle à la même place et dans la même attitude où l'huissier l'avait quitté. Il entendit, à travers sa rêverie, quelqu'un qui lui disait: Monsieur veut-il bien me faire l'honneur de me suivre? C'était ce même huissier qui lui avait tourné le dos l'instant d'auparavant et qui maintenant le saluait jusqu'à terre. L'huissier en même temps lui remit le papier. Il le déplia, et, comme il se rencontrait qu'il était près de la lampe, il put lire:

«Le président de la cour d'assises présente son respect à M. Madeleine.»

Il froissa le papier entre ses mains, comme si ces quelques mots eussent eu pour lui un arrière-goût étrange et amer.

Il suivit l'huissier.

Quelques minutes après, il se trouvait seul dans une espèce de cabinet lambrissé, d'un aspect sévère, éclairé par deux bougies posées sur une table à tapis vert. Il avait encore dans l'oreille les dernières paroles de l'huissier qui venait de le quitter—«Monsieur, vous voici dans la chambre du conseil; vous n'avez qu'à tourner le bouton de cuivre de cette porte, et vous vous trouverez dans l'audience derrière le fauteuil de monsieur le président.»—Ces paroles se mêlaient dans sa pensée à un souvenir vague de corridors étroits et d'escaliers noirs qu'il venait de parcourir.

L'huissier l'avait laissé seul. Le moment suprême était arrivé. Il cherchait à se recueillir sans pouvoir y parvenir. C'est surtout aux heures où l'on aurait le plus besoin de les rattacher aux réalités poignantes de la vie que tous les fils de la pensée se rompent dans le cerveau. Il était dans l'endroit même où les juges délibèrent et condamnent. Il regardait avec une tranquillité stupide cette chambre paisible et redoutable où tant d'existences avaient été brisées, où son nom allait retentir tout à l'heure, et que sa destinée traversait en ce moment. Il regardait la muraille, puis il se regardait lui-même, s'étonnant que ce fût cette chambre et que ce fût lui.

Il n'avait pas mangé depuis plus de vingt-quatre heures, il était brisé par les cahots de la carriole, mais il ne le sentait pas; il lui semblait qu'il ne sentait rien.

Il s'approcha d'un cadre noir qui était accroché au mur et qui contenait sous verre une vieille lettre autographe de Jean-Nicolas Pache, maire de Paris et ministre, datée, sans doute par erreur, du *9 juin an II*, et dans laquelle Pache envoyait à la commune la liste des ministres et des députés tenus en arrestation chez eux. Un témoin qui l'eût pu voir et qui l'eût observé en cet instant eût sans doute imaginé Fantine et Cosette.

Tout en rêvant, il se retourna, et ses yeux rencontrèrent le bouton de cuivre de la porte qui le séparait de la salle des assises. Il avait presque oublié cette porte. Son regard, d'abord calme, s'y arrêta, resta attaché à ce bouton de cuivre, puis devint effaré et fixe, et s'empreignit peu à peu d'épouvante. Des gouttes de sueur lui sortaient d'entre les cheveux et ruisselaient sur ses tempes.

À un certain moment, il fit avec une sorte d'autorité mêlée de rébellion ce geste indescriptible qui veut dire et qui dit si bien: *Pardieu! qui est-ce qui m'y force?* Puis il se tourna vivement, vit devant lui la porte par laquelle il était entré, y alla, l'ouvrit, et sortit. Il n'était plus dans cette chambre, il était dehors, dans un corridor, un corridor long, étroit, coupé de degrés et de guichets, faisant toutes sortes d'angles, éclairé çà et là de réverbères pareils à des veilleuses de malades, le corridor par où il était venu. Il respira, il écouta; aucun bruit derrière lui, aucun bruit devant lui; il se mit à fuir comme si on le poursuivait.

Quand il eut doublé plusieurs des coudes de ce couloir, il écouta encore. C'était toujours le même silence et la même ombre autour de lui. Il était essoufflé, il chancelait, il s'appuya au mur. La pierre était froide, sa sueur était glacée sur son front, il se redressa en frissonnant.

Alors, là, seul, debout dans cette obscurité, tremblant de froid et d'autre chose peut-être, il songea.

Il avait songé toute la nuit, il avait songé toute la journée; il n'entendait plus en lui qu'une voix qui disait: hélas!

Un quart d'heure s'écoula ainsi. Enfin, il pencha la tête, soupira avec angoisse, laissa pendre ses bras, et revint sur ses pas. Il marchait lentement et comme accablé. Il semblait que quelqu'un l'eût atteint dans sa fuite et le ramenât.

Il rentra dans la chambre du conseil. La première chose qu'il aperçut, ce fut la gâchette de la porte. Cette gâchette, ronde et en cuivre poli, resplendissait pour lui comme une effroyable étoile. Il la regardait comme une brebis regarderait l'œil d'un tigre.

Ses yeux ne pouvaient s'en détacher.

De temps en temps il faisait un pas et se rapprochait de la porte.

S'il eût écouté, il eût entendu, comme une sorte de murmure confus, le bruit de la salle voisine; mais il n'écoutait pas, et il n'entendait pas.

Tout à coup, sans qu'il sût lui-même comment, il se trouva près de la porte. Il saisit convulsivement le bouton; la porte s'ouvrit.

Il était dans la salle d'audience.

Chapitre IX
Un lieu où des convictions sont en train de se former

Il fit un pas, referma machinalement la porte derrière lui, et resta debout, considérant ce qu'il voyait.

C'était une assez vaste enceinte à peine éclairée, tantôt pleine de rumeur, tantôt pleine de silence, où tout l'appareil d'un procès criminel se développait avec sa gravité mesquine et lugubre au milieu de la foule.

À un bout de la salle, celui où il se trouvait, des juges à l'air distrait, en robe usée, se rongeant les ongles ou fermant les paupières; à l'autre bout, une foule en haillons; des avocats dans toutes sortes d'attitudes; des soldats au visage honnête et dur; de vieilles boiseries tachées, un plafond sale, des tables couvertes d'une serge plutôt jaune que verte, des portes noircies par les mains; à des clous plantés dans le lambris, des quinquets d'estaminet donnant plus de fumée que de clarté; sur les tables, des chandelles dans des chandeliers de cuivre; l'obscurité, la laideur, la tristesse; et de tout cela se dégageait une impression austère et auguste, car on y sentait cette grande chose humaine qu'on appelle la loi et cette grande chose divine qu'on appelle la justice.

Personne dans cette foule ne fit attention à lui. Tous les regards convergeaient vers un point unique, un banc de bois adossé à une petite porte, le long de la muraille, à gauche du président. Sur ce banc, que plusieurs chandelles éclairaient, il y avait un homme entre deux gendarmes.

Cet homme, c'était l'homme.

Il ne le chercha pas, il le vit. Ses yeux allèrent là naturellement, comme s'ils avaient su d'avance où était cette figure.

Il crut se voir lui-même, vieilli, non pas sans doute absolument semblable de visage, mais tout pareil d'attitude et d'aspect, avec ces cheveux hérissés, avec cette prunelle fauve et inquiète, avec cette blouse, tel qu'il était le jour où il entrait à

Digne, plein de haine et cachant dans son âme ce hideux trésor de pensées affreuses qu'il avait mis dix-neuf ans à ramasser sur le pavé du bagne.

Il se dit avec un frémissement:

—Mon Dieu! est-ce que je redeviendrai ainsi?

Cet être paraissait au moins soixante ans. Il avait je ne sais quoi de rude, de stupide et d'effarouché.

Au bruit de la porte, on s'était rangé pour lui faire place, le président avait tourné la tête, et comprenant que le personnage qui venait d'entrer était M. le maire de Montreuil-sur-mer, il l'avait salué. L'avocat général, qui avait vu M. Madeleine à Montreuil-sur-mer où des opérations de son ministère l'avaient plus d'une fois appelé, le reconnut, et salua également. Lui s'en aperçut à peine. Il était en proie à une sorte d'hallucination; il regardait.

Des juges, un greffier, des gendarmes, une foule de têtes cruellement curieuses, il avait déjà vu cela une fois, autrefois, il y avait vingt-sept ans. Ces choses funestes, il les retrouvait; elles étaient là, elles remuaient, elles existaient. Ce n'était plus un effort de sa mémoire, un mirage de sa pensée, c'étaient de vrais gendarmes et de vrais juges, une vraie foule et de vrais hommes en chair et en os. C'en était fait, il voyait reparaître et revivre autour de lui, avec tout ce que la réalité a de formidable, les aspects monstrueux de son passé.

Tout cela était béant devant lui.

Il en eut horreur, il ferma les yeux, et s'écria au plus profond de son âme: jamais!

Et par un jeu tragique de la destinée qui faisait trembler toutes ses idées et le rendait presque fou, c'était un autre lui-même qui était là! Cet homme qu'on jugeait, tous l'appelaient Jean Valjean!

Il avait sous les yeux, vision inouïe, une sorte de représentation du moment le plus horrible de sa vie, jouée par son fantôme.

Tout y était, c'était le même appareil, la même heure de nuit, presque les mêmes faces de juges, de soldats et de spectateurs. Seulement, au-dessus de la tête du président, il y avait un crucifix, chose qui manquait aux tribunaux du temps de sa condamnation. Quand on l'avait jugé, Dieu était absent.

Une chaise était derrière lui; il s'y laissa tomber, terrifié de l'idée qu'on pouvait le voir. Quand il fut assis, il profita d'une pile de cartons qui était sur le bureau des juges pour dérober son visage à toute la salle. Il pouvait maintenant voir sans être vu. Peu à peu il se remit. Il rentra pleinement dans le sentiment du réel; il arriva à cette phase de calme où l'on peut écouter.

M. Bamatabois était au nombre des jurés. Il chercha Javert, mais il ne le vit pas. Le banc des témoins lui était caché par la table du greffier. Et puis, nous venons de le dire, la salle était à peine éclairée.

Au moment où il était entré, l'avocat de l'accusé achevait sa plaidoirie. L'attention de tous était excitée au plus haut point; l'affaire durait depuis trois heures. Depuis trois heures, cette foule regardait plier peu à peu sous le poids d'une vraisemblance terrible un homme, un inconnu, une espèce d'être misérable, profondément stupide ou profondément habile. Cet homme, on le sait déjà, était un vagabond qui avait été trouvé dans un champ, emportant une branche chargée de pommes mûres, cassée à un pommier dans un clos voisin, appelé le clos Pierron. Qui était cet homme? Une enquête avait eu lieu; des témoins venaient d'être entendus, ils avaient été unanimes, des lumières avaient jailli de tout le débat. L'accusation disait:

—Nous ne tenons pas seulement un voleur de fruits, un maraudeur; nous tenons là, dans notre main, un bandit, un relaps en rupture de ban, un ancien forçat, un scélérat des plus dangereux, un malfaiteur appelé Jean Valjean que la justice recherche depuis longtemps, et qui, il y a huit ans, en sortant du bagne de Toulon, a commis un vol de grand chemin à main armée sur la personne d'un enfant savoyard appelé Petit-Gervais, crime prévu par l'article 383 du code pénal, pour lequel nous nous réservons de le poursuivre ultérieurement, quand l'identité sera judiciairement acquise. Il vient de commettre un nouveau vol. C'est un cas de récidive. Condamnez-le pour le fait nouveau; il sera jugé plus tard pour le fait ancien.

Devant cette accusation, devant l'unanimité des témoins, l'accusé paraissait surtout étonné. Il faisait des gestes et des signes qui voulaient dire non, ou bien il considérait le plafond. Il parlait avec peine, répondait avec embarras, mais de la tête aux pieds toute sa personne niait. Il était comme un idiot en présence de toutes ces intelligences rangées en bataille autour de lui, et comme un étranger au milieu de cette société qui le saisissait. Cependant il y allait pour lui de l'avenir le plus menaçant, la vraisemblance croissait à chaque minute, et toute cette foule regardait avec plus d'anxiété que lui-même cette sentence pleine de calamités qui penchait sur lui de plus en plus. Une éventualité laissait même entrevoir, outre le bagne, la peine de mort possible, si l'identité était reconnue et si l'affaire Petit-Gervais se terminait plus tard par une condamnation. Qu'était-ce que cet homme? De quelle nature était son apathie? Etait-ce imbécillité ou ruse? Comprenait-il trop, ou ne comprenait-il pas du tout? Questions qui divisaient la foule et semblaient partager le jury. Il y avait dans ce procès ce qui effraye et ce qui intrigue; le drame n'était pas seulement sombre, il était obscur. Le défenseur avait assez bien plaidé, dans cette langue de province qui a longtemps constitué l'éloquence du barreau et dont usaient jadis tous les avocats, aussi bien à Paris qu'à Romorantin ou à Montbrison, et qui aujourd'hui, étant devenue classique, n'est plus guère parlée que par les orateurs officiels du parquet, auxquels elle convient par sa sonorité grave et son allure majestueuse; langue où un mari s'appelle un époux, une femme, une épouse, Paris, le centre des arts et de la civilisation, le roi, le monarque, monseigneur l'évêque, un saint pontife, l'avocat général, l'éloquent interprète de la vindicte, la plaidoirie, les accents qu'on vient d'entendre, le siècle de Louis XIV, le grand siècle, un théâtre, le temple de Melpomène, la famille régnante, l'auguste sang de nos rois, un concert, une solennité musicale, monsieur le général commandant le département, l'illustre guerrier qui, etc., les élèves du séminaire, ces tendres lévites, les erreurs imputées aux journaux, l'imposture qui distille son venin dans les colonnes de ces organes, etc., etc.—L'avocat donc avait commencé par s'expliquer sur le vol des pommes,—chose malaisée en beau style; mais Bénigne Bossuet lui-même a été obligé de faire allusion à une poule en pleine oraison funèbre, et il s'en est tiré avec pompe. L'avocat avait établi que le vol de pommes n'était pas matériellement prouvé.—Son client, qu'en sa qualité de défenseur, il persistait à appeler Champmathieu, n'avait été vu de personne escaladant le mur ou cassant la branche. On l'avait arrêté nanti de cette branche (que l'avocat appelait plus volontiers rameau); mais il disait l'avoir trouvée à terre et ramassée. Où était la preuve du contraire?—Sans doute cette branche avait été cassée et dérobée après escalade, puis jetée là par le maraudeur alarmé; sans doute il y avait un voleur. Mais qu'est-ce qui prouvait que ce voleur était Champmathieu? Une seule chose. Sa qualité d'ancien forçat. L'avocat ne niait pas que cette qualité ne parût malheureusement bien constatée; l'accusé avait résidé à Faverolles; l'accusé y avait été émondeur; le nom de Champmathieu pouvait bien avoir pour origine Jean Mathieu; tout cela était vrai; enfin quatre témoins reconnaissaient sans hésiter et positivement Champmathieu pour être le galérien Jean Valjean; à ces indications, à ces témoignages, l'avocat ne pouvait opposer que la dénégation de son client, dénégation intéressée; mais en supposant qu'il fût le forçat Jean Valjean, cela prouvait-il qu'il fût le voleur des pommes? C'était une présomption, tout au plus; non une preuve. L'accusé, cela était vrai, et le défenseur «dans sa bonne foi» devait en convenir, avait adopté «un mauvais système de défense»—Il s'obstinait à nier tout, le vol et sa qualité de forçat. Un aveu sur ce dernier point eût mieux valu, à coup sûr, et lui eût concilié l'indulgence de ses juges; l'avocat le lui avait conseillé; mais l'accusé s'y était refusé obstinément, croyant sans doute sauver tout en n'avouant rien. C'était un tort; mais ne fallait-il pas considérer la brièveté de cette intelligence? Cet homme était visiblement stupide. Un long malheur au bagne, une longue misère hors du bagne, l'avaient abruti, etc., etc. Il se défendait mal, était-ce une raison pour le condamner? Quant à l'affaire Petit-Gervais, l'avocat n'avait pas à la discuter, elle n'était point dans la cause. L'avocat concluait en suppliant le jury et la cour, si l'identité de Jean Valjean leur paraissait évidente, de lui appliquer les peines de police qui s'adressent au condamné en rupture de ban, et non le châtiment épouvantable qui frappe le forçat récidiviste.

L'avocat général répliqua au défenseur. Il fut violent et fleuri, comme sont habituellement les avocats généraux.

Il félicita le défenseur de sa «loyauté», et profita habilement de cette loyauté. Il atteignit l'accusé par toutes les concessions que l'avocat avait faites. L'avocat semblait accorder que l'accusé était Jean Valjean. Il en prit acte. Cet homme était donc Jean Valjean. Ceci était acquis à l'accusation et ne pouvait plus se contester.

Ici, par une habile antonomase, remontant aux sources et aux causes de la criminalité, l'avocat général tonna contre l'immoralité de l'école romantique, alors à son aurore sous le nom d'école satanique que lui avaient décerné les critiques de l'Oriflamme et de la Quotidienne, il attribua, non sans vraisemblance, à l'influence de cette littérature perverse le délit de Champmathieu, ou pour mieux dire, de Jean Valjean. Ces considérations épuisées, il passa à Jean Valjean lui-même. Qu'était-ce que Jean Valjean? Description de Jean Valjean. Un monstre vomi, etc. Le modèle de ces sortes de descriptions est dans le récit de Théramène, lequel n'est pas utile à la tragédie, mais rend tous les jours de grands services à l'éloquence judiciaire. L'auditoire et les jurés «frémirent». La description achevée, l'avocat général reprit, dans un mouvement oratoire fait pour exciter au plus haut point le lendemain matin l'enthousiasme du Journal de la Préfecture:

Et c'est un pareil homme, etc., etc., etc., vagabond, mendiant, sans moyens d'existence, etc., etc.,—accoutumé par sa vie passée aux actions coupables et peu corrigé par son séjour au bagne, comme le prouve le crime commis sur Petit-Gervais, etc., etc.,—c'est un homme pareil qui, trouvé sur la voie publique en flagrant délit de vol, à quelques pas d'un mur escaladé, tenant encore à la main l'objet volé, nie le flagrant délit, le vol, l'escalade, nie tout, nie jusqu'à son nom, nie jusqu'à son identité! Outre cent autres preuves sur lesquelles nous ne revenons pas, quatre témoins le reconnaissent, Javert, l'intègre inspecteur de police Javert, et trois de ses anciens compagnons d'ignominie, les forçats Brevet, Chenildieu et Cochepaille. Qu'oppose-t-il à cette unanimité foudroyante? Il nie. Quel endurcissement! Vous ferez justice, messieurs les jurés, etc., etc.

Pendant que l'avocat général parlait, l'accusé écoutait, la bouche ouverte, avec une sorte d'étonnement où il entrait bien quelque admiration. Il était évidemment surpris qu'un homme pût parler comme cela. De temps en temps, aux moments les plus «énergiques» du réquisitoire, dans ces instants où l'éloquence, qui ne peut se contenir, déborde dans un flux d'épithètes flétrissantes et enveloppe l'accusé comme un orage, il remuait lentement la tête de droite à gauche et de gauche à droite, sorte de protestation triste et muette dont il se contentait depuis le commencement des débats. Deux ou trois fois les spectateurs placés le plus près de lui l'entendirent dire à demi-voix:

—Voilà ce que c'est, de n'avoir pas demandé à M. Baloup!

L'avocat général fit remarquer au jury cette attitude hébétée, calculée évidemment, qui dénotait, non l'imbécillité, mais l'adresse, la ruse, l'habitude de tromper la justice, et qui mettait dans tout son jour «la profonde perversité» de cet homme. Il termina en faisant ses réserves pour l'affaire Petit-Gervais, et en réclamant une condamnation sévère.

C'était, pour l'instant, on s'en souvient, les travaux forcés à perpétuité.

Le défenseur se leva, commença par complimenter «monsieur l'avocat général» sur son «admirable parole», puis répliqua comme il put, mais il faiblissait; le terrain évidemment se dérobait sous lui.

Chapitre X
Le système de dénégations

L'instant de clore les débats était venu. Le président fit lever l'accusé et lui adressa la question d'usage:
—Avez-vous quelque chose à ajouter à votre défense?
L'homme, debout, roulant dans ses mains un affreux bonnet qu'il avait, sembla ne pas entendre.
Le président répéta la question.
Cette fois l'homme entendit. Il parut comprendre, il fit le mouvement de quelqu'un qui se réveille, promena ses yeux autour de lui, regarda le public, les gendarmes, son avocat, les jurés, la cour, posa son poing monstrueux sur le rebord de la boiserie placée devant son banc, regarda encore, et tout à coup, fixant sont regard sur l'avocat général, il se mit à parler. Ce fut comme une éruption. Il sembla, à la façon dont les paroles s'échappaient de sa bouche, incohérentes, impétueuses, heurtées, pêle-mêle, qu'elles s'y pressaient toutes à la fois pour sortir en même temps. Il dit:
—J'ai à dire ça. Que j'ai été charron à Paris, même que c'était chez monsieur Baloup. C'est un état dur. Dans la chose de charron, on travaille toujours en plein air, dans des cours, sous des hangars chez les bons maîtres, jamais dans des ateliers fermés, parce qu'il faut des espaces, voyez-vous. L'hiver, on a si froid qu'on se bat les bras pour se réchauffer; mais les maîtres ne veulent pas, ils disent que cela perd du temps. Manier du fer quand il y a de la glace entre les pavés, c'est rude. Ça vous use vite un homme. On est vieux tout jeune dans cet état-là. À quarante ans, un homme est fini. Moi, j'en avais cinquante-trois, j'avais bien du mal. Et puis c'est si méchant les ouvriers! Quand un bonhomme n'est plus jeune, on vous l'appelle pour tout vieux serin, vieille bête! Je ne gagnais plus que trente sous par jour, on me payait le moins cher qu'on pouvait, les maîtres profitaient de mon âge. Avec ça, j'avais ma fille qui était blanchisseuse à la rivière. Elle gagnait un peu de son côté. À nous deux, cela allait. Elle avait de la peine aussi. Toute la journée dans un baquet jusqu'à mi-corps, à la pluie, à la neige, avec le vent qui vous coupe la figure; quand il gèle, c'est tout de même, il faut laver; il y a des personnes qui n'ont pas beaucoup de linge et qui attendent après; si on ne lavait pas, on perdrait des pratiques. Les planches sont mal jointes et il vous tombe des gouttes d'eau partout. On a ses jupes toutes mouillées, dessus et dessous. Ça pénètre. Elle a aussi travaillé au lavoir des Enfants-Rouges, où l'eau arrive par des robinets. On n'est pas dans le baquet. On lave devant soi au robinet et on rince derrière soi dans le bassin. Comme c'est fermé, on a moins froid au corps. Mais il y a une buée d'eau chaude qui est terrible et qui vous perd les yeux. Elle revenait à sept heures du soir, et se couchait bien vite; elle était si fatiguée. Son mari la battait. Elle est morte. Nous n'avons pas été bien heureux. C'était une

brave fille qui n'allait pas au bal, qui était bien tranquille. Je me rappelle un mardi gras où elle était couchée à huit heures. Voilà. Je dis vrai. Vous n'avez qu'à demander. Ah, bien oui, demander! que je suis bête! Paris, c'est un gouffre. Qui est-ce qui connaît le père Champmathieu? Pourtant je vous dis monsieur Baloup. Voyez chez monsieur Baloup. Après ça, je ne sais pas ce qu'on me veut.

L'homme se tut, et resta debout. Il avait dit ces choses d'une voix haute, rapide, rauque, dure et enrouée, avec une sorte de naïveté irritée et sauvage. Une fois il s'était interrompu pour saluer quelqu'un dans la foule. Les espèces d'affirmations qu'il semblait jeter au hasard devant lui, lui venaient comme des hoquets, et il ajoutait à chacune d'elles le geste d'un bûcheron qui fend du bois. Quand il eut fini, l'auditoire éclata de rire. Il regarda le public, et voyant qu'on riait, et ne comprenant pas, il se mit à rire lui-même.

Cela était sinistre.

Le président, homme attentif et bienveillant, éleva la voix.

Il rappela à «messieurs les jurés» que «le sieur Baloup, l'ancien maître charron chez lequel l'accusé disait avoir servi, avait été inutilement cité. Il était en faillite, et n'avait pu être retrouvé.» Puis se tournant vers l'accusé, il l'engagea à écouter ce qu'il allait lui dire et ajouta:

—Vous êtes dans une situation où il faut réfléchir. Les présomptions les plus graves pèsent sur vous et peuvent entraîner des conséquences capitales. Accusé, dans votre intérêt, je vous interpelle une dernière fois, expliquez-vous clairement sur ces deux faits:—Premièrement, avez-vous, oui ou non, franchi le mur du clos Pierron, cassé la branche et volé les pommes, c'est-à-dire commis le crime de vol avec escalade? Deuxièmement, oui ou non, êtes-vous le forçat libéré Jean Valjean?

L'accusé secoua la tête d'un air capable, comme un homme qui a bien compris et qui sait ce qu'il va répondre. Il ouvrit la bouche, se tourna vers le président et dit:

—D'abord....

Puis il regarda son bonnet, il regarda le plafond, et se tut.

—Accusé, reprit l'avocat général d'une voix sévère, faites attention. Vous ne répondez à rien de ce qu'on vous demande. Votre trouble vous condamne. Il est évident que vous ne vous appelez pas Champmathieu, que vous êtes le forçat Jean Valjean caché d'abord sous le nom de Jean Mathieu qui était le nom de sa mère, que vous êtes allé en Auvergne, que vous êtes né à Faverolles où vous avez été émondeur. Il est évident que vous avez volé avec escalade des pommes mûres dans le clos Pierron. Messieurs les jurés apprécieront.

L'accusé avait fini par se rasseoir; il se leva brusquement quand l'avocat général eut fini, et s'écria:

—Vous êtes très méchant, vous! Voilà ce que je voulais dire. Je ne trouvais pas d'abord. Je n'ai rien volé. Je suis un homme qui ne mange pas tous les jours. Je venais d'Ailly, je marchais dans le pays après une ondée qui avait fait la campagne toute jaune, même que les mares débordaient et qu'il ne sortait plus des sables que de petits brins d'herbe au bord de la route, j'ai trouvé une branche cassée par terre où il y avait des pommes, j'ai ramassé la branche sans savoir qu'elle me ferait arriver de la peine. Il y a trois mois que je suis en prison et qu'on me trimballe. Après ça, je ne peux pas dire, on parle contre moi, on me dit: répondez! le gendarme, qui est bon enfant, me pousse le coude et me dit tout bas: réponds donc. Je ne sais pas expliquer, moi, je n'ai pas fait les études, je suis un pauvre homme. Voilà ce qu'on a tort de ne pas voir. Je n'ai pas volé, j'ai ramassé par terre des choses qu'il y avait. Vous dites Jean Valjean, Jean Mathieu! Je ne connais pas ces personnes-là. C'est des villageois. J'ai travaillé chez monsieur Baloup, boulevard de l'Hôpital. Je m'appelle Champmathieu. Vous êtes bien malins de me dire où je suis né. Moi, je l'ignore. Tout le monde n'a pas des maisons pour y venir au monde. Ce serait trop commode. Je crois que mon père et ma mère étaient des gens qui allaient sur les routes. Je ne sais pas d'ailleurs. Quand j'étais enfant, on m'appelait Petit, maintenant, on m'appelle Vieux. Voilà mes noms de baptême. Prenez ça comme vous voudrez. J'ai été en Auvergne, j'ai été à Faverolles, pardi! Eh bien? est-ce qu'on ne peut pas avoir été en Auvergne et avoir été à Faverolles sans avoir été aux galères? Je vous dis que je n'ai pas volé, et que je suis le père Champmathieu. J'ai été chez monsieur Baloup, j'ai été domicilié. Vous m'ennuyez avec vos bêtises à la fin! Pourquoi donc est-ce que le monde est après moi comme des acharnés!

L'avocat général était demeuré debout; il s'adressa au président:

—Monsieur le président, en présence des dénégations confuses, mais fort habiles de l'accusé, qui voudrait bien se faire passer pour idiot, mais qui n'y parviendra pas—nous l'en prévenons—nous requérons qu'il vous plaise et qu'il plaise à la cour appeler de nouveau dans cette enceinte les condamnés Brevet, Cochepaille et Chenildieu et l'inspecteur de police Javert, et les interpeller une dernière fois sur l'identité de l'accusé avec le forçat Jean Valjean.

—Je fais remarquer à monsieur l'avocat général, dit le président, que l'inspecteur de police Javert, rappelé par ses fonctions au chef-lieu d'un arrondissement voisin, a quitté l'audience et même la ville, aussitôt sa déposition faite. Nous lui en avons accordé l'autorisation, avec l'agrément de monsieur l'avocat général et du défenseur de l'accusé.

—C'est juste, monsieur le président, reprit l'avocat général. En l'absence du sieur Javert, je crois devoir rappeler à messieurs les jurés ce qu'il a dit ici-même, il y a peu d'heures. Javert est un homme estimé qui honore par sa rigoureuse et stricte probité des fonctions inférieures, mais importantes. Voici en quels termes il a déposé:—«Je n'ai pas même besoin des présomptions morales et des preuves matérielles qui démentent les dénégations de l'accusé. Je le reconnais parfaitement. Cet homme ne s'appelle pas Champmathieu; c'est un ancien forçat très méchant et très redouté nommé Jean Valjean. On ne l'a libéré à l'expiration de sa peine qu'avec un extrême regret. Il a subi dix-neuf ans de travaux forcés pour vol qualifié. Il avait cinq ou six fois tenté de s'évader. Outre le vol Petit-Gervais et le vol Pierron, je le soupçonne encore d'un vol commis chez sa grandeur le défunt évêque de Digne. Je l'ai souvent vu, à l'époque où j'étais adjudant garde-chiourme au bagne de Toulon. Je répète que je le reconnais parfaitement.» Cette déclaration si précise parut produire une vive impression sur le public et le jury. L'avocat général termina en insistant pour qu'à défaut de Javert, les trois témoins Brevet, Chenildieu et Cochepaille fussent entendus de nouveau et interpellés solennellement.

Le président transmit un ordre à un huissier, et un moment après la porte de la chambre des témoins s'ouvrit. L'huissier, accompagné d'un gendarme prêt à lui prêter main-forte, introduisit le condamné Brevet. L'auditoire était en suspens et toutes les poitrines palpitaient comme si elles n'eussent eu qu'une seule âme.

L'ancien forçat Brevet portait la veste noire et grise des maisons centrales. Brevet était un personnage d'une soixantaine d'années qui avait une espèce de figure d'homme d'affaires et l'air d'un coquin. Cela va quelquefois ensemble. Il était devenu, dans la prison où de nouveaux méfaits l'avaient ramené, quelque chose comme guichetier. C'était un homme dont les chefs disaient: Il cherche à se rendre utile. Les aumôniers portaient bon témoignage de ses habitudes religieuses. Il ne faut pas oublier que ceci se passait sous la restauration.

—Brevet, dit le président, vous avez subi une condamnation infamante et vous ne pouvez prêter serment....

Brevet baissa les yeux.

—Cependant, reprit le président, même dans l'homme que la loi a dégradé, il peut rester, quand la pitié divine le permet, un sentiment d'honneur et d'équité. C'est à ce sentiment que je fais appel à cette heure décisive. S'il existe encore en vous, et je l'espère, réfléchissez avant de me répondre, considérez d'une part cet homme qu'un mot de vous peut perdre, d'autre part la justice qu'un mot de vous peut éclairer. L'instant est solennel, et il est toujours temps de vous rétracter, si vous croyez vous être trompé.—Accusé, levez-vous.

—Brevet, regardez bien l'accusé, recueillez vos souvenirs, et dites-nous, en votre âme et conscience, si vous persistez à reconnaître cet homme pour votre ancien camarade de bagne Jean Valjean.

Brevet regarda l'accusé, puis se retourna vers la cour.

—Oui, monsieur le président. C'est moi qui l'ai reconnu le premier et je persiste. Cet homme est Jean Valjean. Entré à Toulon en 1796 et sorti en 1815. Je suis sorti l'an d'après. Il a l'air d'une brute maintenant, alors ce serait que l'âge l'a abruti; au bagne il était sournois. Je le reconnais positivement.

—Allez vous asseoir, dit le président. Accusé, restez debout.

On introduisit Chenildieu, forçat à vie, comme l'indiquaient sa casaque rouge et son bonnet vert. Il subissait sa peine au bagne de Toulon, d'où on l'avait extrait pour cette affaire. C'était un petit homme d'environ cinquante ans, vif, ridé, chétif, jaune, effronté, fiévreux, qui avait dans tous ses membres et dans toute sa personne une sorte de faiblesse maladive et dans le regard une force immense. Ses compagnons du bagne l'avaient surnommé Je-nie-Dieu.

Le président lui adressa à peu près les mêmes paroles qu'à Brevet. Au moment où il lui rappela que son infamie lui ôtait le droit de prêter serment, Chenildieu leva la tête et regarda la foule en face. Le président l'invita à se recueillir et lui demanda, comme à Brevet, s'il persistait à reconnaître l'accusé.

Chenildieu éclata de rire.

—Pardine! si je le reconnais! nous avons été cinq ans attachés à la même chaîne. Tu boudes donc, mon vieux?

—Allez vous asseoir, dit le président.

L'huissier amena Cochepaille. Cet autre condamné à perpétuité, venu du bagne et vêtu de rouge comme Chenildieu, était un paysan de Lourdes et un demi-ours des Pyrénées. Il avait gardé des troupeaux dans la montagne, et de pâtre il avait glissé brigand. Cochepaille n'était pas moins sauvage et paraissait plus stupide encore que l'accusé. C'était un de ces malheureux hommes que la nature a ébauchés en bêtes fauves et que la société termine en galériens.

Le président essaya de le remuer par quelques paroles pathétiques et graves et lui demanda, comme aux deux autres, s'il persistait, sans hésitation et sans trouble, à reconnaître l'homme debout devant lui.

—C'est Jean Valjean, dit Cochepaille. Même qu'on l'appelait Jean-le-Cric, tant il était fort.

Chacune des affirmations de ces trois hommes, évidemment sincères et de bonne foi, avait soulevé dans l'auditoire un murmure de fâcheux augure pour l'accusé, murmure qui croissait et se prolongeait plus longtemps chaque fois qu'une déclaration nouvelle venait s'ajouter à la précédente. L'accusé, lui, les avait écoutées avec ce visage étonné qui, selon l'accusation, était son principal moyen de défense. À la première, les gendarmes ses voisins l'avaient entendu grommeler entre ses dents: Ah bien! en voilà un! Après la seconde il dit un peu plus haut, d'un air presque satisfait: Bon! À la troisième il s'écria: Fameux!

Le président l'interpella.

—Accusé, vous avez entendu. Qu'avez-vous à dire?

Il répondit:

—Je dis—Fameux!

Une rumeur éclata dans le public et gagna presque le jury. Il était évident que l'homme était perdu.

—Huissiers, dit le président, faites faire silence. Je vais clore les débats.

En ce moment un mouvement se fit tout à côté du président. On entendit une voix qui criait:

—Brevet, Chenildieu, Cochepaille! regardez de ce côté-ci.

Tous ceux qui entendirent cette voix se sentirent glacés, tant elle était lamentable et terrible. Les yeux se tournèrent vers le point d'où elle venait. Un homme, placé parmi les spectateurs privilégiés qui étaient assis derrière la cour, venait de se lever, avait poussé la porte à hauteur d'appui qui séparait le tribunal du prétoire, et était debout au milieu de la salle. Le président, l'avocat général, M. Bamatabois, vingt personnes, le reconnurent, et s'écrièrent à la fois:

—Monsieur Madeleine!

Chapitre XI
Champmathieu de plus en plus étonné

C'était lui en effet. La lampe du greffier éclairait son visage. Il tenait son chapeau à la main, il n'y avait aucun désordre dans ses vêtements, sa redingote était boutonnée avec soin. Il était très pâle et il tremblait légèrement. Ses cheveux, gris encore au moment de son arrivée à Arras, étaient maintenant tout à fait blancs. Ils avaient blanchi depuis une heure qu'il était là.

Toutes les têtes se dressèrent. La sensation fut indescriptible. Il y eut dans l'auditoire un instant d'hésitation. La voix avait été si poignante, l'homme qui était là paraissait si calme, qu'au premier abord on ne comprit pas. On se demanda qui avait crié. On ne pouvait croire que ce fût cet homme tranquille qui eût jeté ce cri effrayant.

Cette indécision ne dura que quelques secondes. Avant même que le président et l'avocat général eussent pu dire un mot, avant que les gendarmes et les huissiers eussent pu faire un geste, l'homme que tous appelaient encore en ce moment M. Madeleine s'était avancé vers les témoins Cochepaille, Brevet et Chenildieu.

—Vous ne me reconnaissez pas? dit-il.

Tous trois demeurèrent interdits et indiquèrent par un signe de tête qu'ils ne le connaissaient point. Cochepaille intimidé fit le salut militaire. M. Madeleine se tourna vers les jurés et vers la cour et dit d'une voix douce:

—Messieurs les jurés, faites relâcher l'accusé. Monsieur le président, faites-moi arrêter. L'homme que vous cherchez, ce n'est pas lui, c'est moi. Je suis Jean Valjean. Pas une bouche ne respirait. À la première commotion de l'étonnement avait succédé un silence de sépulcre. On sentait dans la salle cette espèce de terreur religieuse qui saisit la foule lorsque quelque chose de grand s'accomplit.

Cependant le visage du président s'était empreint de sympathie et de tristesse; il avait échangé un signe rapide avec l'avocat et quelques paroles à voix basse avec les conseillers assesseurs. Il s'adressa au public, et demanda avec un accent qui fut compris de tous:

—Y a-t-il un médecin ici?

L'avocat général prit la parole:

—Messieurs les jurés, l'incident si étrange et si inattendu qui trouble l'audience ne nous inspire, ainsi qu'à vous, qu'un sentiment que nous n'avons pas besoin d'exprimer. Vous connaissez tous, au moins de réputation, l'honorable M. Madeleine, maire de Montreuil-sur-mer. S'il y a un médecin dans l'auditoire, nous nous joignons à monsieur le président pour le prier de vouloir bien assister monsieur Madeleine et le reconduire à sa demeure.

M. Madeleine ne laissa point achever l'avocat général.

Il l'interrompit d'un accent plein de mansuétude et d'autorité. Voici les paroles qu'il prononça; les voici littéralement, telles qu'elles furent écrites immédiatement après l'audience par un des témoins de cette scène; telles qu'elles sont encore dans l'oreille de ceux qui les ont entendues, il y a près de quarante ans aujourd'hui.

—Je vous remercie, monsieur l'avocat général, mais je ne suis pas fou. Vous allez voir. Vous étiez sur le point de commettre une grande erreur, lâchez cet homme, j'accomplis un devoir, je suis ce malheureux condamné. Je suis le seul qui voie clair ici, et je vous dis la vérité. Ce que je fais en ce moment, Dieu, qui est là-haut, le regarde, et cela suffit. Vous pouvez me prendre, puisque me voilà. J'avais pourtant fait de mon mieux. Je me suis caché sous un nom; je suis devenu riche, je suis devenu maire; j'ai voulu rentrer parmi les honnêtes gens. Il paraît que cela ne se peut pas. Enfin, il y a bien des choses que je ne puis pas dire, je ne vais pas vous raconter ma vie, un jour on saura. J'ai volé monseigneur l'évêque, cela est vrai; j'ai volé Petit-Gervais, cela est vrai. On a eu raison de vous dire que Jean Valjean était un malheureux très méchant. Toute la faute n'est peut-être pas à lui. Écoutez, messieurs les juges, un homme aussi abaissé que moi n'a pas de remontrance à faire à la providence ni de conseil à donner à la société; mais, voyez-vous, l'infamie d'où j'avais essayé de sortir est une chose nuisible. Les galères font le galérien. Recueillez cela, si vous voulez.

Avant le bagne, j'étais un pauvre paysan très peu intelligent, une espèce d'idiot; le bagne m'a changé. J'étais stupide, je suis devenu méchant; j'étais bûche, je suis devenu tison. Plus tard l'indulgence et la bonté m'ont sauvé, comme la sévérité m'avait perdu. Mais, pardon, vous ne pouvez pas comprendre ce que je dis là. Vous trouverez chez moi, dans les cendres de la cheminée, la pièce de quarante sous que j'ai volée il y a sept ans à Petit-Gervais. Je n'ai plus rien à ajouter. Prenez-moi. Mon Dieu! monsieur l'avocat général remue la tête, vous dites: M. Madeleine est devenu fou, vous ne me croyez pas! Voilà qui est affligeant.

N'allez point condamner cet homme au moins! Quoi! ceux-ci ne me reconnaissent pas! Je voudrais que Javert fût ici. Il me reconnaîtrait, lui!

Rien ne pourrait rendre ce qu'il y avait de mélancolie bienveillante et sombre dans l'accent qui accompagnait ces paroles.

Il se tourna vers les trois forçats:

—Eh bien, je vous reconnais, moi! Brevet! vous rappelez-vous?...

Il s'interrompit, hésita un moment, et dit:

—Te rappelles-tu ces bretelles en tricot à damier que tu avais au bagne?

Brevet eut comme une secousse de surprise et le regarda de la tête aux pieds d'un air effrayé. Lui continua:

—Chenildieu, qui te surnommais toi-même Je-nie-Dieu, tu as toute l'épaule droite brûlée profondément, parce que tu t'es couché un jour l'épaule sur un réchaud plein de braise, pour effacer les trois lettres T. F. P., qu'on y voit toujours cependant. Réponds, est-ce vrai?

—C'est vrai, dit Chenildieu.

Il s'adressa à Cochepaille:

—Cochepaille, tu as près de la saignée du bras gauche une date gravée en lettres bleues avec de la poudre brûlée. Cette date, c'est celle du débarquement de l'empereur à Cannes, 1er mars 1815. Relève ta manche.

Cochepaille releva sa manche, tous les regards se penchèrent autour de lui sur son bras nu. Un gendarme approcha une lampe; la date y était.

Le malheureux homme se tourna vers l'auditoire et vers les juges avec un sourire dont ceux qui l'ont vu sont encore navrés lorsqu'ils y songent. C'était le sourire du triomphe, c'était aussi le sourire du désespoir.

—Vous voyez bien, dit-il, que je suis Jean Valjean.

Il n'y avait plus dans cette enceinte ni juges, ni accusateurs, ni gendarmes; il n'y avait que des yeux fixes et des cœurs émus. Personne ne se rappelait plus le rôle que chacun pouvait avoir à jouer; l'avocat général oubliait qu'il était là pour requérir, le président qu'il était là pour présider, le défenseur qu'il était là pour défendre. Chose frappante, aucune question ne fut faite, aucune autorité n'intervint. Le propre des spectacles sublimes, c'est de prendre toutes les âmes et de faire de tous les témoins des spectateurs. Aucun peut-être ne se rendait compte de ce qu'il éprouvait; aucun, sans doute, ne se disait qu'il voyait resplendir là une grande lumière; tous intérieurement se sentaient éblouis.

Il était évident qu'on avait sous les yeux Jean Valjean. Cela rayonnait. L'apparition de cet homme avait suffi pour remplir de clarté cette aventure si obscure le moment d'auparavant. Sans qu'il fût besoin d'aucune explication désormais, toute cette foule, comme par une sorte de révélation électrique, comprit tout de suite et d'un seul coup d'œil cette simple et magnifique histoire d'un homme qui se livrait pour qu'un autre homme ne fût pas condamné à sa place. Les détails, les hésitations, les petites résistances possibles se perdirent dans ce vaste fait lumineux.

Impression qui passa vite, mais qui dans l'instant fut irrésistible.

—Je ne veux pas déranger davantage l'audience, reprit Jean Valjean. Je m'en vais, puisqu'on ne m'arrête pas. J'ai plusieurs choses à faire. Monsieur l'avocat général sait qui je suis, il sait où je vais, il me fera arrêter quand il voudra.

Il se dirigea vers la porte de sortie. Pas une voix ne s'éleva, pas un bras ne s'étendit pour l'empêcher. Tous s'écartèrent. Il avait en ce moment ce je ne sais quoi de divin qui fait que les multitudes reculent et se rangent devant un homme. Il traversa la foule à pas lents. On n'a jamais su qui ouvrit la porte, mais il est certain que la porte se trouva ouverte lorsqu'il y parvint. Arrivé là, il se retourna et dit:

—Monsieur l'avocat général, je reste à votre disposition.

Puis il s'adressa à l'auditoire:

—Vous tous, tous ceux qui sont ici, vous me trouvez digne de pitié, n'est-ce pas? Mon Dieu! quand je pense à ce que j'ai été sur le point de faire, je me trouve digne d'envie. Cependant j'aurais mieux aimé que tout ceci n'arrivât pas.

Il sortit, et la porte se referma comme elle avait été ouverte, car ceux qui font de certaines choses souveraines sont toujours sûrs d'être servis par quelqu'un dans la foule.

Moins d'une heure après, le verdict du jury déchargeait de toute accusation le nommé Champmathieu; et Champmathieu, mis en liberté immédiatement, s'en allait stupéfait, croyant tous les hommes fous et ne comprenant rien à cette vision.

Livre huitième—Contre-coup

Chapitre I
Dans quel miroir M. Madeleine regarde ses cheveux

Le jour commençait à poindre. Fantine avait eu une nuit de fièvre et d'insomnie, pleine d'ailleurs d'images heureuses; au matin, elle s'endormit. La sœur Simplice qui l'avait veillée profita de ce sommeil pour aller préparer une nouvelle potion de quinquina. La digne sœur était depuis quelques instants dans le laboratoire de l'infirmerie, penchée sur ses drogues et sur ses fioles et regardant de très près à cause de cette brume que le crépuscule répand sur les objets. Tout à coup elle tourna la tête et fit un léger cri. M. Madeleine était devant elle. Il venait d'entrer silencieusement.

—C'est vous, monsieur le maire! s'écria-t-elle.

Il répondit, à voix basse:

—Comment va cette pauvre femme?

—Pas mal en ce moment. Mais nous avons été bien inquiets, allez!

Elle lui expliqua ce qui s'était passé, que Fantine était bien mal la veille et que maintenant elle était mieux, parce qu'elle croyait que monsieur le maire était allé chercher son enfant à Montfermeil. La sœur n'osa pas interroger monsieur le maire, mais elle vit bien à son air que ce n'était point de là qu'il venait.

—Tout cela est bien, dit-il, vous avez eu raison de ne pas la détromper.

—Oui, reprit la sœur, mais maintenant, monsieur le maire, qu'elle va vous voir et qu'elle ne verra pas son enfant, que lui dirons-nous?

Il resta un moment rêveur.

—Dieu nous inspirera, dit-il.

—On ne pourrait cependant pas mentir, murmura la sœur à demi-voix.

Le plein jour s'était fait dans la chambre. Il éclairait en face le visage de M. Madeleine. Le hasard fit que la sœur leva les yeux.

—Mon Dieu, monsieur! s'écria-t-elle, que vous est-il donc arrivé? vos cheveux sont tout blancs!

—Blancs! dit-il.

La sœur Simplice n'avait point de miroir; elle fouilla dans une trousse et en tira une petite glace dont se servait le médecin de l'infirmerie pour constater qu'un malade était mort et ne respirait plus. M. Madeleine prit la glace, y considéra ses cheveux, et dit:

—Tiens!

Il prononça ce mot avec indifférence et comme s'il pensait à autre chose.

La sœur se sentit glacée par je ne sais quoi d'inconnu qu'elle entrevoyait dans tout ceci.

Il demanda:

—Puis-je la voir?

—Est-ce que monsieur le maire ne lui fera pas revenir son enfant? dit la sœur, osant à peine hasarder une question.

—Sans doute, mais il faut au moins deux ou trois jours.

—Si elle ne voyait pas monsieur le maire d'ici là, reprit timidement la sœur, elle ne saurait pas que monsieur le maire est de retour, il serait aisé de lui faire prendre patience, et quand l'enfant arriverait elle penserait tout naturellement que monsieur le maire est arrivé avec l'enfant. On n'aurait pas de mensonge à faire.

M. Madeleine parut réfléchir quelques instants, puis il dit avec sa gravité calme:

—Non, ma sœur, il faut que je la voie. Je suis peut-être pressé.

La religieuse ne sembla pas remarquer ce mot «peut-être», qui donnait un sens obscur et singulier aux paroles de M. le maire. Elle répondit en baissant les yeux et la voix respectueusement:

—En ce cas, elle repose, mais monsieur le maire peut entrer.

Il fit quelques observations sur une porte qui fermait mal, et dont le bruit pouvait réveiller la malade, puis il entra dans la chambre de Fantine, s'approcha du lit et entrouvrit les rideaux. Elle dormait. Son souffle sortait de sa poitrine avec ce bruit tragique qui est propre à ces maladies, et qui navre les pauvres mères lorsqu'elles veillent la nuit près de leur enfant condamné et endormi. Mais cette respiration pénible troublait à peine une sorte de sérénité ineffable, répandue sur son visage, qui la transfigurait dans son sommeil. Sa pâleur était devenue de la blancheur; ses joues étaient vermeilles. Ses longs cils blonds, la seule beauté qui lui fût restée de sa virginité et de sa jeunesse, palpitaient tout en demeurant clos et baissés. Toute sa personne tremblait de je ne sais quel déploiement d'ailes prêtes à s'entrouvrir et à l'emporter, qu'on sentait frémir, mais qu'on ne voyait pas. À la voir ainsi, on n'eût jamais pu croire que c'était là une malade presque désespérée. Elle ressemblait plutôt à ce qui va s'envoler qu'à ce qui va mourir.

La branche, lorsqu'une main s'approche pour détacher la fleur, frissonne, et semble à la fois se dérober et s'offrir. Le corps humain a quelque chose de ce tressaillement, quand arrive l'instant où les doigts mystérieux de la mort vont cueillir l'âme.

M. Madeleine resta quelque temps immobile près de ce lit, regardant tour à tour la malade et le crucifix, comme il faisait deux mois auparavant, le jour où il était venu pour la première fois la voir dans cet asile. Ils étaient encore là tous les deux dans la même attitude, elle dormant, lui priant; seulement maintenant, depuis ces deux mois écoulés, elle avait des cheveux gris et lui des cheveux blancs.

La sœur n'était pas entrée avec lui. Il se tenait près de ce lit, debout, le doigt sur la bouche, comme s'il y eût eu dans la chambre quelqu'un à faire taire.

Elle ouvrit les yeux, le vit, et dit paisiblement, avec un sourire:

—Et Cosette?

Chapitre II
Fantine heureuse

Elle n'eut pas un mouvement de surprise, ni un mouvement de joie; elle était la joie même. Cette simple question: «Et Cosette?» fut faite avec une foi si profonde, avec tant de certitude, avec une absence si complète d'inquiétude et de doute, qu'il ne trouva pas une parole. Elle continua:
—Je savais que vous étiez là. Je dormais, mais je vous voyais. Il y a longtemps que je vous vois. Je vous ai suivi des yeux toute la nuit. Vous étiez dans une gloire et vous aviez autour de vous toutes sortes de figures célestes.
Il leva son regard vers le crucifix.
—Mais, reprit-elle, dites-moi donc où est Cosette? Pourquoi ne l'avoir pas mise sur mon lit pour le moment où je m'éveillerais?
Il répondit machinalement quelque chose qu'il n'a jamais pu se rappeler plus tard. Heureusement le médecin, averti, était survenu. Il vint en aide à M. Madeleine.
—Mon enfant, dit le médecin, calmez-vous. Votre enfant est là.
Les yeux de Fantine s'illuminèrent et couvrirent de clarté tout son visage. Elle joignit les mains avec une expression qui contenait tout ce que la prière peut avoir à la fois de plus violent et de plus doux.
—Oh! s'écria-t-elle, apportez-la-moi!
Touchante illusion de mère! Cosette était toujours pour elle le petit enfant qu'on apporte.
—Pas encore, reprit le médecin, pas en ce moment. Vous avez un reste de fièvre. La vue de votre enfant vous agiterait et vous ferait du mal. Il faut d'abord vous guérir. Elle l'interrompit impétueusement.
—Mais je suis guérie! je vous dis que je suis guérie! Est-il âne, ce médecin! Ah çà! je veux voir mon enfant, moi!
—Vous voyez, dit le médecin, comme vous vous emportez. Tant que vous serez ainsi, je m'opposerai à ce que vous ayez votre enfant. Il ne suffit pas de la voir, il faut vivre pour elle. Quand vous serez raisonnable, je vous l'amènerai moi-même.
La pauvre mère courba la tête.
—Monsieur le médecin, je vous demande pardon, je vous demande vraiment bien pardon. Autrefois, je n'aurais pas parlé comme je viens de faire, il m'est arrivé tant de malheurs que quelquefois je ne sais plus ce que je dis. Je comprends, vous

craignez l'émotion, j'attendrai tant que vous voudrez, mais je vous jure que cela ne m'aurait pas fait de mal de voir ma fille. Je la vois, je ne la quitte pas des yeux depuis hier au soir. Savez-vous? on me l'apporterait maintenant que je me mettrais à lui parler doucement. Voilà tout. Est-ce que ce n'est pas bien naturel que j'aie envie de voir mon enfant qu'on a été me chercher exprès à Montfermeil? Je ne suis pas en colère. Je sais bien que je vais être heureuse. Toute la nuit j'ai vu des choses blanches et des personnes qui me souriaient. Quand monsieur le médecin voudra, il m'apportera ma Cosette. Je n'ai plus de fièvre, puisque je suis guérie; je sens bien que je n'ai plus rien du tout; mais je vais faire comme si j'étais malade et ne pas bouger pour faire plaisir aux dames d'ici. Quand on verra que je suis bien tranquille, on dira: il faut lui donner son enfant.

M. Madeleine s'était assis sur une chaise qui était à côté du lit. Elle se tourna vers lui; elle faisait visiblement effort pour paraître calme et «bien sage», comme elle disait dans cet affaiblissement de la maladie qui ressemble à l'enfance, afin que, la voyant si paisible, on ne fît pas difficulté de lui amener Cosette. Cependant, tout en se contenant, elle ne pouvait s'empêcher d'adresser à M. Madeleine mille questions.

—Avez-vous fait un bon voyage, monsieur le maire? Oh! comme vous êtes bon d'avoir été me la chercher! Dites-moi seulement comment elle est. A-t-elle bien supporté la route? Hélas! elle ne me reconnaîtra pas! Depuis le temps, elle m'a oubliée, pauvre chou! Les enfants, cela n'a pas de mémoire. C'est comme des oiseaux. Aujourd'hui cela voit une chose et demain une autre, et cela ne pense plus à rien. Avait-elle du linge blanc seulement? Ces Thénardier la tenaient-ils proprement? Comment la nourrissait-on? Oh! comme j'ai souffert, si vous saviez! de me faire toutes ces questions-là dans le temps de ma misère! Maintenant, c'est passé. Je suis joyeuse. Oh! que je voudrais donc la voir! Monsieur le maire, l'avez-vous trouvée jolie? N'est-ce pas qu'elle est belle, ma fille? Vous devez avoir eu bien froid dans cette diligence! Est-ce qu'on ne pourrait pas l'amener rien qu'un petit moment? On la remporterait tout de suite après. Dites! vous qui êtes le maître, si vous vouliez!

Il lui prit la main:

—Cosette est belle, dit-il, Cosette se porte bien, vous la verrez bientôt, mais apaisez-vous. Vous parlez trop vivement, et puis vous sortez vos bras du lit, et cela vous fait tousser.

En effet, des quintes de toux interrompaient Fantine presque à chaque mot.

Fantine ne murmura pas, elle craignait d'avoir compromis par quelques plaintes trop passionnées la confiance qu'elle voulait inspirer, et elle se mit à dire des paroles indifférentes.

—C'est assez joli, Montfermeil, n'est-ce-pas? L'été, on va y faire des parties de plaisir. Ces Thénardier font-ils de bonnes affaires? Il ne passe pas grand monde dans leur pays. C'est une espèce de gargote que cette auberge-là.

M. Madeleine lui tenait toujours la main, il la considérait avec anxiété; il était évident qu'il était venu pour lui dire des choses devant lesquelles sa pensée hésitait maintenant. Le médecin, sa visite faite, s'était retiré. La sœur Simplice était seule restée auprès d'eux.

Cependant, au milieu de ce silence, Fantine s'écria:

—Je l'entends! mon Dieu! je l'entends!

Elle étendit le bras pour qu'on se tût autour d'elle, retint son souffle, et se mit à écouter avec ravissement.

Il y avait un enfant qui jouait dans la cour; l'enfant de la portière ou d'une ouvrière quelconque. C'est là un de ces hasards qu'on retrouve toujours et qui semblent faire partie de la mystérieuse mise en scène des événements lugubres. L'enfant, c'était une petite fille, allait, venait, courait pour se réchauffer, riait et chantait à haute voix. Hélas! à quoi les jeux des enfants ne se mêlent-ils pas! C'était cette petite fille que Fantine entendait chanter.

—Oh! reprit-elle, c'est ma Cosette! je reconnais sa voix!

L'enfant s'éloigna comme il était venu, la voix s'éteignit, Fantine écouta encore quelque temps, puis son visage s'assombrit, et M. Madeleine l'entendit qui disait à voix basse:

—Comme ce médecin est méchant de ne pas me laisser voir ma fille! Il a une mauvaise figure, cet homme-là!

Cependant le fond riant de ses idées revint. Elle continua de se parler à elle-même, la tête sur l'oreiller.

—Comme nous allons être heureuses! Nous aurons un petit jardin, d'abord! M. Madeleine me l'a promis. Ma fille jouera dans le jardin. Elle doit savoir ses lettres maintenant. Je la ferai épeler. Elle courra dans l'herbe après les papillons. Je la regarderai. Et puis elle fera sa première communion. Ah çà! quand fera-t-elle sa première communion? Elle se mit à compter sur ses doigts.

—... Un, deux, trois, quatre... elle a sept ans. Dans cinq ans. Elle aura un voile blanc, des bas à jour, elle aura l'air d'une petite femme. Ô ma bonne sœur, vous ne savez pas comme je suis bête, voilà que je pense à la première communion de ma fille! Et elle se mit à rire.

Il avait quitté la main de Fantine. Il écoutait ces paroles comme on écoute un vent qui souffle, les yeux à terre, l'esprit plongé dans des réflexions sans fond. Tout à coup elle cessa de parler, cela lui fit lever machinalement la tête. Fantine était devenue effrayante.

Elle ne parlait plus, elle ne respirait plus; elle s'était soulevée à demi sur son séant, son épaule maigre sortait de sa chemise, son visage, radieux le moment d'auparavant, était blême, et elle paraissait fixer sur quelque chose de formidable, devant elle, à l'autre extrémité de la chambre, son œil agrandi par la terreur.

—Mon Dieu! s'écria-t-il. Qu'avez-vous, Fantine?

Elle ne répondit pas, elle ne quitta point des yeux l'objet quelconque qu'elle semblait voir, elle lui toucha le bras d'une main et de l'autre lui fit signe de regarder derrière lui.

Il se retourna, et vit Javert.

Chapitre III
Javert content

Voici ce qui s'était passé.

Minuit et demi venait de sonner, quand M. Madeleine était sorti de la salle des assises d'Arras. Il était rentré à son auberge juste à temps pour repartir par la malle-poste où l'on se rappelle qu'il avait retenu sa place. Un peu avant six heures du matin, il était arrivé à Montreuil-sur-mer, et son premier soin avait été de jeter à la poste sa lettre à M. Laffitte, puis d'entrer à l'infirmerie et de voir Fantine.

Cependant, à peine avait-il quitté la salle d'audience de la cour d'assises, que l'avocat général, revenu du premier saisissement, avait pris la parole pour déplorer l'acte de folie de l'honorable maire de Montreuil-sur-mer, déclarer que ses convictions n'étaient en rien modifiées par cet incident bizarre qui s'éclaircirait plus tard, et requérir, en attendant, la condamnation de ce Champmathieu, évidemment le vrai Jean Valjean. La persistance de l'avocat général était visiblement en contradiction avec le sentiment de tous, du public, de la cour et du jury. Le défenseur avait eu peu de peine à réfuter cette harangue et à établir que, par suite des révélations de M. Madeleine, c'est-à-dire du vrai Jean Valjean, la face de l'affaire était bouleversée de fond en comble, et que le jury n'avait plus devant les yeux qu'un innocent. L'avocat avait tiré de là quelques épiphonèmes, malheureusement peu neufs, sur les erreurs judiciaires, etc., etc., le président dans son résumé s'était joint au défenseur, et le jury en quelques minutes avait mis hors de cause Champmathieu.

Cependant il fallait un Jean Valjean à l'avocat général, et, n'ayant plus Champmathieu, il prit Madeleine.

Immédiatement après la mise en liberté de Champmathieu, l'avocat général s'enferma avec le président. Ils conférèrent «de la nécessité de se saisir de la de *de*, est de M. l'avocat général, entièrement écrite de sa main sur la minute de son rapport au procureur général. La première émotion passée, le président fit peu d'objections. Il fallait bien que justice eût son cours. Et puis, pour tout dire, quoique le président fût homme bon et assez intelligent, il était en même temps fort royaliste et presque ardent, et il avait été choqué que le maire de Montreuil-sur-mer, en parlant du débarquement à Cannes, eût dit l'*empereur* et non *Buonaparte*.

L'ordre d'arrestation fut donc expédié. L'avocat général l'envoya à Montreuil-sur-mer par un exprès, à franc étrier, et en chargea l'inspecteur de police Javert.

On sait que Javert était revenu à Montreuil-sur-mer immédiatement après avoir fait sa déposition.

Javert se levait au moment où l'exprès lui remit l'ordre d'arrestation et le mandat d'amener.

L'exprès était lui-même un homme de police fort entendu qui, en deux mots, mit Javert au fait de ce qui était arrivé à Arras. L'ordre d'arrestation, signé de l'avocat général, était ainsi conçu:—L'inspecteur Javert appréhendera au corps le sieur Madeleine, maire de Montreuil-sur-mer, qui, dans l'audience de ce jour, a été reconnu pour être le forçat libéré Jean Valjean.

Quelqu'un qui n'eût pas connu Javert et qui l'eût vu au moment où il pénétra dans l'antichambre de l'infirmerie n'eût pu rien deviner de ce qui se passait, et lui eût trouvé l'air le plus ordinaire du monde. Il était froid, calme, grave, avait ses cheveux gris parfaitement lissés sur les tempes et venait de monter l'escalier avec sa lenteur habituelle. Quelqu'un qui l'eût connu à fond et qui l'eût examiné attentivement eût frémi. La boucle de son col de cuir, au lieu d'être sur sa nuque, était sur son oreille gauche. Ceci révélait une agitation inouïe.

Javert était un caractère complet, ne laissant faire de pli ni à son devoir, ni à son uniforme; méthodique avec les scélérats, rigide avec les boutons de son habit.

Pour qu'il eût mal mis la boucle de son col, il fallait qu'il y eût en lui une de ces émotions qu'on pourrait appeler des tremblements de terre intérieurs.

Il était venu simplement, avait requis un caporal et quatre soldats au poste voisin, avait laissé les soldats dans la cour, et s'était fait indiquer la chambre de Fantine par la portière sans défiance, accoutumée qu'elle était à voir des gens armés demander monsieur le maire.

Arrivé à la chambre de Fantine, Javert tourna la clef, poussa la porte avec une douceur de garde-malade ou de mouchard, et entra.

À proprement parler, il n'entra pas. Il se tint debout dans la porte entrebâillée, le chapeau sur la tête, la main gauche dans sa redingote fermée jusqu'au menton. Dans le pli du coude on pouvait voir le pommeau de plomb de son énorme canne, laquelle disparaissait derrière lui.

Il resta ainsi près d'une minute sans qu'on s'aperçût de sa présence. Tout à coup Fantine leva les yeux, le vit, et fit retourner M. Madeleine.

À l'instant où le regard de Madeleine rencontra le regard de Javert, Javert, sans bouger, sans remuer, sans approcher, devint épouvantable. Aucun sentiment humain ne réussit à être effroyable comme la joie.

Ce fut le visage d'un démon qui vient de retrouver son damné.

La certitude de tenir enfin Jean Valjean fit apparaître sur sa physionomie tout ce qu'il avait dans l'âme. Le fond remué monta à la surface. L'humiliation d'avoir un peu perdu la piste et de s'être mépris quelques minutes sur ce Champmathieu, s'effaçait sous l'orgueil d'avoir si bien deviné d'abord et d'avoir eu si longtemps un instinct juste. Le contentement de Javert éclata dans son attitude souveraine. La difformité du triomphe s'épanouit sur ce front étroit. Ce fut tout le déploiement d'horreur que peut donner une figure satisfaite.

Javert en ce moment était au ciel. Sans qu'il s'en rendit nettement compte, mais pourtant avec une intuition confuse de sa nécessité et de son succès, il personnifiait, lui Javert, la justice, la lumière et la vérité dans leur fonction céleste d'écrasement du mal. Il avait derrière lui et autour de lui, à une profondeur infinie, l'autorité, la raison, la chose jugée, la conscience légale, la vindicte publique, toutes les étoiles; il protégeait l'ordre, il faisait sortir de la loi la foudre, il vengeait la société, il prêtait main-forte à l'absolu; il se dressait dans une gloire; il y avait dans sa victoire un reste de défi et de combat; debout, altier, éclatant, il étalait en plein azur la bestialité surhumaine d'un archange féroce; l'ombre redoutable de l'action qu'il accomplissait faisait visible à son poing crispé le vague flamboiement de l'épée sociale; heureux et indigné, il tenait sous son talon le crime, le vice, la rébellion, la perdition, l'enfer, il rayonnait, il exterminait, il souriait et il y avait une incontestable grandeur dans ce saint Michel monstrueux.

Javert, effroyable, n'avait rien d'ignoble.

La probité, la sincérité, la candeur, la conviction, l'idée du devoir, sont des choses qui, en se trompant, peuvent devenir hideuses, mais qui, même hideuses, restent grandes; leur majesté, propre à la conscience humaine, persiste dans l'horreur. Ce sont des vertus qui ont un vice, l'erreur. L'impitoyable joie honnête d'un fanatique en pleine atrocité conserve on ne sait quel rayonnement lugubrement vénérable. Sans qu'il s'en doutât, Javert, dans son bonheur formidable, était à plaindre comme tout ignorant qui triomphe. Rien n'était poignant et terrible comme cette figure où se montrait ce qu'on pourrait appeler tout le mauvais du bon.

Chapitre IV
L'autorité reprend ses droits

La Fantine n'avait point vu Javert depuis le jour où M. le maire l'avait arrachée à cet homme. Son cerveau malade ne se rendit compte de rien, seulement elle ne douta pas qu'il ne revînt la chercher. Elle ne put supporter cette figure affreuse, elle se sentit expirer, elle cacha son visage de ses deux mains et cria avec angoisse:

—Monsieur Madeleine, sauvez-moi!

Jean Valjean—nous ne le nommerons plus désormais autrement—s'était levé. Il dit à Fantine de sa voix la plus douce et la plus calme:

—Soyez tranquille. Ce n'est pas pour vous qu'il vient.

Puis il s'adressa à Javert et lui dit:

—Je sais ce que vous voulez.

Javert répondit:

—Allons, vite!

Il y eut dans l'inflexion qui accompagna ces deux mots je ne sais quoi de fauve et de frénétique. Javert ne dit pas: «Allons, vite!» il dit: «Allonouaite!» Aucune orthographe ne pourrait rendre l'accent dont cela fut prononcé; ce n'était plus une parole humaine, c'était un rugissement.

Il ne fit point comme d'habitude; il n'entra point en matière; il n'exhiba point de mandat d'amener. Pour lui, Jean Valjean était une sorte de combattant mystérieux et insaisissable, un lutteur ténébreux qu'il étreignait depuis cinq ans sans pouvoir le renverser. Cette arrestation n'était pas un commencement, mais une fin. Il se borna à dire: «Allons, vite!»

En parlant ainsi, il ne fit point un pas; il lança sur Jean Valjean ce regard qu'il jetait comme un crampon, et avec lequel il avait coutume de tirer violemment les misérables à lui.

C'était ce regard que la Fantine avait senti pénétrer jusque dans la moelle de ses os deux mois auparavant.

Au cri de Javert, Fantine avait rouvert les yeux. Mais M. le maire était là. Que pouvait-elle craindre?

Javert avança au milieu de la chambre et cria:

—Ah çà! viendras-tu?

La malheureuse regarda autour d'elle. Il n'y avait personne que la religieuse et monsieur le maire. À qui pouvait s'adresser ce tutoiement abject? elle seulement. Elle frissonna.

Alors elle vit une chose inouïe, tellement inouïe que jamais rien de pareil ne lui était apparu dans les plus noirs délires de la fièvre.

Elle vit le mouchard Javert saisir au collet monsieur le maire; elle vit monsieur le maire courber la tête. Il lui sembla que le monde s'évanouissait.

Javert, en effet, avait pris Jean Valjean au collet.

—Monsieur le maire! cria Fantine.

Javert éclata de rire, de cet affreux rire qui lui déchaussait toutes les dents.

—Il n'y a plus de monsieur le maire ici!

Jean Valjean n'essaya pas de déranger la main qui tenait le col de sa redingote. Il dit:

—Javert....

Javert l'interrompit:

—Appelle-moi monsieur l'inspecteur.

—Monsieur, reprit Jean Valjean, je voudrais vous dire un mot en particulier.

—Tout haut! parle tout haut! répondit Javert; on me parle tout haut à moi!

Jean Valjean continua en baissant la voix:

—C'est une prière que j'ai à vous faire....

—Je te dis de parler tout haut.

—Mais cela ne doit être entendu que de vous seul....

—Qu'est-ce que cela me fait? je n'écoute pas!

Jean Valjean se tourna vers lui et lui dit rapidement et très bas:

—Accordez-moi trois jours! trois jours pour aller chercher l'enfant de cette malheureuse femme! Je payerai ce qu'il faudra. Vous m'accompagnerez si vous voulez.

—Tu veux rire! cria Javert. Ah çà! je ne te croyais pas bête! Tu me demandes trois jours pour t'en aller! Tu dis que c'est pour aller chercher l'enfant de cette fille! Ah! ah! c'est bon! voilà qui est bon! Fantine eut un tremblement.

—Mon enfant! s'écria-t-elle, aller chercher mon enfant! Elle n'est donc pas ici! Ma sœur, répondez-moi, où est Cosette? Je veux mon enfant! Monsieur Madeleine! monsieur le maire!

Javert frappa du pied.

—Voilà l'autre, à présent! Te tairas-tu, drôlesse! Gredin de pays où les galériens sont magistrats et où les filles publiques sont soignées comme des comtesses! Ah mais! tout ça va changer; il était temps!

Il regarda fixement Fantine et ajouta en reprenant à poignée la cravate, la chemise et le collet de Jean Valjean:

—Je te dis qu'il n'y a point de monsieur Madeleine et qu'il n'y a point de monsieur le maire. Il y a un voleur, il y a un brigand, il y a un forçat appelé Jean Valjean! c'est lui que je tiens! voilà ce qu'il y a!

Fantine se dressa en sursaut, appuyée sur ses bras roides et sur ses deux mains, elle regarda Jean Valjean, elle regarda Javert, elle regarda la religieuse, elle ouvrit la bouche comme pour parler, un râle sortit du fond de sa gorge, ses dents claquèrent, elle étendit les bras avec angoisse, ouvrant convulsivement les mains, et cherchant autour d'elle comme quelqu'un qui se noie, puis elle s'affaissa subitement sur l'oreiller. Sa tête heurta le chevet du lit et vint retomber sur sa poitrine, la bouche béante, les yeux ouverts et éteints.

Elle était morte.

Jean Valjean posa sa main sur la main de Javert qui le tenait, et l'ouvrit comme il eût ouvert la main d'un enfant, puis il dit à Javert:

—Vous avez tué cette femme.

—Finirons-nous! cria Javert furieux. Je ne suis pas ici pour entendre des raisons. Économisons tout ça. La garde est en bas. Marchons tout de suite, ou les poucettes!

Il y avait dans un coin de la chambre un vieux lit en fer en assez mauvais état qui servait de lit de camp aux sœurs quand elles veillaient. Jean Valjean alla à ce lit, disloqua en un clin d'œil le chevet déjà fort délabré, chose facile à des muscles comme les siens, saisit à poigne-main la maîtresse-tringle, et considéra Javert. Javert recula vers la porte.

Jean Valjean, sa barre de fer au poing, marcha lentement vers le lit de Fantine. Quand il y fut parvenu, il se retourna, et dit à Javert d'une voix qu'on entendait à peine:

—Je ne vous conseille pas de me déranger en ce moment.

Ce qui est certain, c'est que Javert tremblait.

Il eut l'idée d'aller appeler la garde, mais Jean Valjean pouvait profiter de cette minute pour s'évader. Il resta donc, saisit sa canne par le petit bout, et s'adossa au chambranle de la porte sans quitter du regard Jean Valjean.

Jean Valjean posa son coude sur la pomme du chevet du lit et son front sur sa main, et se mit à contempler Fantine immobile et étendue. Il demeura ainsi, absorbé, muet, et ne songeant évidemment plus à aucune chose de cette vie. Il n'y avait plus rien sur son visage et dans son attitude qu'une inexprimable pitié. Après quelques instants de cette rêverie, il se pencha vers Fantine et lui parla à voix basse.

Que lui dit-il? Que pouvait dire cet homme qui était réprouvé à cette femme qui était morte? Qu'était-ce que ces paroles? Personne sur la terre ne les a entendues. La morte les entendit-elle? Il y a des illusions touchantes qui sont peut-être des réalités sublimes. Ce qui est hors de doute, c'est que la sœur Simplice, unique témoin de la chose qui se passait, a souvent raconté qu'au moment où Jean Valjean parla à l'oreille de Fantine, elle vit distinctement poindre un ineffable sourire sur ces lèvres pâles et dans ces prunelles vagues, pleines de l'étonnement du tombeau.

Jean Valjean prit dans ses deux mains la tête de Fantine et l'arrangea sur l'oreiller comme une mère eût fait pour son enfant, il lui rattacha le cordon de sa chemise et rentra ses cheveux sous son bonnet. Cela fait, il lui ferma les yeux.

La face de Fantine en cet instant semblait étrangement éclairée.

La mort, c'est l'entrée dans la grande lueur.

La main de Fantine pendait hors du lit. Jean Valjean s'agenouilla devant cette main, la souleva doucement, et la baisa.

Puis il se redressa, et, se tournant vers Javert:

—Maintenant, dit-il, je suis à vous.

Chapitre V
Tombeau convenable

Javert déposa Jean Valjean à la prison de la ville.

L'arrestation de M. Madeleine produisit à Montreuil-sur-mer une sensation, ou pour mieux dire une commotion extraordinaire. Nous sommes triste de ne pouvoir dissimuler que sur ce seul mot: *c'était un galérien*, tout le monde à peu près l'abandonna. En moins de deux heures tout le bien qu'il avait fait fut oublié, et ce ne fut plus «qu'un galérien». Il est juste de dire qu'on ne connaissait pas encore les détails de l'événement d'Arras. Toute la journée on entendait dans toutes les parties de la ville des conversations comme celle-ci:

—Vous ne savez pas? c'était un forçat libéré! Qui ça?—Le maire.—Bah! M. Madeleine?—Oui. Vraiment?—Il ne s'appelait pas Madeleine, il a un affreux nom, Béjean, Bojean, Boujean.—Ah, mon Dieu!—Il est arrêté.—Arrêté!—En prison à la prison de la ville, en attendant qu'on le transfère.—Qu'on le transfère! On va le transférer! Où va-t-on le transférer?—Il va passer aux assises pour un vol de grand chemin qu'il a fait autrefois.—Eh bien! je m'en doutais. Cet homme était trop bon, trop parfait, trop confit. Il refusait la croix, il donnait des sous à tous les petits drôles qu'il rencontrait. J'ai toujours pensé qu'il y avait là-dessous quelque mauvaise histoire.

«Les salons» surtout abondèrent dans ce sens.

Une vieille dame, abonnée au *Drapeau blanc*, fit cette réflexion dont il est presque impossible de sonder la profondeur:

—Je n'en suis pas fâchée. Cela apprendra aux buonapartistes!

C'est ainsi que ce fantôme qui s'était appelé M. Madeleine se dissipa à Montreuil-sur-mer. Trois ou quatre personnes seulement dans toute la ville restèrent fidèles à cette mémoire. La vieille portière qui l'avait servi fut du nombre. Le soir de ce même jour, cette digne vieille était assise dans sa loge, encore tout effarée et réfléchissant tristement. La fabrique avait été fermée toute la journée, la porte cochère était verrouillée, la rue était déserte. Il n'y avait dans la maison que deux religieuses, sœur Perpétue et sœur Simplice, qui veillaient près du corps de Fantine.

Vers l'heure où M. Madeleine avait coutume de rentrer, la brave portière se leva machinalement, prit la clef de la chambre de M. Madeleine dans un tiroir et le bougeoir dont il se servait tous les soirs pour monter chez lui, puis elle accrocha la clef au clou où il la prenait d'habitude, et plaça le bougeoir à côté, comme si elle l'attendait. Ensuite elle se rassit sur sa chaise et se remit à songer. La pauvre bonne vieille avait fait tout cela sans en avoir conscience.

Ce ne fut qu'au bout de plus de deux heures qu'elle sortit de sa rêverie et s'écria: «Tiens! mon bon Dieu Jésus! moi qui ai mis sa clef au clou!»

En ce moment la vitre de la loge s'ouvrit, une main passa par l'ouverture, saisit la clef et le bougeoir et alluma la bougie à la chandelle qui brûlait.

La portière leva les yeux et resta béante, avec un cri dans le gosier qu'elle retint. Elle connaissait cette main, ce bras, cette manche de redingote.

C'était M. Madeleine.

Elle fut quelques secondes avant de pouvoir parler, saisie, comme elle le disait elle-même plus tard en racontant son aventure.

—Mon Dieu, monsieur le maire, s'écria-t-elle enfin, je vous croyais....

Elle s'arrêta, la fin de sa phrase eût manqué de respect au commencement. Jean Valjean était toujours pour elle monsieur le maire.

Il acheva sa pensée.

—En prison, dit-il. J'y étais. J'ai brisé un barreau d'une fenêtre, je me suis laissé tomber du haut d'un toit, et me voici. Je monte à ma chambre, allez me chercher la sœur Simplice. Elle est sans doute près de cette pauvre femme.

La vieille obéit en toute hâte.

Il ne lui fit aucune recommandation; il était bien sûr qu'elle le garderait mieux qu'il ne se garderait lui-même.

On n'a jamais su comment il avait réussi à pénétrer dans la cour sans faire ouvrir la porte cochère. Il avait, et portait toujours sur lui, un passe-partout qui ouvrait une petite porte latérale; mais on avait dû le fouiller et lui prendre son passe-partout. Ce point n'a pas été éclairci.

Il monta l'escalier qui conduisait à sa chambre. Arrivé en haut, il laissa son bougeoir sur les dernières marches de l'escalier, ouvrit sa porte avec peu de bruit, et alla fermer à tâtons sa fenêtre et son volet, puis il revint prendre sa bougie et rentra dans sa chambre.

La précaution était utile; on se souvient que sa fenêtre pouvait être aperçue de la rue. Il jeta un coup d'œil autour de lui, sur sa table, sur sa chaise, sur son lit qui n'avait pas été défait depuis trois jours. Il ne restait aucune trace du désordre de l'avant-dernière nuit. La portière avait «fait la chambre». Seulement elle avait ramassé dans les cendres et posé proprement sur la table les deux bouts du bâton ferré et la pièce de quarante sous noircie par le feu.

Il prit une feuille de papier sur laquelle il écrivit: *Voici les deux bouts de mon bâton ferré et la pièce de quarante sous volée à Petit-Gervais dont j'ai parlé à la cour d'assises*, et il posa sur cette feuille la pièce d'argent et les deux morceaux de fer, de façon que ce fût la première chose qu'on aperçût en entrant dans la chambre. Il tira d'une armoire une vieille chemise à lui qu'il déchira. Cela fit quelques morceaux de toile dans lesquels il emballa les deux flambeaux d'argent. Du reste il n'avait ni hâte ni agitation, et, tout en emballant les chandeliers de l'évêque, il mordait dans un morceau de pain noir. Il est probable que c'était le pain de la prison qu'il avait emporté en s'évadant.

Ceci a été constaté par les miettes de pain qui furent trouvées sur le carreau de la chambre, lorsque la justice plus tard fit une perquisition.

On frappa deux petits coups à la porte.

—Entrez, dit-il.

C'était la sœur Simplice.

Elle était pâle, elle avait les yeux rouges, la chandelle qu'elle tenait vacillait dans sa main. Les violences de la destinée ont cela de particulier que, si perfectionnés ou si refroidis que nous soyons, elles nous tirent du fond des entrailles la nature humaine et la forcent de reparaître au dehors. Dans les émotions de cette journée, la religieuse était redevenue femme. Elle avait pleuré, et elle tremblait.

Jean Valjean venait d'écrire quelques lignes sur un papier qu'il tendit à la religieuse en disant:

—Ma sœur, vous remettrez ceci à monsieur le curé.

Le papier était déplié. Elle y jeta les yeux.

—Vous pouvez lire, dit-il.

Elle lut.—«Je prie monsieur le curé de veiller sur tout ce que je laisse ici. Il voudra bien payer là-dessus les frais de mon procès et l'enterrement de la femme qui est morte aujourd'hui. Le reste sera aux pauvres.»

La sœur voulut parler, mais elle put à peine balbutier quelques sons inarticulés. Elle parvint cependant à dire:

—Est-ce que monsieur le maire ne désire pas revoir une dernière fois cette pauvre malheureuse?

—Non, dit-il, on est à ma poursuite, on n'aurait qu'à m'arrêter dans sa chambre, cela la troublerait.

Il achevait à peine qu'un grand bruit se fit dans l'escalier. Ils entendirent un tumulte de pas qui montaient, et la vieille portière qui disait de sa voix la plus haute et la plus perçante:

—Mon bon monsieur, je vous jure le bon Dieu qu'il n'est entré personne ici de toute la journée ni de toute la soirée, que même je n'ai pas quitté ma porte!

Un homme répondit:

—Cependant il y a de la lumière dans cette chambre.

Ils reconnurent la voix de Javert.

La chambre était disposée de façon que la porte en s'ouvrant masquait l'angle du mur à droite. Jean Valjean souffla la bougie et se mit dans cet angle.

La sœur Simplice tomba à genoux près de la table.

La porte s'ouvrit.

Javert entra.

On entendait le chuchotement de plusieurs hommes et les protestations de la portière dans le corridor.

La religieuse ne leva pas les yeux. Elle priait.

La chandelle était sur la cheminée et ne donnait que peu de clarté.

Javert aperçut la sœur et s'arrêta interdit.

On se rappelle que le fond même de Javert, son élément, son milieu respirable, c'était la vénération de toute autorité. Il était tout d'une pièce et n'admettait ni objection, ni restriction. Pour lui, bien entendu, l'autorité ecclésiastique était la première de toutes. Il était religieux, superficiel et correct sur ce point comme sur tous. À ses yeux un prêtre était un esprit qui ne se trompe pas, une religieuse était une créature qui ne pèche pas. C'étaient des âmes murées à ce monde avec une seule porte qui ne s'ouvrait jamais que pour laisser sortir la vérité.

En apercevant la sœur, son premier mouvement fut de se retirer.

Cependant il y avait aussi un autre devoir qui le tenait, et qui le poussait impérieusement en sens inverse. Son second mouvement fut de rester, et de hasarder au moins une question.

C'était cette sœur Simplice qui n'avait menti de sa vie. Javert le savait, et la vénérait particulièrement à cause de cela.

—Ma sœur, dit-il, êtes-vous seule dans cette chambre?

Il y eut un moment affreux pendant lequel la pauvre portière se sentit défaillir.

La sœur leva les yeux et répondit:

—Oui.

—Ainsi, reprit Javert, excusez-moi si j'insiste, c'est mon devoir, vous n'avez pas vu ce soir une personne, un homme. Il s'est évadé, nous le cherchons, ce nommé Jean Valjean, vous ne l'avez pas vu?

La sœur répondit:

—Non.

Elle mentit. Elle mentit deux fois de suite, coup sur coup, sans hésiter, rapidement, comme on se dévoue.

—Pardon, dit Javert, et il se retira en saluant profondément.

Ô sainte fille! vous n'êtes plus de ce monde depuis beaucoup d'années; vous avez rejoint dans la lumière vos sœurs les vierges et vos frères les anges; que ce mensonge vous soit compté dans le paradis!

L'affirmation de la sœur fut pour Javert quelque chose de si décisif qu'il ne remarqua même pas la singularité de cette bougie qu'on venait de souffler et qui fumait sur la table.

Une heure après, un homme, marchant à travers les arbres et les brumes, s'éloignait rapidement de Montreuil-sur-mer dans la direction de Paris. Cet homme était Jean Valjean. Il a été établi, par le témoignage de deux ou trois rouliers qui l'avaient rencontré, qu'il portait un paquet et qu'il était vêtu d'une blouse. Où avait-il pris cette blouse? On ne l'a jamais su. Cependant un vieux ouvrier était mort quelques jours auparavant à l'infirmerie de la fabrique, ne laissant que sa blouse. C'était peut-être celle-là.

Un dernier mot sur Fantine.

Nous avons tous une mère, la terre. On rendit Fantine à cette mère.

Le curé crut bien faire, et fit bien peut-être, en réservant, sur ce que Jean Valjean avait laissé, le plus d'argent possible aux pauvres. Après tout, de qui s'agissait-il? d'un forçat et d'une fille publique. C'est pourquoi il simplifia l'enterrement de Fantine, et le réduisit à ce strict nécessaire qu'on appelle la fosse commune.

Fantine fut donc enterrée dans ce coin gratis du cimetière qui est à tous et à personne, et où l'on perd les pauvres. Heureusement Dieu sait où retrouver l'âme. On coucha Fantine dans les ténèbres parmi les premiers os venus; elle subit la promiscuité des cendres. Elle fut jetée à la fosse publique. Sa tombe ressembla à son lit.

THE END.

Thanks for purchasing!

"I hope you enjoyed your reading. To improve our work, please write us a review and share your thoughts with us. Your support is greatly appreciated!"

Printed in Great Britain
by Amazon